袁世凱家族文化評傳

張永久・著

目次

引言　斯人已遠去，大河日夜流

一九一六年六月六日凌晨六時，袁世凱在中南海居所病逝。

袁世凱之死固然與他所身患的尿毒病感染有關，也與他洪憲稱帝後遭遇的種種厄運、急火攻心不無關係。按照袁氏家族的慣常說法，家族中男性的壽命活不過六十歲。袁世凱稱帝，原因諸多，其中原因之一就是要解除這道家族魔咒。殊不知家族魔咒非但沒有解除，反而將他本人推向了萬劫不復的深淵，袁氏家族也從此步入到一條幽暗而曲折的運行軌跡。

袁世凱生於一八五九年，字慰廷，號容庵。他出生時，項城袁氏家族正處在第一個上升期的途中。袁氏家族原來屬於農耕家族，經過祖父以及父親那兩輩人的奮鬥開拓，到袁世凱這一輩，已經成為在中原一帶聲名顯赫的官宦大家族。祖父袁樹三曾署陳留縣訓導兼教諭；叔祖父袁甲三官至欽差大臣漕運總督；生父袁保中沒做官在老家主持家政；繼父袁保慶官至鹽法道；叔父袁保恒官至刑部侍郎；另一位叔父袁保齡曆官直隸候補道。到清朝咸豐年間，項城袁家一門有十三人受封，其中有六人食一品俸祿，三人食二品俸祿，可謂風光一時，榮耀至極。

少年時代的袁世凱是一個頑童，他生性好動不好靜，喜歡調皮搗蛋，愛騎馬、武術、鬥雞玩狗。繼父袁保慶去世後，叔父袁保恒、袁保齡擔心十五歲的袁世凱學業荒廢，將他帶到京城，專門聘請了三位老師嚴加管束。在京城苦讀的五年，是袁世凱一生中讀書最用功的五年，為他後來建功立業打下了紮實的基礎。在兩個叔父的精心調教下，袁世凱每天清晨雞一叫就起床晨讀，晚上十點鐘熄燈就寢，經過嚴格調教和痛苦磨礪，他人生的志向高遠了許多。

光緒二年（一八七六）和光緒五年（一八七九），袁世凱兩次在陳州參加了科舉考試，均是鎩羽而歸，他一氣之下，燒掉了過去的全部詩文，發誓不再考科舉。前往山東投奔繼父袁保慶的密友吳長慶，不久被提拔為慶軍營務處幫辦，隨軍進入朝鮮，屢立奇功，從此踏上了仕途。

從朝鮮回國後，袁世凱開始天津小站練兵，一生的基業於此築成。

袁世凱的一生數次經歷了跌落起伏。戊戌變法時期，他被動地捲入到一個瘋狂的漩渦之中，雖然幸運逃脫，告密者的帽子卻戴到了他頭上，終身蒙受污垢；兩宮病逝後，攝政王載灃監國，擔心袁的勢力聲威已大大威脅到皇權，差點鬧到動槍的地位，最後勒令袁世凱以足疾回籍養病。

宣統三年（一九一一），辛亥革命爆發，南方各省紛紛宣佈獨立。北洋新軍成為清廷唯一可以抗衡革命的武裝力量，清廷再度起用袁世凱，先任他為湖廣總督，旋即任命為內閣總理大臣。袁世凱在退隱政壇三年後重新回到了政治舞臺，當時有個說法叫「非袁不可」，由此可見袁世凱深遠的影響力。

施行洪憲帝制是袁世凱一生中的最後一步棋，無論怎麼看，這步棋都是一步臭棋。正是這至關重要的一步改寫了中國歷史，也將袁世凱以及袁氏家族送入到萬劫不復的深淵。對這件事情，歷史上從來都是一邊倒的罵聲一片。不過罵聲歸罵聲，罵過之後需要心平氣和地進行分析研究，對洪憲帝制之始末進行探討，對事件發生時的國情背景基礎進行解剖，才是歷史學者應該做的正常功課。

不管怎麼說，袁世凱都是近代中國歷史上極其重要的一個關鍵人物，他的名字已經成為誰都繞不開的一個話題，每一部中國近代史都不可能不提到他。

在晚清政壇中，袁世凱始終是個腳踏實地的實幹家，中國近代的許多重大改革都與他關係密切，如創建新軍、廢除科舉、興辦教育、開埠通商等等。然而袁世凱的一生，又正處於中國變革轉型期的初端。雖然兩千年帝王專制的最後一個封建王朝就曾終結在他手上，歷史的航船駛入了新的海域，但是袁世凱卻像迷霧中的船長，終於還是沒能引領那只航船駛向正確的航道。

百年歷史，轉瞬即逝。我們如今在說袁世凱是個悲劇人物的同時，又不能不認真思考這個悲劇人物所賴於生存的土壤和環境。他出生的那個年代是中國近代史的開端，也是中國社會步入痛苦的變革轉型期的開端。因此袁世凱一生中所走的每一步，都可以理解為艱難的探索之旅，其中透露出的諸多困惑與迷茫，正是這一百年來中國人需要面對的困惑與迷茫。

再過幾年，袁世凱去世就是一百年了。斯人已遠去，大河日夜流，歷史不斷地翻開新的一頁。本書試圖側重於從袁世凱家族文化的淵源入手，分析解剖袁世凱及其後裔生存的土壤。家族文化是中國傳統文化的一個重要組成部分，家是社會的基礎，是社會的一種組織形式，中國社會正是在以家庭為單位的基礎之上建立起來的。有人說，天下就是以家的方式結構而成的。這句話不無道理。也正因為如此，今天我們通過項城袁氏這個特殊家族的百年歷史來瞭解中國人的生存環境，也就有了另一種現實的意義。

第一章　從秦波村到袁寨

中原沃壤的耕讀世家

在中國古人的想像中，很久以前，天地混沌一團，像個大雞蛋，盤古蜷縮在「雞蛋」中間。過了一萬八千年，天和地分開了，輕而清的陽氣上升為天，重而濁的陰氣下沉為地。盤古站立在天地中間，長成了頂天立地的巨人，天每日升高一丈，地每日增厚一丈，盤古也每日長大一丈。又過了一萬八千年，天升得非常高了，地沉得非常深了，盤古也長得非常碩大壯實了。

就這樣，開天闢地，出現了人間。

天地既開，世界既成，人類來到山河大地上生活，構建人類生活的秩序。

現在擺在我們面前的任務是：有必要探究一下人類的生活方式。

在東方中國，人們最重要的生活方式，無疑是家族文化。

日本學者稻葉君山認為，家族文化是中華民族的唯一壁障，其堅固性甚至比萬里長城有過之而無不及。

走遍山山水水，文化傳家的痕跡如今仍然無處不在。窗扇上精細地鐫刻著漁樵耕讀的圖畫，門楣上張貼著「耕讀傳家久，詩書濟世長」的對聯，牆壁上關於「耕讀傳家」的格言比比皆是。如果靜下來駐足傾聽，可以聽到一個個既心酸又動人的家族故事，關於祖先們如何懸樑錐骨、如何挑燈夜讀、如何名揚京城、如何光宗耀祖……那些故事已經流傳了不知多少代，而且還將流傳下去。

世襲相傳的文化家族，如繁星般綴滿了山河大地，編織出一張中國文化源流的版圖；又如來自千山萬壑的涓涓細流，匯聚成中華文化的大河，源遠流長，生生不息。

本書將要講述的河南項城袁氏世家，就是中華大地上千百個文化家族中的一個。

◆　◇　◆

十九世紀中葉是河南項城袁氏家族的第一次崛起。以袁甲三為代表的一代名臣名將聲震中原大地，宛如天空中升起的新星一般燿璨奪目。袁保恒、袁保齡、袁保慶、袁保中……晚清政壇上聲名顯赫的這些名字，竟都出自於河南項城袁氏家族！而根據史志書記載，當時的河南項城是一個交通閉塞、土地貧瘠的小縣城，生活條件惡劣，每當夏季大雨滂沱之時，蜿蜒流過的沙潁河就會氾濫成災，老百姓生活慘遭肆虐。這裡的經濟文化也十分落後，「城中僅有二、三十家店鋪」。

貌似貧瘠落後的一個小縣城裡竟能陡然間升起燿璨奪目的群星，著實會讓人感到意外。然而，綜合考察項城袁氏家族成長的人文地理背景，一切又都在情理之中。

中原大地是一片具有深厚歷史文化底蘊的土地，無論是有著三千多年歷史的殷墟安陽，還是七朝帝鄉洛陽，或者是七都古都開封，都書寫著這片土地的厚重與神奇。中原地域遼闊，人口眾多，地方特色濃鬱，民風民俗千姿百態，豐富多彩。這些習俗積澱了中原大地的風土人情和文化生態，在浸潤一方百姓心靈的同時，也演繹著中原地帶古老而又獨特的文化魅力。

如果不是袁世凱，這個家族會像許多中原耕讀世家一樣，保持完美的世代耕讀、勤勉持家的名門望族形象，千秋萬代為人們所稱頌。人們會將項城袁氏家族的生活方式當作古代人詩意棲居的一個良好例子：豪門旺族的子弟們上馬打仗下馬讀書的浪漫場景，很容易引領現代人的內心皈依寧靜和自然。

因為袁世凱，這個家族變得奇異而特殊，始終像是籠罩在雲山霧海中的神祕景致，給人留下撲朔迷離之感。

因為袁世凱，這個家族被送上時代大潮之頂峰，連袁世凱老家的項城人也跟著沾光。有民謠云：「會說項城話，戴花掛刀騎洋馬。」雖說民謠有誇張成分，袁世凱鐵腕當國，並沒有循私情提拔幾個項城老鄉，但是項城人當年在皇城根下的風光體面仍是有口皆碑的。

還是因為袁世凱，這個家族被埋入谷底深淵。民國史上那些如雷貫耳的名字，在歷史書上只是概念和符號，而在這個家族成員的私人記憶庫裡卻是一個個栩栩如生的活人。歷史上某個時刻的雪泥鴻爪，在他們的講述中存活下來，像一隻隻蝴蝶標本，枯萎了，卻依然殘存美麗；或者像一塊塊浮雕，凝固成永恆的瞬間。生動得觸手可及。

社會中的每一個人都不是獨立的，身上不可避免會留下家族文化的投影。友善和諧的家庭環境，嚴格有效的家庭教育，以及勤勞儉樸、勇毅剛強、知書達理、同舟共濟等耕讀文化的基本元素，都是奠定一個人將來處世待物、為人治學的重要根基。一個人的器識和格局，從本質上說，首先必定是來自於他的家庭。

那麼，誕生了一代梟雄袁世凱的河南項城袁氏家族，又是一個什麼樣的家族文化背景呢？據《項城袁氏家集》記載，袁氏的始遷祖是袁持衡，從汝南郡遷徙而來。袁持衡只有一個獨兒子，名叫袁膺舉，是個讀書的種子。他有兩個兒子，名字都取得相當雅致，一個叫袁抱月，一個叫袁步月。人生最遺憾的事莫過於——詩意的抒情往往扛不過世俗的鍛打。抱月步月兩兄弟長大成人後，遭逢到一場百年難遇的大水災，袁抱月跟隨他人逃難去了南方，從此杳如黃鶴，斷了音信。袁步月帶著妻子和兩個兒子袁學詩和袁學禮，遷移到永豐南十三華里的秦波村，砍了幾棵樹，挨崖壁邊搭了個窩棚，臨時安頓下來。

家族史料上這樣描述當年的情景：秦波村人煙稀少，周邊十幾里地沒有村落，且地勢低窪，雜草叢生。袁氏一家，就在這裡墾荒種糧。農閒之時，父子三人到野外蒿草中，撿取野鴨蛋補食用不足，生活十分艱難拮据。

從上述文字看，這只是一個普通的農耕之家。

就這樣又過了半個世紀，當年跟隨父親去野外蒿草中撿野鴨蛋的孩子也成了爺爺，而且其中的一個爺爺（袁學詩）老死了。送葬那天，兒孫們扶靈出殯，一路上走走歇歇，往南行至秦波村與袁閣村交界處時，抬靈柩的繩子突然斷了，棺木重重地落在地上，嗩吶和鑼鼓聲戛然而止，送葬的隊伍安靜下來，族人們被眼前的一幕驚呆了。他們從四面圍攏來，有的站著，有的蹲在地上，仔細琢磨棺木落地所隱含的各種寓意。

最後還是由家族中的老者一錘定音：學詩留戀這裡的風光呢！

老者這句話，改變了項城袁氏家族後來的走向。

兒孫們在袁閣村找了塊空地，就地挖坑，埋葬好棺木。當時季節是冬天，北風蕭瑟，草木搖落而變衰，枯樹枝上的烏鴉怪叫一聲飛遠了。人們舉目所觸的景色皆是冷清悽楚，然而在冬季的沉靜之美中，大地在悄然孕育來年的春天。

時光如漏斗中流失的沙子，不知不覺又過了若干年。每年清明節、鬼節以及元宵節前後，袁學詩的子孫後代都要來焚香祭祖。為了方便祭祀，後來他們索性舉家從秦波村遷移到袁閣村，在這裡修建陵園和祠堂，袁氏家族世系繁衍生息的傳奇故事，從袁閣村開始了新的延伸。

袁閣村是項城袁氏家族的發祥地，袁氏家族的祠堂和祖墳都在這裡。

經過幾代人的勤奮努力，到袁持衡的第八代孫袁志恭，袁家終於開始發跡，成了方圓百里一帶較為有名的「殷實富戶」，有了自己的田地。最早的《項城袁氏家譜》就是由袁志恭主持編修的。

袁志恭的兒子名叫袁九芝，其生活的年代大致在乾隆年間。袁氏家境好轉，家庭教育也便加大了投入。一旦金榜題名，萬千功名利祿盡入囊中，對於窮苦人家來說，讀書是唯一可選擇的正道；對於殷實富戶袁持衡來說，同樣也是唯一可選擇的正道。就這樣，袁九芝一邊以開辦蒙館教書授學為立身之本，一邊苦讀四書五經預備科舉考試。遺憾的是，袁九芝學業平平，始終未能考取秀才。他將可望而不可及的榮耀，全部寄託到了袁家的下一代身上。

袁九芝的下一代名叫袁耀東。子承父業，袁耀東剛剛長大成人就當起了蒙館裡的教書先生。據地方文史資料介紹，袁氏父子塾師在方圓百里口碑甚好，鄉親們普遍認為那是特別有學問的兩代人，紛紛將各家弟子送來就讀。以至於淮寧富戶郭如玨也慕名而來。郭如玨前來袁閣村並不是為家族弟子求學，而是上門提親——在鄉親們好評如潮的議論聲中，郭如玨要將最小的女兒郭氏許配給青年塾師袁耀東。

因為年代太久遠，這個郭氏的真實姓名如今已不可考。但她絕對是項城袁氏家族的一個功勳人物。郭氏出身富裕人家，知書識禮，雖說在娘家是個錦衣玉食的千金小姐，但是嫁給袁耀東後，處處節儉克制，是方圓數十里人見人誇的好媳婦。無奈命運不濟，嫁過來不久公爹袁九芝一病不起，沒過多少日子就一命嗚呼了。袁家有人背地裡嘀咕，認為是郭氏帶來了黴運。郭氏受了委屈沒多言語，背後偷偷抹眼淚。袁耀東是個有膽識的男人，決定搬出來另立門戶。好在郭氏是個有教養的好女子，她身上並沒有富家子女那種懶散習氣，相反，貧寒的處境更是激起了她要幫助這個家族出人頭地的決心。

郭氏是個心性很高的女子，自從嫁到袁家後，她將全部希望都寄託到丈夫袁耀東的身上。除了承擔家務外，還一門心思幫助丈夫參加科舉考試。中國古代，這類故事成千上萬，全都淹沒在浩如煙海的方志筆記中了。

誰知道袁耀東到了四十歲光景，不僅科舉考試未考中，反倒因用功過度，不幸染上了癆病。當時癆病是不治之症，郭氏每天看著丈夫在書桌前佝僂著身軀咯血的情景，心如刀絞。為了治癒丈夫的病，她經常出入於典當鋪和中藥鋪之間，當掉從娘家帶來的金銀首飾，抓來一副副中草藥，殺了還在下蛋的老母雞，燉了雞湯端到丈夫跟前伺候。可是袁耀東的身體一天天繼續消瘦，癆病到了晚期無藥可救，只能眼巴巴地看著他離開了人世。

袁耀東留下四個兒子，分別是袁樹三、袁甲三、袁鳳三、袁重三。此後郭氏既養子又教子，她是個性格堅韌的人，又能吃苦耐勞，家教嚴厲得近乎苛刻。在郭氏的悉心培植下，袁氏家族「三」字輩的一代個個都有出息，其中次子袁甲三還高中進士，官至漕運總督，被皇帝賞戴花翎、穿黃馬褂。

項城袁氏家族的第一次發跡正是從「三」字輩開始的。除袁甲三外，袁樹三（袁世凱的祖父）擔任過陳留縣訓導兼教諭；袁鳳三捐官得了禹州訓導頭銜，後來平定撚亂有功，賞五品銜；袁重三善於理財，在他的管理下，袁氏家族迅速成為項城首富。更加難得的是，「三」字輩之後的「保」字輩也人才輩出，袁樹三之子袁保中、袁保慶，袁甲三之子保恒等，都是晚清政壇中聲名顯達的人物，到清朝咸豐年間，袁家一門有十三人受封，其中有六人食一品俸祿，三人食二品俸祿，可謂風光一時。隨著政治地位上升，袁氏家族經濟上也相應提升，短短幾十年，袁家由一個殷實富戶上升成為中原一帶聞名遐邇的豪門望族。

在項城袁氏家族的第一次崛起中，郭老夫人厥功至偉。在她含辛茹苦的操持下，袁氏家境逐年好轉，袁甲三考中進士後，袁氏家族更是吉星高照，兒孫們當官的當官，賺錢的賺錢，做學問的做學問，不管袁家人在外頭做什麼，所有兄弟都是一門心思牽掛著項城袁氏大家族。這個傳統一直影響了幾代人，直到袁世凱這一輩的早期，袁家子孫們仍然像群星圍繞太陽轉似的，整個家族都以郭老夫人為中心運轉。

這是後話，下面的章節將要講述，這裡按下不表。

一品大員袁甲三

小時候袁甲三並不是特別聰明，但是肯定也不笨。關鍵一條是他有個既慈愛又嚴厲的母親，教子寬嚴相濟，鬆弛有度。在母親郭氏竭盡全力的調教下，袁甲三雖然一連參加了九次鄉試均與舉人頭銜擦肩而過，但他毫不氣餒，反而愈挫愈勇，終於在道光十五年（一八三五）考中進士，授官禮部主事。

這是袁甲三人生旅途的第一步，也是袁氏家族發跡的開端。

在袁甲三擔任禮部主事期間，擔任禮部左侍郎的曾國藩是他的頂頭上司。這兩個漢人出身的官員氣味相投，成天湊在一起研討宋儒理學，結下了深厚的私人情誼。後來太平天國起事，曾國藩被推到了風口浪尖上，組建湘軍追擊太平軍，成了支撐清王朝的棟梁之材。袁甲三在官場上有了這麼一個過硬的後臺，他的發達之路就指日可待了。

袁甲三的仕途順暢，與太平天國的興起有重大關聯。太平軍興之後，那些暮氣沉沉、貪鄙庸懦的八旗子弟帶領的綠營兵根本不堪一擊，紛紛望風而逃。既然正規的軍事機構和軍事力量不能打仗，地方團練應運而生，迅速形成一支能夠左右清廷格局和局勢的重要武裝力量。這一時期，曾國藩、李鴻章、胡林翼、左宗棠、江忠源等文職官員紛紛走出書齋，返回鄉里籌辦團練武裝，成為一個個地方武裝的著名首領。

袁甲三接到曾國藩的信後，迅速聞風而動，連夜向皇帝寫了奏摺，主動請纓殺敵。他的願望很快得以實現。道光十三年（一八五〇），袁甲三調任江南道監察御史，兵科給事中，從此開始了他的戎馬生涯。

咸豐三年（一八五三），袁甲三奉朝廷之命，前往皖北幫辦團練，防剿撚軍。

在此之前，負責皖北團練的是周天爵。周是山東東阿人，當過知縣，洪秀全、楊秀清起事之初，周天爵任廣西巡撫，率軍對太平天國進行圍剿。他是個出了名的酷吏，為官剛烈暴戾。據李伯元《南亭筆記》說，他在擔任湖廣總督時定下了幾條嚴酷的規矩：做訟師的，砍手指；行盜竊者，挖眼睛；抽鴉片煙的，剪嘴唇，等等。周天爵還獨創了無數刑具，有逍遙橋、太平凳、安樂床、英雄架等，名字聽起來文雅，受刑者的滋味則是死去活來。

這麼一個難相處的老官僚，袁甲三卻和他關係融洽。究其原因，是因為他們之間的相同點太多。比如說，周天爵在宿州「殺人過亂，河水盡赤，斷殘塞道，豺虎厭肉，岸無不懸頭之樹，樹無不懸頭之枝，遠望離離，騾馬望之返奔」，一派殘酷蒼涼的景象，連咸豐皇帝都看不下去，在奏摺上批答，叫周天爵不要亂用極刑。在「酷」字上，袁甲三並不亞於周天爵，攻破臨淮關後，他下令凡七十歲以下、十五歲以上的撚軍男丁一律殺掉，結果已經投降的數千士兵無一倖免。

周天爵自告奮勇辭去地方行政職務、專心辦理防剿事務時，已是八十多歲的高齡。在任上沒幹多久，就因病死於軍營。朝廷一紙詔書，任命袁甲三接手周天爵的職位，擔當皖北團練的主辦官員。袁甲三乘勢出擊，很快掌控了這支原屬於周天爵的以練勇、壯勇、舊撚為主要武裝力量的隊伍，後來又在多次征戰中不斷地調募兵勇，充實擴大隊伍。

在對撚軍的防剿事務上，袁甲三確實有一套辦法。大概正因為此，久而久之，漸漸顯露出權力膨脹、尾大不掉的端倪。他經常越俎建言，指手劃腳地教訓地方官應如何對撚軍作戰。甚至連皇帝的詔令下發了，有時候也婉拒執行。對這一切，早有皇帝的耳目奏報上去了。皇帝手上有多張牌，此時打出的一張牌是：派出欽差大臣和春、安徽巡撫福濟，藉以削弱袁甲三的勢力。咸豐皇帝毫不客氣地在奏章中批道：袁甲三遇事應與和春、福濟妥商具奏。

袁甲三自持剿滅撚亂勞苦功高，對皇帝的奏章心存想法。他並沒有把皇帝安插的兩個釘子放在眼裡，依然我行我素，恣意張揚。不久，和春與福濟聯名上了一道奏摺，彈劾袁甲三粉飾軍情，擅截餉銀，冒銷肥己。咸豐皇帝看了這個奏摺，氣不打一處來，憤然在奏摺上批了幾個字：交部嚴加議處，來京候旨。

雖說袁甲三治軍嚴厲，愛對地方官指手劃腳，但是他個性鮮明，敢於任事，每打完一次仗，他都要給上級寫報告，請求獎勵那些帶領練勇殺敵立功的族黨邑紳，對於捐助糧餉和錢財的富紳大戶，也多次請求「優敘官職，以資激勵」。因此，安徽的老百姓對他情有獨鍾。當袁甲三遭到彈劾，赴京候旨時，成百上千的老百姓跪在路邊哭泣攔阻，以至於道路堵塞，車馬難行。

還有更讓人感動的事。安徽懷遠縣有個鄉民叫胡文忠，聽到袁甲三遭貶的消息後，氣憤難耐，要上京城申訴。這個人家境並不富裕，為了湊足路費，竟賣掉了自己的親女兒，徒步走到京城，擂響了都察院門前的大鼓，泣血喊冤，大放悲聲。都察院的官員們被這個場面震住了，面面相覷，不知該如何處理。胡文忠見無人接他的狀紙，索性一頭朝朱紅的牆壁上撞去，滿地血跡斑斑，當場氣絕身亡。

咸豐六年（一八五六），清廷再次起用袁甲三。接到聖旨，他迅速率領鄉勇三千餘人，隨同當時的河南巡撫英桂開赴前線。沉淪之後的再度出山，也極大鼓舞了袁氏家族子弟們的士氣，袁甲三的長子袁保恒、次子袁保齡，侄子（袁樹三之子）袁保慶等均投入軍營，同袁甲三一起轉戰皖北豫南。

袁甲三一生軍功卓著，聲名顯赫，看上去很風光，實際上滿肚子委曲。他先後兩次遭彈劾，被免職罷官，不僅淒涼地坐在冷板凳上，還隨時有可能遭受牢獄之災，內心的痛苦與寂寞難與人言。

袁甲三第二次遭彈劾是在咸豐八年（一八五八），彈劾他的人叫勝保。

勝保在官場上名聲狼藉，清廷派他督師皖北，所過州縣，非索饋千金或數百金，不能過境。勝保侵佔軍餉也很有名。當時的軍餉多靠各省支援，稱為「協餉」，實際上「協餉」的多寡遲速，要看封疆大吏與欽差大臣之間的私人交情。勝保驕恣狂妄，與各省督撫的關係並不和睦，所以「協餉」經常不能按時收到。勝保與袁甲三最初的過節，也是因為「協餉」遲遲不到的原因。尤其劣名昭彰的是勝保的好色。凡行軍打仗所到之處，看到有姿色的女子，都要帶回軍營玩弄取樂。他的隨軍侍妾有三十餘人，每逢隊伍行軍，抬美妾眷屬的轎子都有幾十乘，長長的一大溜招搖過市，熱鬧非凡。據說其中最為美麗迷人的一個寵妾，是太平軍英王陳玉成的妻子，被勝保搶佔為已有。

勝保彈劾袁甲三的原因是淮南失守。真正要說起來，淮南失守與勝保耽溺於女色、沒有把心思用在戰事上有關。然而在給皇帝的奏摺中，勝保卻把責任全部推到了袁甲三的頭上，一口咬定袁甲三不能與他合力抗擊撚亂，拖延時間，貽誤戰機，致使淮南落入撚軍之手。

皇帝接到勝保的奏摺，召袁甲三進京陳述。

經歷了官場上的幾次跌落，袁甲三心情蒼涼，從內心裡感受到漢人要想在清廷做官實屬不易。面對咸豐皇帝的十餘次召對，袁甲三慷慨陳辭，詳細奏明瞭皖北豫南的軍事情況。在最後的幾次召對中，他有些意志消沉，痛哭流涕地講起了家中高齡的老母親，希望咸豐能答應他的請求：解除兵權，回籍養親。

咸豐十一年（一八六一），咸豐皇帝病逝，同治皇帝繼位。新皇帝登上龍椅，嘉獎天下，頒賞袁甲三御冠一頂，青狐皮袍一件，金錶一隻，玉扳指一個。面對這些珍稀之物，袁甲三再一次感動得流下了眼淚，他對身邊的幾個兒子和侄子說，皇恩浩蕩，無邊無涯，唯有鞠躬盡瘁，才能報答天恩。

同治二年（一八六三），袁甲三疽疣發作於背部，倍受折磨和煎熬，病逝於陳州防所，時年五十七歲。在生命的最後時刻，他強忍疼痛，支撐起身子披衣而坐，在病榻上與舊屬將士商量防剿撚軍事宜。看著他額頭上滲出的黃豆粒大小的汗珠，在場的將士無不動容。

正是靠這種堅忍，才使得他帶領袁家弟子攀越到了一個新高度。如果說袁家數代人的宦途生涯是一場攀援接力，那麼袁甲三無疑是第一棒的領跑者。此後袁世凱接過接力棒，在叔祖父袁甲三開創的平臺上再攀高峰，終於登臨到了眾山絕頂處。

袁甲三之死，當時在清廷朝野轟動極大，同治皇帝賜謚號「端敏」，厚葬於淮陽城西小孟樓村，並在他曾率兵作戰過的淮陽、陳州、淮安等地專門設立祭祀的祠堂，前來為他送行的人成千上萬。

滿門俊秀，蘭桂騰芳

如果如果細心探究的話，一個家族的興衰，必定有其自身運行的規律。

項城袁氏家族的第一輪崛起，以郭老夫人為中心，包括她的幾個兒子和孫子。袁甲三前面已有敘述，此處說說她的另外幾個兒子。

大兒子袁樹三是袁世凱的親祖父，年輕時異常用功，人也聰明，曾經以優異成績考取縣學，並破例成為享受困難補助金的「廩生」。長子的地位，決定了他必須得比其他兄弟多承擔一份家庭的責任和義務。郭老夫人雖然精明強幹，但畢竟是個女人，家庭遇到大事，往往要同長子商量。翅膀上繫了包袱就難以飛高，也許正因為此，袁樹三的科舉之路並不順暢。後來他在陳留縣署理訓導，兼涉教諭事宜，相當於今天的中國縣教育局局長。

袁樹三性格溫潤，為人謙遜，言談舉止，進退有度，是袁家兄弟的楷模，也是袁家兄弟的一面旗幟。袁樹三的妻子王氏，是個通情達理的賢內助，孝敬婆婆，侍候丈夫，養育子女，樣樣為鄉鄰們稱道。袁家幾個兄弟從小都以大哥袁樹三為榜樣，對他十分敬重。《項城袁氏家集》中有這麼一則記載：有一次，袁樹三偶遇風寒，臥床不起，請來鄉醫捏脈吃藥，久久不見好轉。家裡人聽說四十里外有棵神樹，燒香許願十分靈驗，幾個弟媳婦提著祭品，專程前往神樹處燒香跪拜，沒過幾天，袁樹三的病果真神奇的好了。

三兒子袁鳳三，年輕時也走過科舉考試之路。幾次沒有考中，不免有些灰心，於是，袁家人決定走捐納之途，為銀子為他買了頂烏紗帽。據地方史志載，當時捐官銀兩不夠，兩個嫂嫂王氏（袁樹三之妻）、陳氏（袁甲三之妻）當即表態全力支持，從私藏的嫁妝盒裡取出釵釧等物品，拿到典當鋪去換錢。袁鳳三捐納後得了個禹州訓導的官銜。太平天國興起，袁樹三以平定撚亂守城有功，獲賞五品銜，以知縣候選。但那只是個掛空銜的官，一直沒有補缺。

四兒子袁重三也曾參加過科舉考試，幾次應試不中，遂打消了這一念頭，一直在項城老家當鄉紳。雖然袁重三沒有出外做官，卻也是個相當重要的人物，提起項城袁氏發家史，功勞薄上無論如何也有他一筆。

袁重三十分有經濟頭腦，尤其善於治家理財。三個兄長離家在外做官期間，他是支撐整個家族的重要支柱。袁重三的斂財辦法有多種：三個兄長按月寄回的幫襯家用的銀兩，他都收攏來集中管理，平時儘量節省，拿去購買土地田畝，然後租給附近農戶耕種，到了年底穩收租金。除此之外，袁重三還在項城縣城開了幾家典當鋪，偶爾也放放高利貸。袁重三手上好像有根魔杖，凡是與財富有關的家務，經過他那根魔杖一點，銀兩便滾滾而來。短短十幾年時間，項城袁家有了天翻地覆的變化。

精明強幹的袁重三如果活在現代，一定是個綜合素質優秀的複合型人才。袁氏家族男女老少幾十口人，在他的管理下井井有條。這種大家族的日常管理需要高超的管理技巧，看過《紅樓夢》的讀者自然心知肚明。如果說袁甲三是項城袁氏家族最初一輪崛起的發動機，那麼袁重三則是這輪崛起的內部掌舵人。若干年以來，袁重三都是影響袁氏家族的一個重要人物。在袁世凱身上，依稀能看見他四爺爺的影子。比如袁世凱的大方、豪爽、疏財仗義，視金錢如糞土等特徵，都會讓人聯想起他的四爺爺袁重三。

項城袁氏家族，「三」字輩之下是「保」字輩。

袁樹三娶妻王氏，生子袁保中、袁保慶。

先說袁保中。他是袁世凱的親身父親，在項城袁氏家族中是長門長孫，地位非同一般。袁保中少年時曾經參加過兩次科舉考試，未中，一生再也沒有入仕做官，僅以附貢生資格捐過同知。

袁甲三、袁保恒、袁保齡、袁保慶等人在外地做官時，項城袁氏家族已搬遷至袁寨。家族裡有幾十口人，加上男女傭人和雇工，寨子裡的人口過百，主持家務的人就是袁保中。地方不安寧時，他要招集鄉民辦團練，築寨堡，保護鄉裡。遇到兵燹匪亂，逃難的人投奔袁寨，他都會吩咐手下開門接納。

在日常生活中，袁保中十分注重培植大族家風。無論是以孝為首的家庭倫常，還是清儉廉潔的持家之風，或者是督促子弟讀書育人，諸多方面他都頗用心。他要求家族子弟「在鄉則睦族裡，在官則篤忠義」。有一次，他接到弟弟袁保慶的一封信，信上說京城風傳一句話：項城官難做。袁保中讀信後十分警省，專門為家族擬定了五條家規，張貼在袁寨的寨門口：

一、袁家人不准干涉政令，無論誰家官事，吾家一概不管；
二、萬不可用人持名片、拜貼，到衙門為他人說情；
三、袁家上下人等，不准對本地官員和官府評長論短；
四、足額向官府繳納稅銀，不得拖欠；
五、按官府指令完成袁府應承擔的差役。

五條家規，如板上釘釘，白紙黑字寫得清清楚楚，袁家人誰也不得違反。正是在袁保中制定的嚴格家規的約束下，從咸豐年間到民國初年的幾十年裡，袁府從未給本族在外為官者添亂子，與地方官府及周邊四鄰也能和睦相處，相安無事。

袁保中治家有方，在其中取了重要的作用。

說一件事，最能說明袁保中的克己為大家族。

袁保中的同胞弟弟袁保慶膝下無子——其實也並非無子，他的元配夫人牛氏先後生下了兩個兒子，卻都不幸早夭，牛氏傷心欲絕，鬱鬱寡歡，此後再也沒有生育。為繁衍後代，袁保慶續納了小妾王氏、陳氏，可是兩個美妾的肚子都不爭氣，生下了三個女兒後，再也沒有了動靜。一晃袁保慶到了四十歲，官運財運樣樣通暢，就是人丁不旺。牛氏給袁保慶出了個主意，要將袁保中家的老四袁世凱過繼為子。袁保慶去向郭老夫人請示，郭老夫人滿口贊成，她一心巴望袁氏家族每一門都興旺發達，沒有不同意的。袁保慶又去找哥哥袁保中商量，話一出口，袁保中十分豪爽地答應下來。挑了個吉祥日子，把過繼的儀式從簡辦了。從此之後，袁世凱始終跟隨在他嗣父袁保慶身邊，過著一種輕裘肥馬、錦衣玉食的公子哥兒生活。

袁保慶是袁樹三的次子。少年時代，袁氏家境窘迫，全家八口人，父輩兄弟四人都在讀書，全靠祖母郭老夫人獨力支撐，苦心經營，勉強能維持生計。叔父袁甲三考中進士後，官職不斷升遷，袁家的好光景逐漸逼近。

幼時，袁保慶與堂弟袁保恒一起受讀於叔父袁甲三。袁甲三管教嚴格，經常硬逼他倆背書。袁甲三進京城做官後，他倆又到鄰村繼續讀書。袁保慶性格內向，常愛獨自一人思考，對老師所授內容頗能融會貫通。

年齡漸長，正值袁甲三統領團練防剿撚軍時期，袁甲三擔心他們荒廢學業，召入軍中，特聘睢州著名塾師呂新伍、湯潛庵為他們授課，同時又讓他們參與軍事行動，在戰爭實踐中增長才幹。

咸豐十年（一八六〇），順天府丞毛昶熙督辦河南團練，奏請袁保慶幫辦，專門負責訓練。此後袁保慶多次參與防剿撚軍的戰鬥，屢屢建功，被清廷嘉獎四品銜並賞戴花翎。

同治四年（一八六五），河南巡撫張之萬保舉袁保慶為道員，留河南補用；浙江巡撫馬新貽也力保他留浙江補用。但都未被吏部批准，卻被旨封為知府，發山東補用為濟南府道台。

同治七年（一八六八），升任兩江總督的馬新貽再次薦舉袁保慶赴江蘇辦江防，終獲軍機處議准，欽封江寧鹽法道，掌管全省食鹽的生產、銷售、運輸事項，衙門設在南京。這是個肥差，袁保慶走馬上任，帶著正室妻子和新納的小妾金氏，以及過繼來的嗣子袁世凱——這一年袁世凱十歲。

在江寧鹽法道任上，袁保慶恪盡職守，晝夜操勞。同治十二年（一八七三）六月，袁保慶病故於任所，年四十八歲。十三歲的袁世凱和養母牛氏扶柩返鄉，從江蘇南京到河南項城，一路上長途跋涉，走走停停，風雨無阻。夏天本來是個熱情浪漫的季節，可是在少年袁世凱看來，眼前景致形同秋天，美豔中透出一股淒涼。

袁保慶留下了一本書，書名《自乂瑣言》，採用語錄體形式詳述為官之道。書中有許多警句常為袁世凱所引用，如「官不負民，民斷不負官。」「為官者，不責己而責民，動輒百姓難纏，醉語耳！」「人言官場如戲場，然善於做戲者，於忠孝節義之事能做得情景畢見，使聞者動心，睹者流涕。官場如無此好角色，無此好做工，豈不為伶人所竊笑乎？」「古今將兵，必先以恩結之，而後加以威，乃無怨也。不然則叛離隨之。」等等。

這部書對袁世凱的一生影響深遠。袁世凱從小熟讀《自乂瑣言》，日後袁世凱在練兵、維新、幹實業、辦外交乃至顛覆清朝等諸多方面的所作所為，都能看出這部書在他身上潛移默化的影子。

袁保恒是袁甲三的長子，也是袁氏家族中一個舉足輕重的人物。

道光三十年（一八五〇），袁保恒考中進士，成為家族裡第二個中進士的人，這一年他才二十五歲。太平天國起事，他離職跟隨父親袁甲三從軍，開始了他的軍旅生涯。

因為平撚的戰功，咸豐七年（一八五七）被封侍讀學士銜，賜頂戴花翎。次年又被加封伊勒圖巴圖魯封號，這個滿語封號的意思是「勇士」。這之後袁保恒在宦海中幾經升遷沉浮，先是在李鴻章麾下差遣任用，後來隨左宗棠赴陝西，擔任幫辦，專管西征糧草，功績卓著，贏得讚揚聲一片。

據說，袁保恒之所以深得左宗棠賞識，是因為一件國寶。隨左宗棠西征途中，有個偶爾的機會，袁保恒聽說了一則傳聞，陝西岐山有個破落的大戶人家想賣掉一尊大盂鼎，因無人識貨無法出手。袁保恒興致盎然，專程祕密前往，以七〇〇兩白銀的價格買下那尊價值連城的國寶。這事後來傳到了左宗棠耳邊，他圍著大盂鼎足足看了兩個時辰，連聲稱讚袁保恒慧眼識寶，獨佔大運。袁保恒來了個順水推舟：「所有的好運氣都是左大人帶來的，當初買下這件寶貝，原本就想送給大人。」左宗棠一聽眉開眼笑，並不謙讓，當場笑納。

除了這則有行賄嫌疑的傳聞外，有關袁保恒的負面史料並不多。史料中說，袁保恒為人耿直磊落，遇事敢於直言，在顢頇衰頹的清朝官場中，算得上一個口碑不錯的好官。大概正是因為這個緣故，袁保恒像一顆冉冉升起的政治新星，光緒元年（一八七五）入京任吏部侍郎、刑部侍郎等職，成為正二品朝廷大員，也是袁氏家族中功名僅次於其父袁甲三的二號人物。

同治十三年（一八七四），袁保恒回籍探親，協同堂兄袁保中編修《項城袁氏家譜》，並將家譜翻砂鑄成鐵牌，鑲嵌在袁閣村袁氏家祠裡。離開項城時，將侄子袁世凱帶在身邊，返回京城後，專門找了間房子做塾館，聘請了三位舉人做老師，盡心盡力教育袁世凱。

光緒四年（一八七八），袁保恒奉旨赴河南賑災。賑災事務繁重，袁保恒經常食宿無定，身心日漸憔悴。這年四月，豫東一帶普降春雨，袁保恒欣喜若狂，吩咐屬下備轎，準備前往災區巡視春種情況。誰知尚未成行，卻不幸染上霍亂，患病三日後溘然長逝。清廷追念他的功德，謚「文誠」。

袁保恒的弟弟袁保齡，曾任清廷內閣中書侍讀。因編纂《穆宗毅皇帝實錄》有功，賞戴花翎，官銜升為四品。光緒四年（一八七八）因賑災有功，升為道員，加三品銜。光緒七年（一八八一），清廷調其至天津，委辦北洋海防營務。

次年，袁保齡受李鴻章委派，出任旅順港塢工程總辦。袁保齡到達旅順口後，立即開始全面工作。經過五十餘天的考察，他將前任在位時聘用的冗員四〇〇餘人全部裁撤，盡其所有理順了工程局內部的各種關係，與地方政府和駐軍建立起了理解和信任，各項工程逐步走上正軌。

某日，海上突然狂風大作，傾盆大雨劈頭蓋臉打來。有人來報，旅順東港港口大壩中段陡然下陷了數十餘丈，整個大壩隨時有崩塌的危險。袁保齡扔了帽子，掖起官袍，頂風冒雨疾速跑到出事地點，指揮民工用土堆，用秫秸檔，築成一道長牆，成功保護了大壩。

袁保齡在旅順的四五年間，修炮臺、固大壩、建工廠、造碼頭、辦醫院、開設電報局……終於完成了旅順建港的第一期工程。李鴻章巡視旅順，看到海防營務的建設成果，對袁保齡尤為讚賞，誇讚道：「旅順炮臺營壘堅固可守，全賴保齡督飭之力。」

遺憾的是，由於過度操勞，積勞成疾，袁保齡於光緒十五年（一八八九）病逝於旅順防地，時年四十八歲。

袁保恒、袁保齡兄弟給袁氏家族帶來的最大收穫，恐怕是將十五歲的袁世凱從項城帶到北京讀書。據地方史料載，這一年袁保恒回鄉探親，得知剛死了嗣父的袁世凱無人管教，成天在外鬥雞玩狗，恐其荒廢學業，遂將他帶到了京城。袁保齡對少年袁世凱的評價是：「資分不高而浮動非常。」於是專門聘請了三位老師教導，教作詩的是周文溥，教寫字的是張星炳，教八股文的是謝廷萱。袁保恒、袁保齡倆兄弟有空也參與侄子的教育課。他們對袁世凱的教育十分嚴格，將袁世凱住宿的房間安排在老師宿舍的隔壁，好讓老師監督他晚上用功。在袁保恒、袁保齡倆兄弟的精心調教下，袁世凱的學業有了明顯進步。

在京城苦讀的五年，是袁世凱一生中讀書最用功的五年，也為他的一生打下了紮實的基礎。過去史書上說袁世凱是個紈絝子弟，只會騎馬習武，其實不然。從同治十三年到光緒三年，袁世凱在兩個叔父的教導下，在京城刻苦讀書，每天清晨雞一叫就起床晨讀，晚上十點鐘熄燈就寢，經過嚴格調教和痛苦磨礪，他讀書的興趣比以前濃厚了，人生的志向也高遠了許多。

鐵牌家譜背後的故事

項城袁氏家族有一塊鐵牌家譜，聞名遐邇。這塊鐵牌家譜在中國乃至全世界都堪稱獨一無二，是項城袁氏的鎮族之寶，早先鑲嵌在袁氏家祠的牆壁上。鐵牌家譜重約一噸，高九十公分，厚五公分，寬二・八米，文字工筆楷體，四周銘刻「回」字型幾何花紋，民間稱為「富貴不斷頭」，是一種吉祥的紋飾，寓意諸事太平、綿長、恒久。

鐵牌家譜毀於一九五八年大煉鋼鐵運動，如今已不復存在。但是鐵牌家譜背後的故事，袁家人仍然諳熟於心，江湖上也在到處流傳。

鐵牌家譜誕生於項城袁氏家族的第一次鼎盛時期。

同治十三年（一八七四），項城袁家郭老夫人一百歲生日，對於袁家來說是一件大事。袁耀東死時，郭老夫人才三十六歲，她以極大的毅力，督責兒子們讀書上進，科舉成名，經過近二十年的光陰，袁氏家族開始進入鼎盛期。袁氏兄弟、父子、叔侄內外聯手，家族取得了長足的發展，形成了一個人丁興旺，四世同堂，上下五十餘口人的大家族。

而這個大家族的精神維繫核心，在外是袁甲三，在內是郭老夫人。

郭老夫人百歲壽誕時，袁甲三已病逝，袁家在外做官的人物中，最高官銜者是獲一品頂戴的袁保恒，他成了袁氏家族新的頂樑柱。

上一年，袁保恒剛剛隨左宗棠的西征軍平定了寧夏馬化龍部的回民起義，以後勤保障之功，被清廷授予一品頂戴。在西北軍營中，袁保恒接到了家鄉項城的家信，向左宗棠請了假，興沖沖直奔故里省親而來。

啟程時是十二月的天氣，西北邊塞滴水成冰，沿途蕭瑟的景色和刺骨的風，讓他有步步驚心的感覺。一路車馬勞頓趕回項城，季節已到二月上旬，農曆臘月廿三，中原人過小年。遠遠地聽見鞭炮、二踢腳劈裡啪啦炸碎了一地紙屑，充滿神祕色彩的祭灶儀式開始了。

衣錦還鄉的袁保恒給這一年的袁閣村帶來了前所未有的熱鬧氣氛。臘月廿三當天晚上，遠遠近近的袁家人打著火把而來，司儀派人給大家分發糕點、油餅、麥芽糖、豆腐湯……幾個壯漢不停地敲鑼打鼓，整整鬧了個通宵。

袁保恒這次回鄉，除了給祖母郭老夫人操辦百歲喜宴外，還做了這麼幾件事：一是將袁門子弟袁世凱、袁世廉送到北京讀書；二是計議分家（未成，半年後各房兄弟才正式分家）；三是他帶頭捐了一百兩銀子倡修家廟；四是和當地縣令一起整頓項城書院；五是募捐銀兩籌備修撰《項城縣誌》。

鑄造鐵牌家譜，是修建袁氏家廟計畫中的一部分。袁保恒特意從河北泊頭（中國三大鑄造基地之一，另外兩地是廣東佛山和江蘇無錫）請來了遠近聞名的鍛鑄巧匠翻砂鑄造。

項城袁氏家族向權力和榮譽的頂峰衝刺共有兩次，這兩次衝刺家族後來都崛起了。第一次代表人物是袁甲三、袁保恒父子，第二次代表人物是袁世凱。而天下無雙的袁氏鐵牌家譜，則是袁家第一次衝刺以及崛起時期的最佳見證物。

袁保恒那次返鄉，在項城一共待了三個月。所辦的幾件實事，件件都與家族運脈息息相關。做完了這些事，他長出了一口氣，心中才稍有安頓的感覺。返回西北途中，路過華山，他上山去謁金天宮，為老祖母祈福增壽。站在華山峰頂上，好一派壯麗的景色盡收眼底，袁保恒想起一路上看見的旱災種種慘像，心中泛起一陣酸楚。他又添了一炷香，為飽受旱災侵蝕的河南、陝西兩地祈雨，為百姓蒼生祀神祝福。

袁保恒回到西北未及一年，就被調回北京，任戶刑部侍郎（財政部副部長）。從西北至京城的途中，他再次路過華山，想起了上一年在華山金天宮祈禱的事，兩件事似乎都還靈驗：百歲高齡的老祖母郭老夫人仍健在，河南、陝西的旱情也有所減緩。於是，在華山的山崖邊，就著山勢，刻下了一通碑文，全文七十九字，內容如下：

> 項城袁保恒督棧關中，同治癸酉關隴底定，奉命歸里，為大母稱百歲觴。還經西嶽，曆五嶧，謁金天宮，為大母祈壽，為河陝祈雨。光緒乙亥奉還朝之命，大母康強，河陝汝仍歲靈澍，順應摩厓，勒石以彰。命休。

袁保恒回北京兩年後，被清廷派回河南幫辦賑災事務。不久死於河南開封賑務公所。

袁保恒留下的華山摩崖石刻，如今仍還依稀可見。摩崖石刻旁野草叢生，一年一度，見證歷史的滄桑和溫情。然而鑲嵌在項城袁氏家祠牆壁上的那塊鐵牌家譜，卻杳然不見蹤跡。鐵牌家譜未能見證後來的歷史，那段歷史存留在鄉民們的記憶中。

一九五八年，政府號召大辦鋼鐵，小土爐星羅棋佈，火光沖天。人們瘋狂地搜尋廢銅舊鐵，袁家祖墓群的鐵欄杆拆除了，家祠裡鑲嵌的金屬飾品砸毀了，廚灶上多餘的鐵鍋端出來了，甚至還正用著的銅臉盆、銅湯缽、搪瓷茶杯、掛蚊帳的銅鉤子等等物什，也一股腦兒全都被搜尋出來，送進了怪獸一樣蹲伏在路邊的小土爐口中。

袁家人最揪心的還是那塊鐵牌家譜。眼看劫數難逃，袁家人誰也拿不出個辦法。強頂硬扛肯定行不通，如果悄悄拖走隱藏起來，則將會有更大的災禍降臨。袁世凱洪憲稱帝失敗後，袁家人集體成了政府和國民的公敵，即便不惹任何事，也擺脫不掉厄運的陰影，何況要隱藏一塊如此碩大的鐵牌家譜？

一個漆黑的夜晚，隱隱約約有個人影朝村頭白玉閣方向走去。自從一九五一年袁氏家廟因年久失修頹敗坍塌後，鐵牌家譜就被移放到了白玉閣。那個人推開閣樓大門，點亮拎在手上的馬燈，一點點撚動燈芯，很快，越來越亮的燈光瀉滿了一地。

他叫袁家俊，是項城袁氏家族的第十五世孫。恐怕連他自己也沒有想到，當天夜晚他的舉動將在袁氏家史上留下濃墨重彩的一筆。袁家俊的腋下夾著一疊宣紙，他放在地上用水噴濕，小心貼放到鐵牌上，拿一把小毛刷子輕輕敲打……

袁家俊那天夜晚拓印的袁氏鐵牌家譜，後來成了袁氏家史中的珍稀文獻。七〇年代末，袁家俊年事已高，將那一疊家譜拓片傳給了侄子袁啟領。

如今袁啟領依然保存著那一疊家譜拓片，他珍藏在箱子底層，平時不輕易拿出來，只有珍貴的客人到來時，才小心翼翼地取出，平攤在農家院子裡。每張紙片都是同樣大小，約摸一尺見方，一張張拼接起來，占滿了整個院子。

族譜上沒有名字的人

過去漫長的歲月，女性名字不能載入族譜，要記也是附帶式記入，只記姓，不記名。郭姓女子嫁入袁家，族譜上，在她丈夫姓名旁批註小字：袁郭氏。還有一種情況，家族中的女兒出嫁後，也不寫名字，只記姓。袁家女兒嫁入楊家，族譜上批註的小字是：楊郭氏。

中國傳統家庭只講父權，女性處於從屬地位。

一個女孩在家庭中的地位從小就低於男孩。女孩子長到七八歲，就不能再跟男孩子一起玩了，她們要學會安靜嫻雅，學會女紅刺繡，默讀《烈女傳》和《女訓》，出嫁了，還要忍受公婆的責怪、辱罵甚至鞭撻。

那些在族譜上沒有名字的女性，在艱苦卓絕的環境中往往比男性更能吃苦耐勞。她們忍辱負重的故事很少為外界知道，只是在家族內部流傳，被子孫後代圍著火塘追憶。那些女性若有人能熬到出頭的一天，成為大家族中至高無上的老祖母，兒孫們又在外做了大官，就會風光無限，成為整個大家族的信仰中心和精神堡壘。

這裡來講述一下與袁世凱幼時成長經歷有關的幾個女子。

五歲左右光景，袁世凱過繼給嗣父袁保慶。如前所述，袁保慶的元配妻子牛氏生了兩個兒子不幸早夭，此後再也無子，但她先前還生有兩個女兒。這是袁世凱的兩個姐姐。為了生兒子，袁保慶納妾王氏、陳氏，兩個小妾沒給袁保慶帶來兒子，卻一連生下三個女兒，這是袁世凱的三個妹妹。

以前看《紅樓夢》，總是感歎賈寶玉成天生活在女兒國，很難看見一個男子的身影。一部袁氏家族史，幼時的公子哥兒袁世凱也是如此。兩個姐姐三個妹妹，加上嗣父的元配夫人、續納的小妾、姨太太以及為數眾多的丫鬟、女傭，二三十個女性成天包圍著他，袁世凱就是在這麼一個粉脂堆裡長大的。

袁世凱大姐早年嫁人，男方是河南商城一戶姓楊的世家，丈夫名叫楊壽岩，說起來也曾是豪門顯貴，祖父考中過進士，官至禮部右侍郎、吏部左侍郎。然而到了楊壽岩這一輩，家道已經衰落，處境並不比一般殷實富紳強多少。可悲的是心高氣傲的丈夫並沒有清醒地認識自己的現實處境，反而要強撐家族的那點顏面，擺闊裝出浪蕩公子的派頭，而且還是個抽鴉片煙的「癮君子」。千金散盡不復來，銀子花光了便拿老婆出氣，經常佯裝酒瘋撒潑。這樣的日子沒過多久，大姐不幸染上癆症，鬱悶身亡了。

二姐名叫袁讓，是袁家有名的節婦孝女。

她的孝女名聲是用兩節指頭換來的。十四歲時，母親牛氏得了一場大病，久醫不愈，袁讓拿起一把小刀，想在自己屁股上割一小塊肉，在中藥罐裡煲湯敬奉母親。割來割去，只在屁股上劃了一道紅印，二姐跑進廚房，拿起菜刀，當場截下兩節小指，放入罐中煎熬。從此她的孝行傳遍四方，聞者無不歎異。

二姐袁讓的婚事也頗奇特。父親袁保慶年輕時參與抗剿撚軍，曾在河南毛家當過幕僚。河南毛家也是赫赫有名的在豪門旺族，毛昶熙、毛亮熙兄弟都是進士出身，毛昶熙還曾擔任過兵部尚書，名聲不在袁甲三之下。袁保慶在毛家充任幕僚期間，和毛家兄弟商定了結為兒女親家的事情：將袁家二女許配給毛亮熙家的大公子。

這本來是一樁完滿的婚姻，不料一場變故將婚姻變成了一幕悲劇。

有一天，父親袁保慶回到了家裡。和每次回家不同，這一次父親神色異樣，目光躲閃，似乎有什麼詭秘之事瞞著她。二姐袁讓是個悟性極高的女子，她終於慢慢弄清楚了，原來是那位還未當新郎的夫君在京城病逝了。得知確切消息後，袁讓一個人躲在樹林中大哭了一場，再回家時她咬緊牙關，不願多說一句話，成了個沉默寡言的人。

父親袁保慶把她叫到廂房裡談話，徵求她的意見，袁讓斬釘截鐵地回答：「活是他毛家的人，死是他毛家的鬼。」袁保慶見女兒矢志守節，默然點了點頭。

袁保慶一生受程朱理學影響深重，認為女子守節事大，關係到家族的臉面和榮耀，萬萬不可掉以輕心。他有個外甥女幼寡守節，袁保慶一方面表示同情，另一方面又在談話中對她講，倘若能以身殉夫，那就更好，可以為其請求旌表。父親的這些觀念，毫無疑問影響了兒女們的人生觀。

經過袁家與毛家雙方商議，決定讓袁讓到婆家抱著未婚夫的木頭牌位成婚。具體的過程細節頗為繁瑣：第一天過禮，毛家送衣冠服裝等物給袁家；第二天袁家將女兒的日用器皿和被褥簾帳等物送到毛家；第三天毛家派遣執事、綠轎、官銜牌到袁家，鑼鼓家什一應俱全，但不能敲打奏樂，新娘子裝束停當，上轎抬到毛家，抱著未婚夫的木頭牌位舉行婚禮；入室稍作休息，換上補服朝珠，拜見雙親尊長。第四天穿元青服；第五天回門；第六天回婆家，守孝三年。

男女雙方已將所有細節都商議好了，中途卻有人甩來一記橫錘，說「不」的人是毛氏家族的老祖母——毛家名義上的掌舵人。她認為孫子已逝，毛家傷心至極，新過門的未亡人不能沾染任何喜慶的色彩，不能敲鑼打鼓，不能放鞭放炮，不能穿戴鳳冠霞披，等等。於是雙方家庭只好再議。偏偏這個時候遇到同治皇帝駕崩，國喪期間不能搞喜慶活動。次日，毛家派出一乘藍轎，兩名女傭，將袁讓悄悄接了過來。袁讓黑衣白裙，坐著小轎直奔廟宇，在停放她夫君的棺材前哭祭一番，一樁人生大事就這麼匆匆結束了。袁讓這年十七歲，她此後再也沒有嫁過人，從女人的角度看，她的一生並不算完美，既可憐也可悲。但是在當時的人們看來，袁讓堪稱一個了不起的節婦，在冷清淒涼中舉行那個婚禮時，她的心中也許還會蕩漾起一絲虛無縹緲的崇高感。

二姐袁讓的災難還沒有結束。光緒八年（一八八二）毛昶熙因病去世，婆家最後的頂樑柱也垮掉了。從此毛家迅速敗落，像秋風中飄零的黃葉，只給人們留下世事無常的感歎。袁讓本是個心性極高的女子，現在也只能眼睜睜地看著家境衰敗。後來她收養了一個女兒，又過繼了一個嗣子，帶著簡單的行裝，回到袁家幫助操持家務。

長期壓抑使她的性格被扭曲，顯得孤傲乖張。回到娘家後，她斷了所有念想，把全部希望都寄託在了弟弟袁世凱身上，嚴厲督促他用功學習。後來袁世凱長大了，無論是出門求學、從軍還是做官，二姐都全力以赴地支持。袁世凱對這個命途多舛的二姐也非常尊敬，袁世凱寫的許多家書，收信人都是這個二姐。擔任直隸總督時，曾將二姐接到天津一起居住。他對兒孫們說：「你們二姑奶奶這輩子真不容易，不知吃了多少苦頭！」每當二姐袁讓心情不暢發脾氣時，袁世凱都不忘叮囑身邊的人不要頂撞：「連我都讓她一頭呢。」在袁家的家人中流傳著這麼一句話：「四大人怕二姑奶奶。」

二姐袁讓活了五十五歲。民國初年，死於河南彰德袁世凱的養壽園中。這時候，她多年來一直寄以厚望的弟弟終於有了出息，當上了民國第一任大總統。她是在一種無限風光的體面中慢慢閉上眼睛的。

項城袁氏家族中，那位連名字都沒有留下的郭氏是個神一樣的存在。老太太活了一百歲，一生堪稱傳奇，她身上具備傳統中國女性的諸多優點：勤勞、勇敢、堅韌、吃苦耐勞、敢作敢為、能生育、善持家……。

郭老太太活到了九十多歲還能夠穿針引線，縫補衣裳，觀者無不稱奇。郭老太太生於乾隆四十三年（一七七八），卒於光緒元年（一八七五），按照中國的傳統計歲方法，她活了整整一百歲，歷經乾隆、道光、嘉慶、咸豐、同治五朝，從三十六歲喪夫守寡，到百歲老人兒孫繞膝。

自從袁甲三考中進士，袁家猶如熬過嚴冬看見了原野上綻放的第一朵金色的迎春花。這之後袁氏家族進入豐收的黃金時期，喜報紛飛，捷報頻傳，除了一門兩進士外，還有兩個舉人、四個貢生、八個知縣以上級別的官員。無數羨慕的眼光紛紛投向中原這個新崛起的顯貴之家，郭老太太也因此贏得了人們的尊崇和敬重。咸豐、同治兩朝，朝廷曾經四次給她賞賜御書匾額、紫檀、玉如意、江南絲緞衣料等物件，賜壽一次。到同治年間，項城袁家已是一個近百人的龐大家庭，郭老太太不僅有了兒子、孫子、曾孫，連曾孫都有了後代。提起項城五世同堂的袁家，方圓數百里範圍內沒有人不伸大拇指誇讚的。

盛極而衰，生活的打擊常常在人們猝不及防時遽然而至。道光二十四年（一八四四），大兒子袁樹三病逝，年僅四十四歲，白髮人送黑髮人，郭老太太扶棺慟哭，大放悲聲。同治九年（一八七四），袁家最為榮耀的金字招牌和經濟來源主要提供者袁甲三病逝，加速了這個龐大家族的崩潰。這之後死神成了袁家的常客，隔幾年跑來光顧一下，兒子袁鳳三、袁重三先後去世，「保」字輩的孫子袁保慶、袁保中也相繼走了，接二連三的災難一次次偷襲，郭老太太起初還是很堅強地挺著，後來似乎變得麻木了。到了晚年，她沉湎於佛陀的一片樂土中求佛向善，經常伴著木魚聲聲度過綿綿長夜。

在項城袁氏故里，至今仍流傳著郭老太太樂善好施的故事。家族興旺發達以後，每年她都要施捨棉衣數百件，施粥施藥若干。咸豐六年（一八五六），項城發生了一場百年不遇的災荒，郭老太太令家人將族中無法舉火的五十多戶人家逐一登記，按月發放糧食、衣物，使他們不再受凍挨餓。又令袁保慶在南北村莊開設粥場，散發大米麵粉，每天數千人排隊，每人一盅，從冬天直到次年春夏之交，沒有一天中斷，從而使無數村民保住了性命。這樣的例子在郭老太太的一生中有好幾次，在鄉民們心目中，晚年的她已經漸漸褪去了女強人的光環，轉化成一個仁厚的大善人。

郭老太太生命中的最後幾年，家族的頹勢仍在延續，敗相已露。

在京城做官的袁保恒、袁保齡對潛伏在龐大家族內部的危機看得極真切。當時的真實情況是：近百口人居住袁寨，卻沒有相應的財政支撐，經濟來源基本上依靠袁保恒、袁保齡做官積攢的銀兩，原來家中還有個理財高手袁重三，袁重三病逝後，接任他主持家政的是袁保中，雖說此人勤勉正派，在投資理財上卻沒有什麼天賦，袁氏家族的家境每況愈下，日見窘迫。更糟糕的是，袁家多年的顯赫已經寵壞了一些後代，好幾個兒子吸食鴉片成癖，是不可救藥的敗家子，其他子孫有的嗜賭，有的愛嫖，有的翹課，沒幾個爭氣的。

權衡利弊，只有分家一條路可走。初定的分家方案是：效仿古代計口授田之制，將家中所有田地物產分為十二股，確保「保」字輩十個兄弟每人一股，剩餘兩股，作為郭老太太餘年的供給和宗族公用。袁保恒、袁保齡二人還高姿態地將他們名下的兩股自願獻出，交給郭老太太享用。

分家方案醞釀成熟了，卻長時間沒有人敢對郭老太太提出來，少年時代記憶中殘留的對老祖母的一絲懼怕，使這個大家族又延續了幾年。直到同治十三年（一八七四），這個分家方案才正式得以實施。

次年，郭老太太壽終正寢。

在清乾隆至同治的八十多年的時間裡，項城袁氏家族完成了第一次崛起以及沒落的大循環。絢爛至極，歸於平淡，這個家族暫時沉寂了，但是並沒有就此沉淪，他們在漫長的歲月中等待，在沉寂中積蓄力量。

滄桑煙雨中的袁寨

袁寨村位於項城城區東南十七公里，整個村落建在舊居宅基之上，如今村子裡住的大多是當年袁氏家族傭人雇工的後代。全村二百多戶千餘口人，有三十多個姓氏，據說姓袁的只有一戶，而且還不是項城袁氏家族的直系後代。

走進袁寨，心中免不了有種滄桑感。

在一個不起眼的角落裡，蹲著幢兩層樓的小洋房。袁氏後裔告訴我，那幢小洋房就是袁世凱出生的地方。

這是一幢典型的地主莊園式的晚清建築物，牆壁和門窗經過重新粉刷，到處飄散著刺鼻的油漆味兒。整個袁寨，數這幢樓房保存得最完好。沿著臺階拾級而上，輕輕推開兩扇微掩的朱紅大門，耐人尋味的靜寂中暗藏著肅穆。樓房空空如也，僅擺放了幾件中原地方常見的生活小物件，一眼能看出是民間仿品，顯得不太真實。倒是牆壁上懸掛的那些舊照片，隱隱綽綽透露出了袁世凱時代裡曾經存活過的人物、事件和生活場景。

袁世凱出生時，正是袁氏大家族的鼎盛時期。

袁寨當年的風光，如今已成為江湖上的一個傳說。少年時生活在項城、與袁家世交並有姻親的當代作家蔣敬生，曾寫文章回憶他兒時見到的袁寨：「進了袁寨西寨門，首先看到的是路邊坐北朝南的一座大府門。這府門要比北京清代王府的門還氣派得多，光那門前的兩頭大石獅子，曾經粉飾，雖顏色已漸褪，但也比項城縣衙門的守門石獅子大得多得多，守衛著出廈長廊、朱漆大門、威武煊赫的『六王府』」。

蔣敬生先生筆下的情景是上世紀三十年代末，那時袁寨已經衰敗沒落。文章中所提及的「六王府」，是袁世凱六弟袁世彤的府邸，也只能算作袁寨宏大建築群中的一個組成部分。瘦死的駱駝比馬大，即便是殘缺不全的斷井頹垣，在少年蔣敬生的印象中已是美侖美奐的人間仙境：「……穿宅過院，也不知道有多少門，什麼月洞門、廊廈的鹿頂門等等，圓方美形不一，花木遮掩，迂環曲折，要是初來乍到，只幾繞就會迷路，比電影《紅樓夢》中的房舍也不會遜色。」

最初修築袁寨是在袁甲三發跡後的清咸豐年間。起因是一個傳說：袁家有個奇怪的現象，男子壽命短，很難活過六十歲。於是從山東重金請來風水先生，搗鼓一陣羅盤後掐指細算，說：袁家陰宅（袁閣村祖墳群）是龍鳳之地，日後必定出大人物。只不過陽宅（袁寨）陰氣太重，尅袁家男子壽命，破除的方法是「遷宅分居」。

就這樣，袁甲三一家舉家遷往淮陽陳州府；袁鳳山一家遷往河南禹州；袁重山一家仍留住舊址袁閣村；只有袁樹山一家搬到了新修的袁寨。

也就是說，生活在袁寨的袁氏後人，都是袁樹三這一脈的子孫。

袁寨占地二七〇畝，先後建成各式樓房二四八間，有三道護寨河，六座碉堡，還有高十米、厚兩尺多、周長近兩公里的護寨石牆。寨子內，院落幽曲相連，青瓦紅磚，眩目耀眼。屋脊上有獅、虎、豹、馬、猴等磚雕，四角挑簷高聳，飾有龍紋獸尖，直指蒼穹。寨子當年是防撚軍的，寨牆每隔一丈多有一垛口，用來觀察寨外撚軍動靜，三十多名衛兵輪流站崗放哨，晝夜不歇。兵荒馬亂的歲月，周圍十里八村的鄉親們經常跑到袁寨裡來避難。

採訪中聽到了這麼一個故事，頗能說明袁寨當時的風光和顯赫。

袁寨原來有一座祠堂，飛簷翹角的亭閣上掛著四隻風鈴，每當起風時，一串串清脆的音符就會像小鳥似的四處紛飛，整個天地之間似乎都瀰漫起了金子般響亮的鈴聲，恍若仙樂。最為奇特的是，風鈴聲竟能傳到十幾里外的另一個村子，且聲大如雷，震得那個村子山搖地動，農家灶房裡的鍋碗瓢盆叮咚蹦跳。

這也太離奇了，像是瑪律克斯筆下的小說細節，充滿了拉美魔幻文學的神祕色彩。我搖頭微笑，臉上表情分明是不相信。講述者煞有介事辯白：這事兒附近幾個村的老人們都知道，不信你隨便去問問，準會有人講給你聽。

民間社會總是藏匿著若干祕密，大自然的神奇魔力誰能說得清呢？從那以後，風鈴的傳說成了我心頭擱置的一個存疑，我依稀看到時光漩渦中的袁寨色彩斑斕，光怪陸離，在黑暗深處散發著幽幽微光。

看過《紅樓夢》的人應該熟悉大家族的生活場景。不同的是，《紅樓夢》所敘述的是一個封建大家族風雨飄搖的末世景象，而此時生活在袁寨的袁氏家族猶如朝陽沐露，上升拋物線即將到達輝煌的頂端。另外一點不同的是，袁甲三靠顯赫軍功起家，因此，籠罩這個大家族的除了迎來送往、杯光箸影之外，還籠罩著一絲濃鬱的軍事色彩。

這一點，從袁世凱出生時的取名可以驗證。

清咸豐九年（一八五九）農曆八月二十，袁世凱誕生，剛好在安徽與撚軍作戰的袁甲三打了個大勝仗，俘獲撚軍首領顧大隴，派專使騎快馬到袁寨報捷。袁寨喜上添喜，給新生嬰兒取名世凱，「世」是輩分，「凱」是高奏凱歌之意。及至稍長，又取字「慰亭」，意思是打勝仗、得貴子都足以告慰家庭。

關於袁世凱的童年時代，袁寨有個人人都會講的故事：袁世凱四歲那年，撚軍進攻袁寨，十五歲以上男青年全都拿起火槍登上寨牆，鳴槍放炮，抵禦撚軍。袁世凱猛地掙開奶娘的手，跟著眾人踉踉蹌蹌登上寨牆，看見被擊潰的撚軍作鳥獸散四處逃躥，他拍掌大笑，面無懼色。

故事有誇張的成份，總體上依然傳神。初生牛犢不怕虎，是袁世凱整個少年以及青年時代的真實生活寫照。

袁寨的鼎盛時期無疑是在袁世凱就任中華民國第一任正式大總統前後。此後袁寨開始走下坡路，耀眼的光環一圈圈剝落。一九一五年，袁世凱稱帝，舉國一片罵聲，紛飛的唾沫星如雨點，一直延續至今。袁寨風光不再，一度被指認為罪惡淵藪——傳說中的魔鬼城。

袁世凱時代的中國，到處都是專制的土壤，豈能長出民主之樹？將一切都歸罪於袁世凱，實在太粗暴簡單了，並且於事無補。袁世凱病死後，袁寨也跟著往下墜落，時空隧道中，那個曾經無限風光的中原寨子，如今已和豫東南平原上任何一個普通村莊沒有多大區別了。

如今漫步在重新整修過的袁寨，空氣中飄蕩著油漆香蕉水的味道，目光所觸之處到處都是新粉刷過和牆壁門窗。但是表面的熱鬧繁華掩飾不了它的頹敗與蕭索，回望歷史深處，萬千感慨，一句話梗在了喉嚨管裡：如今的袁寨僅剩下一個空架子在支撐。抬起頭來，看見幾個老人坐在一棵大樹下抽煙閒談，西斜的陽光拉長了他們的影子，看上去有種「白髮宮女在，閒坐說玄宗」的感覺。

第二章　黃金年代的愛與恨

大江滾滾東流去，寸心鬱鬱何時開

光緒三十一年（一九〇五），九月二日，註定了會是中國歷史上具有劃時代意義的特殊日子。這一天，清廷發出諭旨：「自丙午科為始，所有鄉會試一律停止，各省歲、科考試，亦即停考。」中國歷史上延續了一千多年的科舉考試制度，終於壽終正寢了。

美國學者吉伯特・羅茲曼在其主編的《中國的現代化》一書中指出：「科舉制在中國傳統社會結構中居於中心的地位，是維繫儒家意識形態和儒家價值體系的正統地位的根本手段。科舉制在一九〇五年廢止，從而使這一年成為新舊中國的分水嶺。它標誌著一個時代的結束和另一個時代的開始，其劃時代的重要性甚至超過辛亥革命。就其現實的和象徵性的意義而言，科舉革廢代表著中國已和過去一刀兩斷，這種轉折大致相當於一八六一年沙俄廢奴和一八六九年日本明治維新後不久的廢藩。」

對廢除科舉制度的意義和重要性，羅茲曼的評價是客觀公允的。

科舉制在中國存在了一千多年，它經歷了一個創立、發展、消亡的過程。進入明、清朝以後，科舉制已成為一種僵化呆板、毫無生機的模式，其弊端為越來越多的士子所認識，廢除科舉制的呼聲越來越強烈。

進入晚清以後，一批有影響的督撫大員紛紛上奏清廷，呼籲廢科舉，興學堂，走新式教育的救國之路。這些督撫大員中，包括袁世凱、張之洞、周馥、岑春煊、趙爾巽、端方等人。其中，重要的代表性人物是袁世凱。

袁世凱主張廢除科舉制的態度非常堅決。據統計，袁世凱所上奏摺中涉及科舉制廢止和興辦學堂的不下十篇。在這些奏摺中，袁世凱力陳科舉制的弊端，宣揚興辦新式學堂的重要性，並提出了廢除科舉制的具體辦法。

在袁世凱等督撫大員的合力推動下，慈禧太后終於鬆了口，接受了立即停止科舉考試的意見。清朝的人才錄用制度從根本上得到了改革，這在當時的中國，是件十分了不起的大事。

袁世凱為什麼如此痛恨科舉制？這恐怕不是簡單幾句話能夠說得清的。

在袁世凱的成長道路上，袁保慶是第一個對他發生重大影響的人。五歲多，袁世凱過繼給袁保慶為子。當時袁保慶正在仕途上努力攀登，接到一紙調令，以知府身分發往山東補用。袁保慶收拾行裝，攜帶家眷（一妻二妾以及髫年的袁世凱），赴濟南府出任道台。

為了管束好這個寶貝兒子，袁保慶特意聘請了一位頗有名望的舉人擔任啟蒙老師。這個人叫王志清，是個熟讀經書不識麥稗的老夫子，授課全無趣味，讓人昏昏欲睡。對於剛從偏僻鄉村來到繁華都市的袁世凱來說，這種「面目可憎語言無味」的迂腐先生實在不對脾胃，加上嗣母牛氏的溺愛，更不把王志清放在眼裡。袁世凱想到的戲弄老師的辦法帶有濃烈的鄉野氣息：夜黑時分，捉了無數隻螢火蟲放進玻璃瓶裡，埋伏在王志清下館必經的路上，等老夫子走近，憋著嗓子弄出幾聲怪叫，嚇得王志清魂飛魄散。搞清楚是學生的惡作劇後，王志清憤然辭館，再也不願意教這個刁頑的孩童了。

袁世凱小時候不愛讀書，是個事實。告別袁寨來到濟南，周圍喧鬧的一切都讓這個孩子感到新奇，鬥雞、滾鐵環、玩蟋蟀……這些以前從沒接觸過的遊戲，魔法似的吸引著他，使他猶如掉進了一個瘋狂任性的旋渦。嗣母牛夫人對這個好不容易得到的兒子寵愛有加，更是助長了他的玩興。稍大一點以後，又結識了一幫浪蕩少年，整天混在一起鬥毆掐架。這個時期的袁世凱迷上了騎馬、拳術和摔跤，夢想中的英雄偶像是水滸兄弟，一套拳腳闖天下，替天行道，愜意人生。

過了幾年，袁保慶調任江南鹽巡道，遷居南京，一個更讓人眼花繚亂的花花世界，成了袁世凱粉墨登場的舞臺，縱馬清涼山，練拳雨花臺，蕩槳秦淮邊，年紀輕輕也玩起了偷食禁果的出格遊戲，偶爾也出入於怡紅院、銷金樓，學著成年人模樣吆喝起了麼二長三，沉醉於紙醉金迷的綺麗夢鄉。後世人們的傳說中，袁世凱儼然成了一個紈絝子弟的形象，其原因也與他在濟南、南京兩地的孟浪生活有關。

◆ ◇ ◆

袁世凱一生曾經兩次參加科舉考試。

第一次是光緒二年（一八七六）。自從兩年前袁保恒、袁保齡兄弟將侄子袁世凱帶到京城讀書後，袁世凱刻苦用功，學業長進很快。在叔叔袁保齡的鼓勵下，這年袁世凱回河南陳州參加鄉試。進考棚前他感覺良好，躊躇滿志，臉上寫滿了志在必得的笑容。從考棚裡出來，袁世凱的笑容沒滅，初試鋒芒，彷彿已勝券在握。據野史記載，袁世凱那次考試成績驕人，名列陳州府前十名。

然而一個意外，斷送了袁世凱的錦繡前程。

這事說來話長。湖南長沙人瞿鴻禨中進士後，外放河南學政，這是個臨時性的職務，官銜不大，權力不小。舊時官宦富家子弟以考取功名為正途，自然要格外巴結主考官，因此當一回學政就成為讓人羨慕的發財機會，「一任學政官，十年花不完」，可見權力尋租的魅力。瞿鴻禨在山東督考期間，充分享受到了賓至如歸的待遇，地方官像供奉祖宗似的招待。到了陳州，偏偏遇到個知府吳重憙，廣東人，出身望族，又在官場上混了多年，壓根沒把當時才是個六品編修的學政大人放在眼裡。他向部屬交待，降低瞿鴻禨的接待規格，又發文件通知屬下各縣一律按小棚規格接待。瞿鴻禨無端受到侮辱，心頭的忌恨不言而喻，終於遷怒到吳重憙管轄下的陳州考生身上。為解心頭之恨，瞿鴻禨決定凡陳州生員一律不取。正巧袁世凱這一年參加科舉考試，儘管成績優良，瞿、吳二人在官場上玩的一把火，還是殃及了他這條「魚」。

野史中的這個說法並不太靠譜。光緒三十三年（一九〇七），晚清政壇上發生了一場著名的政治風波，史稱「丁未政潮」，對峙的兩個陣營的代表性人物，一方是袁世凱，另一方是瞿鴻禨。因為這場錯綜複雜的政潮紛爭，而牽扯出若干年前的歷史舊案，將政見之爭解釋為個人恩怨，明顯像是個牽強附會的野狐禪。

那次科舉考試失敗後，袁世凱並不甘心。三年後——光緒五年（一八七九），他第二次奔赴河南陳州參加鄉試，卻依然是鎩羽而歸，再度名落孫山。

袁世凱對科舉考試徹底絕望了。一氣之下，他燒掉了過去的全部詩文，發誓不再參加科舉考試，憤慨地說：大丈夫當獻身報國，效命疆場，豈能久困於筆硯之間，自誤光陰？

其實袁世凱對科舉的感情是十分複雜的。

他出身於中原耕讀人家，叔祖父袁甲三、叔父袁保恒中進士的故事，在家族內部口口相傳，成了永遠高高飄揚在袁家子弟們夢想中的兩面旗幟。還有叔父袁保齡、繼父袁保慶等長輩刻苦讀書，考中舉人的先例，也是激勵他讀書的動力。世代耕讀傳家的優良傳統，不可能不對少年袁世凱產生深刻的影響。

事實上，袁世凱畢其一生，對讀書從來都不懈怠。即便辛亥革命後他當了民國大總統，日理萬機，異常忙碌，仍然念念不忘讀書。他在臨終前的一封遺書上這樣寫道：「恨只恨我，讀書時少，歷事時多。今萬方有事，皆由我起。帝制之誤，苦我生靈，勞我將士……」筆端底下的悔恨之意，讓人讀了心酸。袁世凱對讀書人從來都很敬重，他常掛在嘴邊的有句口頭禪：「這比做文章容易多了。」

如果換個角度，從袁世凱一生的讀書經歷來觀察，我們會發現一些有趣的現象。關於讀書天分，叔父袁保齡對袁世凱的評價是「資分不高而浮動非常」。儘管如此，袁世凱在讀書一事上還是胸懷大志且十分用功的。

十三歲時袁世凱寫了一副對聯：「大澤龍方蟄，中原鹿正肥。」家族裡的大人看了大吃一驚。小小年紀，以潛龍自居，以逐鹿自勵，志向高遠，當刮目相看。

十四歲時袁世凱寫了他人生中的第一首詩《言志》：「眼前龍虎鬥不了，殺氣直上干雲霄。我欲向天張巨口，一口吞盡胡天驕。」氣概非同凡響，使人想起黃巢《不弟後賦菊》中的「待到秋來九月八，我花開後百花殺」。

十五歲時袁世凱在南京，登雨花臺後作了一首《擬古》：「我今獨上雨花臺，萬古英雄付劫灰。謂是孫策破劉處，相傳梅鍋屯兵來。大江滾滾向東去，寸心鬱鬱何時開。只等毛羽一豐滿，飛下九天拯鴻哀。」憑弔史跡，懷古傷今，滿腔救世英雄志，一派少年豪情令人側目。

這些零散的詩作都只是袁世凱年輕時的初試筆墨。第二次科舉考試失敗後，袁世凱燒掉了所有詩稿文稿，發誓棄文從武。從袁世凱後來的履歷來看，那只是一個失意青年的賭氣，表達他滿腔才華得不到施展的內心苦悶。

在袁世凱政治上跌落，受貶蟄居洹上村的日子裡，他先後寫下了二十多首詩，收錄在《圭塘唱和集》和《洹村逸興》中。到底是飽經了人世間的歷練和磨難，加上當時處境險惡，是他人生中最彷徨、最苦悶的幾年，那些詩作比年輕時的詩作要沉穩多了。詩中一派寧靜淡遠的氣氛，有感傷浪漫的抒懷，也有生動有趣的敘事。

有史料說，袁世凱自小喜愛兵法，常常不惜重金購買各種版本的兵書戰策，被人譏笑為「袁書呆」。這則史料是從批判的角度看待袁世凱的，但是無意中也透露了一個事實：袁世凱打小時候就染上了讀書癖。

他反感科舉制，是因為他厭惡那種殘酷、僵化、刻板、呆滯的教育方式和考試制度。實事求是地說，袁世凱對科舉制的心態是既愛又恨，愛恨交加。愛，是因為文章千古事，以詩文抒懷是中國歷代英雄的傳統；也因為耕讀世家篤好讀書的家風和崇尚文風的美德，曾經給了他無聲的薰陶。恨，則是因為科舉制束縛人的思想，扼殺人的靈性，桎梏人的創造力；也因為他兩次科舉考試均告失敗，不僅丟了顏面，還成了經常隱隱作痛的一塊心病。

義結金蘭江湖行

身處政治中心的人物，遇事首先想到的是利益而非是非，這是千百年來的一個惡劣傳統，幾乎所有人都概莫能外。縱觀袁世凱的一生，交往的人無數，真正交心的朋友不多。但是在其青年時代相遇了徐世昌，之後二人終身如影隨形，即便後來他們都成了叱吒風雲的大人物，如夏花般絢爛的友誼始終沒有中斷。從袁、徐義結金蘭這件事，隱約可以看出袁世凱崇尚文化、尊重讀書人的價值取向。

故事是這樣開頭的。

光緒五年（一八七九），袁世凱二十歲。前一年，因養母牛氏病重，袁世凱從北京返回家鄉探視。不巧的是，碰上叔父袁保恒在開封府賑災病逝，他同袁家人一起埋葬了袁保恒，料理了後事，然後和養母、妻子等家眷在陳州定居下來。

此時袁氏大家族已經分家，袁世凱繼承了養父的一份可觀的財產，豐衣足食，心頭忽然平添了縱論古今、詩詞唱合的雅興。他效法古人的養士之風，在陳州辦起了「麗澤山房」和「勿欺山房」兩個文社，自為盟主，主動承擔文社所需一切費用，對參加文社的成員供給吃喝，一時眾多書生墨客前來附就。

就在這個時候，原本在豫西北沁陽、太康一帶塾館當教書先生的徐世昌失業了，他一路轉悠來到了陳州府，與正在這裡興辦文社的袁世凱偶然相遇。兩個寂寥失意的年輕人，一個是官宦世家闊公子，桀驁不馴，素以馳馬試劍為樂；一個是家道中落窮書生，老成穩重，向以教書養家糊口。這樣兩個思想、性情、志向各異之人竟一見傾心，彼此視為莫逆之交。

陳灨一在《新語林》中這樣寫道：徐韜齋與袁容庵初不相識。一日，韜齋來袁宅，昂然入書齋。容庵隔窗遙見一人自外至，神氣豪爽，起身迎之。韜齋是徐世昌的號，容庵是袁世凱的號，這則野史筆記敘述的是袁、徐二人最初相識時的情景。在這本書中陳灨一還說，袁世凱見徐世昌一襲青衣一雙布鞋，雖不修邊幅卻神采飛揚，談吐間顯露出滿腹經綸，好一個雄心勃勃的仁人志士！二人談了幾句時局，越談越多，興致盎然，契合心靈的話語，恍若前世相識的背影。袁世凱不禁拉起了徐世昌的手，大聲贊道：「菊人，真妙才也！」

彼此問過了生辰八字，那一年袁世凱二十歲，徐世昌二十四歲。

當時燒香磕頭，義結金蘭，從此兩人成了八拜之交。

有一天，袁世凱前去拜訪徐世昌。正值四月，是鶯飛草長，萬物復甦的季節，義兄卻獨自一人在屋裡枯坐，滿臉愁眉莫展的神情。袁世凱問過緣由，原來，徐世昌要赴京城趕考，摸摸口袋盤纏不夠，阮囊羞澀，難以啟程。袁世凱一聽哈哈大笑：徐兄為何不早說？這有什麼為難的，阿賭物事小，人生前途事大。於是慷慨解囊，給徐世昌湊了一筆錢，又擺宴置酒，以壯行色。

同時，也是在那一年，袁世凱第二次參加科舉考試落敗，他燒掉了自己所有的書本和詩文集，投身軍營並在朝鮮的壬午兵變中嶄露頭角，然後駐紮朝鮮，一待就是十年。而徐世昌則在考中舉人後又考中進士，進入翰林院，平步青雲，步入晚清和民國的政壇，也成了一位重量級人物。

徐世昌祖籍浙江，經過上幾代人的顛沛流離，明朝末年落戶天津，清道光年間又流落到開封，父親病逝後，徐世昌一家人來到了河南衛輝縣定居。按照科舉制的考試規定，戶籍不得隨便更改，無論你住在哪裡，參加科舉考試都只能回到戶籍所在地。徐世昌的戶籍在天津，必須赴京城參加「應天府鄉試」。好在義結金蘭的兄弟袁世凱幫助他實現了這個人生夢想，徐世昌一試而中，當年考取了舉人，四年後又獲殿試二甲進士，進入翰林院，先任庶起士，後任編修。

之後漫長的人生旅途中，徐世昌與袁世凱兩人的命運之軌多次發生關係，時而交叉，時而匯合，時而又疏離。袁克定曾經形容徐世昌是一條「老狐狸」，那條「老狐狸」一輩子都與袁世凱如影隨形。翻開一部近代史，在袁世凱人生中的每一個關鍵時刻，都能看見徐世昌那頎長、儒雅而有教養的身影。

袁世凱小站練兵，徐世昌數次給皇帝上奏摺，與袁世凱一唱一和，互為奧援，為新建的北洋新軍搖旗吶喊。徐世昌還多次參與北洋新軍的操練和檢閱，與身材短粗的袁世凱站在觀禮臺上，看硝煙瀰漫戰車滾滾，聽號令起伏山呼海嘯，排山倒海般的軍威和氣勢使他激情蕩漾，又不失理智地保持著他獨特的紳士風度。

徐世昌貴為翰林，卻能低下架子，為袁世凱招納北洋新軍撰寫告示。他滿腹經綸，寫下的廣告語半文不白，詰屈聱牙。袁世凱看後皺起眉頭對徐世昌說，你這個告示不能用翰林文體來寫，當兵的那些人都是大老粗，只為混口飯吃，咬文嚼字的句子他們聽不懂，瞎子點燈——白費蠟燭。徐世昌拿回去修改，改成了大白話，有時四個字一句，有時六個字一句，念起來像是歌謠，既通俗還押韻。告示寫好後袁世凱讚歎不已，令士兵將一張張告示到處張貼，徐世昌私底下叮囑袁世凱：千萬不要對人說告示是我寫的，忒丟人羅，介是個二把刀。袁世凱笑著說：中，中，俺就說是俺老袁寫的。

徐世昌在北洋新軍新建陸軍營務處公幹，先後編寫了《新建陸軍兵略存錄》及《操法詳晰圖說》等兵書十餘冊。他還親自動手，寫了《大帥練兵歌》，旋律套用的是德國威廉皇帝的練兵曲。

這首歌曲後來成了《北洋軍軍歌》，北洋士兵們排成整齊的佇列，邁著威武雄壯的步伐，齊聲唱著：「大帥練兵人人都知曉，若不當兵國家不能保。第一當兵宗旨要達到，莫叫官長費心又費勞。第二棚內常講衛生好，無有疾病哪能生疲勞。第三槍械自己要保好，臨陣之時發槍多靈巧。第四軍服潔淨最重要，若不潔淨外人多恥笑……」

袁世凱被罷官後蟄居在安陽洹上村。辛亥革命爆發，軍情急如星火，攝政王載灃如同熱鍋上的螞蟻，卻又拿不出辦法。這時候任清廷內閣成員的徐世昌站了出來，大膽提議請袁世凱出山，由袁掛帥出征為清廷救駕。清廷也實在沒有什麼辦法了，只好依此辦理。誰知袁世凱穩坐泰山，壓根兒不為所動。清廷派徐世昌親自前往洹上村，看看袁世凱葫蘆裡到底想賣什麼藥。

徐世昌到了洹上村，與袁世凱一番密談。袁世凱提出了六個條件：一，明年召開國會；二，組織責任內閣；三，寬容參與此次兵變諸人；四，解除黨禁；五，須委任袁世凱指揮水陸各軍的全權；六，軍費須充足。

就在此時，清軍在漢口前方與革命軍交火，還沒打幾槍就敗下陣來。臨時總指揮蔭昌指揮不靈，只得退守灄口，薩鎮冰所率水師也吃了敗仗，向長江下游撤退。

現在，擺在清廷面前的只有兩個選擇：要麼答應袁世凱的出山條件，要麼任局勢日益惡化，大廈傾搨，走向覆滅。

清廷選擇了前者。以後的國運走勢已經寫上了歷史教科書：袁世肯南北兩面逼宮，既拿清廷病虎餘威來壓革命黨，又拿革命黨呼嘯聲勢來壓清廷。最後的結果是清廷退位，袁世凱當了民國臨時大總統，中國歷史上首次經歷了一場不流血的改朝換代。

歷史劇接著往下演，下一幕是袁世凱搞洪憲帝制。

在這場後來被人們稱作歷史鬧劇的場景中，徐世昌始終保持謹言慎行的態度，不置一辭。即使袁世凱為探知他的立場，當面問他：外間勸進事，大哥知道麼？這事可行麼？徐世昌依然佯裝不知，連連搖頭，道：這事確實沒聽說，知之為知之，不知為不知。袁世凱不好再問，打了個哈哈，相互作揖而別。

在洪憲帝制一事上，徐世昌雖然採取不贊成、不阻止的態度，但還是及時提醒。楊度等人發起籌安會之初，他就對袁世凱說：「事雖勿論是非，而不可不計利害，默揣時勢，誠未敢期其必成，設竟廢於半途，將以何術轉圜？」洪憲帝制格局既定，徐世昌稱病請假，後又決意引退。袁世凱勸導，又托人多次挽留，仍然無效。此後，徐世昌遂隱居不問政事。

洪憲帝制失敗，袁世凱在內外夾攻下積勞成疾，醫生診斷為尿毒癥。他躺在病床上，讓人叫來了徐世昌。面對三十多年前義結金蘭的刎頸之交，袁世凱勉強苦笑了一下，慘澹地說：我要走了，回彰德去了……徐世昌眼眶微紅，聲音嘶啞，小聲勸慰袁世凱。袁世凱支撐起身子，一字一頓地說道：「當初不聽忠告，致有今日。唯相見揮淚惜別。家事恐子輩處理不當，敢以相托，乞為主持喪務善後。」徐世昌慨然應諾，一死一生乃知交情。

袁世凱死後，徐世昌協助袁克定主持了袁家的分家事務。每個兒子分得十二萬元，除現金外，還有金條、股票、房產、田畝等。袁世凱的喪事由北洋政府籌辦，通令文武機關下半旗，停止宴樂二十七天，民間娛樂停止七天，官員和士兵一律佩戴黑紗，設立「恭辦喪禮處」，黎元洪、徐世昌、段祺瑞三人總負責。

袁世凱的葬禮辦得十分隆重，不僅是國葬規格，而且是一次中西合璧的葬儀。演奏喪樂的有中式樂隊，也有西洋樂隊。袁世凱的靈柩從北京中南海新華門出，沿西長安街經長安右門往東，至天安門前向南上御路，穿才中華門、正陽門城樓進入甕城，再向南穿過正陽門箭樓，轉向西到達前門西車站。這裡是京漢鐵路的起點，袁世凱的靈柩在這裡送上火車前往河南彰德。

由於葬禮辦理得過於隆重，經費不足，又由徐世昌牽頭，聯合袁世凱的舊屬段祺瑞、王士珍等人聯名發起公啟，請求社會各界人士解囊相助，湊足了一筆款子，完滿辦理了袁世凱的喪事。

迷茫的青春期

光緒二年（一八七六），袁世凱第一次參加科舉考試失敗，心情鬱鬱寡歡。

繼母牛氏從來視袁世凱如己出，見他情緒低落，心中也暗暗著急。正在這時候，有個媒婆上門來提親。牛氏詳細問明瞭女方的家庭情況，知道女方姓于，父親叫于鼇，是陳州府大於集鎮上鼎鼎有名的大財主，家裡掛有「雙千頃牌」，其擁有的良田之多可想而知。

牛氏夫人聽了連連點頭，臉上的笑容再也掩飾不住。她把袁世凱叫過來，將這門婚事對他說了。原以為袁世凱心情會好起來，誰知事情卻恰恰相反，袁世凱不僅不高興，還板起了面孔，大聲嚷嚷要把婚事給退掉。

牛氏趕緊上來堵了他的嘴，一邊哄勸，一邊以家長的口吻命令道：自古以來，婚姻都是父母之命媒妁之言。就算你有意見，這事也得依我。說清楚了，娶原配正室必須聽我的，將來你有能耐了，要找三妻六妾，隨你的便好了。

一樁包辦的婚姻就這麼定了下來。

這一年袁世凱十七歲，于氏大他一歲，十八歲。

當年的秋天十月，袁世凱在陳州府完成了人生的婚姻大事。妻子于氏，是陳州府於集鎮大財主於鼇的二女兒，沒什麼文化，粗淺認識幾個字，相貌中等。但是青春期的少女，樸實無華，有一種不加修飾的別樣美麗。一場蜜月度過來，袁世凱和妻子于氏之間多少也增加了些感情。

第二年，于氏生下了長子袁克定。

儘管有了兒子，這對夫妻之間相處，彼此還是沒有什麼話講。大致相同的價值觀是每一個婚姻的基礎，否則會缺乏共同語言。而共同語言是維繫夫妻感情的陽光雨露，一旦缺失，婚姻便會黯然失色，甚至產生裂痕，走向崩塌。

袁世凱與于氏之間的感情冷漠，與這麼兩件事情有關。

第一件事是因為文化差異。有一天，袁世凱看見于氏喜歡繫一條紅色繡花的緞子褲帶，隨口開玩笑說：「看你的打扮就像個馬班子。」沒想到這句話惹惱了于氏，發火頂撞說：「俺不是馬班子，俺是有佬佬家的！」現在的讀者看這兩句話，不一定能夠理解，頂多也只會感到有種冷幽默。

可是在當時的袁氏夫妻看來，卻是比天還要大的事。「馬」是明清時期對妓女的稱呼，又稱「馬子」、「馬班子」，含義為「任男人騎玩的女子」。于氏回答她有佬佬家，言下之意是，她不是袁世凱尋花問柳找來的，是明媒正娶抬進袁家門的。于氏這句話使袁世凱火冒三丈，觸動了他的心頭之痛。原來，袁世凱生母劉氏夫人正是「沒有佬佬家」的小妾出身，于氏無意中的一句話，無異於當場揭短，在他傷口上撒了一把鹽。從此以後，他們的感情更加淡漠了。

夫妻之間的感情，是日積月累長期磨合的過程，並不是一兩句話就能夠輕易摧毀的。所以說，以上事例只是一種說法而已。

第二件事與于氏的娘家有關。袁世凱在陳州府的幾年，辦文社，資助文友，大宴賓客，對酒當歌，性情豪爽地瀟灑了幾年，眼看分得的家產揮霍殆盡。他決意重赴京城，試試能否謀到一個差使。進京需要一筆盤纏，手頭不夠，讓妻子去娘家想想辦法。誰知于氏的幾個兄弟不僅不借錢，反將袁世凱臭罵一頓，罵他是讓老婆倒貼的窩囊廢，還說了特別難聽的話：「沒本事就在家裡待著！」這讓袁世凱感到自尊心很受傷，十分丟臉。多年後袁世凱發跡了，有個小舅子進京找姑爺想謀份差事，袁世凱招待他吃喝幾天，什麼差事也沒安排，臨走前送了一句話：「沒本事就在家裡待著！」嚴格意義上說，這第二件事怪不著于夫人，但是在經歷了長時間的夫妻冷戰之後，袁世凱還是把怨恨遷怒到了于氏身上。

袁世凱與于氏的感情的確不好，他在致二姐袁讓的家書中，屢有表述。袁世凱到朝鮮任職多年，不讓于氏跟隨身邊，只帶了小妾沈氏，後來經唐紹儀說媒，又娶了朝鮮的三個富家千金為妾。

在二姐袁讓寫給袁世凱的信中，于氏捎話說她想來朝鮮，袁世凱趕忙回信阻止，說軍務政務纏身，應接不暇，萬不能沉醉於家眷瑣事及兒女情長。

後來，于氏奉婆婆牛氏夫人之命，還是帶著袁克定來到了朝鮮漢城。時間是一八八九年盛夏。袁世凱在致二姐袁讓的信中寫道：繼光（袁克定的小名）母子這次來朝鮮，據說是母親大人的安排，不知是否屬實？因未見到二姐的信，不知他們到來，至稍遲接，罪其悚甚。又寫道：繼兒在此讀書甚有長進，繼母（于氏）在此，弟亦時常訓斥，她亦不敢責打繼兒。

這封家信的字裡行間，流露出的是對于氏的不信任和輕蔑傲慢的態度。袁世凱不願于氏在朝鮮久住，不久又以侍奉母親為由，告訴二姐，打算秋涼後將袁克定留下來繼續讀書，「令其母先回，代弟侍奉慈母」。另一封信中，袁世凱更是明確無誤地說：「繼母糊塗，來此數月，弟繼添一樁閒事，殊無謂。」那次于氏在漢城住了九個月，她與夫君的關係始終處於一種不即不離的狀態，夫妻間的感情主要靠兒子袁克定維繫。

對外，于氏也始終保持著第一夫人的名份。儘管她有些怯場，多數時候面部表情不大自然。有一則野史這樣說：有一次過新年，當上了民國總統的袁世凱接見各國公使，按禮節，第一夫人要陪同接見。某國公使夫人走到于氏面前，要和她行握手禮，于氏大為驚慌，「嗯」地一聲，把雙手藏到了背後。弄得那位公使夫人十分尷尬，雙方都有點下不了臺面。

于氏夫人畢竟是袁世凱明媒正娶的原配妻子，雖然夫妻感情冷漠，但是在袁氏家族內部，她還必須是一塊正宗的牌位，永遠被家人供奉著。袁家子女都得喊她為「娘」，（在袁家，「娘」是于氏夫人獨享的專用稱謂。）據袁家的五女兒袁靜雪回憶：隔三差五，袁世凱與于氏見面了，也是相敬如賓，袁世凱先問上一句：「太太，你好！」于氏也一定回答一句：「大人，你好！」接著說幾句生活上的閒話，就結束了這一天的見面。

于氏夫人生前，在家庭中沒有什麼權力，經常悶悶不樂。她曾這樣對人說：「貴為總統夫人，表面風光，殊無所樂。家中柴米油鹽諸事一概不能做主，不如一鄉村貧婦。」于氏最風光的事是在她死後。袁世凱去世後第三年，于氏夫人也在安陽洹上村去世了。她的葬禮規格很高，辦喪事還專門從京城請了高人，出殯用的是「皇杠」，光抬轎子的就有六十四個人。

袁世凱與于氏夫人結婚後的第二年，離家出外闖蕩。

他經常給項城老家人寫信。有時寫給二姐袁讓，有時寫給三哥世廉，有時也寫給妻子于氏。出門在外的人是寂寞的，在昏暗的油燈下寫信，他能夠想像到故鄉袁寨村口的情景：母親站在大槐樹下眺望遠方的遊子，二姐提著滿滿一竹籃衣服到護寨河邊去浣衣，妻子坐在屋門口一邊曬太陽一邊納鞋底……

這一年袁世凱十八歲，正值青澀的青春歲月。

每個人的一生中都會有迷茫的時候。科舉考試失敗，家庭生活不如意，赴京城又無著落……孤魂鬼影似的一個人遊蕩在這偌大的都市里，既沒有目標，又看不清前程，他在一個令人眩暈的漩渦裡掙紮。袁世凱的幾封家書中，隱約透露出了他一方面沉淪一方面又不甘沉淪的心跡。

袁世凱在給妻子于氏的一封家書中，講述了他在京城被騙進入圈套後又迷途知返的故事。

他在信中寫道：進京後，正巧逢上三叔袁保恒往熱河公幹，雖有嬸母殷勤招待，仍不免心情鬱悶，又遇到天公不作美，連日陰雨，獨坐書齋，一顆發愁的心幾乎要被屋簷下的雨水滴碎了。四日後天氣放晴，遂往琉璃廠散步溜達，途中遇見一人，親熱地同他打招呼，袁世凱感到奇怪，他與那人素昧平生，「不覺視其面而作呆想」。那人解釋說，他姓倪，昔日曾做過袁保慶的幕客，見過少年時的袁世凱。袁世凱摸摸後腦勺，似乎恍然大悟。倪某邀請他上酒樓，要為剛到京城的他接風洗塵。

兩隻酒杯一碰，袁世凱滿腹心事活絡了。此次進京的目的是報捐功名，急欲尋一政界人士詢問京中納粟之例，於是開口就問倪官人如今在哪裡高就。倪公謙虛地回答說，他在吏部跑腿。袁世凱想，吏部乃執掌權衡者，必然詳悉賣官鬻爵的情況，當即向他詳細諮詢。倪某口若懸河，滔滔不絕，袁世凱一聽，全屬官場經驗之談，於是乘著酒興，將報捐功名的想法合盤托出，並與之相商，該捐何職為目前最佳捷徑。

倪某沉吟片刻說：根據足下情況，應當報捐實缺小京官最實惠。足下既有叔父（袁保恒）在京供職，不妨暫時投靠，遇到好機會再謀外放，事半而功倍。說著將聲音一頓，低壓嗓門繼續說，足下如想納捐，倪某願助一臂之力，安徽最近就有個機會，因為賑災，要優惠供應一批官帽子，銀兩只需要原來的六成，正好家母舅在安徽做官，可以托他幫這個忙，唯一的遺憾是得破費手續費三百，因為賑災捐例已於上月停止，如今欲填以前的時間，得給具體經辦人打點。

袁世凱一聽衝口說道：「那有什麼問題！」

兩人當場約定，第二天下午先將手續費送去，再談交易。次日，袁世凱雇車前往羊肉胡同，迎面果然看見倪公館的招牌，投刺（遞名片）而入，倪某欣然領他入室就坐，告知已經獲得母舅許可，援皖賑例報捐工部營繕司主政，共需銀一千五百兩。袁世凱遞上帶來的三百兩銀子，倪某略作猶豫，吞吞吐吐說道：「我也是托人幫忙，對方要求一次收足捐銀。」袁世凱懇求再三，倪某改口答應先預收一半，餘款等拿到捐照後再一併繳納。袁世凱回到寓所，取銀三百，交到了倪某手中，約定後天來取捐照，同時繳納剩餘的銀子。

哪知泥牛入海，杳無音訊，三天後袁世凱依約前往羊肉胡同，倪公館的招牌已經摘除，房中家具物品蕩然一空。急忙找到房東一問，卻被告知，姓倪的房客昨天早晨挈帶行李搬走了。再問房東，那位房客是否在吏部供職？房東一臉茫然，想了一會才告訴他：「不會吧，我聽說那人是個古董販子。」

過了幾天，袁保恒從熱河公幹回到京城，袁世凱吃了啞巴虧，也不敢對三叔說。

袁保恒問他可曾遇見徐世昌，袁世凱答不知地址，無從投謁。袁保恒說，往翰林院探訪，應該有人知道。袁世凱雇了輛馬車直奔翰林院，果然找到了徐世昌。兩人從陳州一別至今，見面後有無數話。袁世凱說了他被騙的經過，徐世昌笑著責怪他說，京城既有令叔，又有老友，捐納何至於如此之急迫？損失六百金，尚屬不幸中之萬幸，倘若以一千五百金換張假官照，更是麻煩事情。

徐世昌在京城翰林院生活了幾年，官場關係網已初步建立，他說有個同年朋友叫張佩綸，很為當朝大臣李鴻章賞識，收做了東床快婿，不妨走張的門路，進入直隸總督的幕府中謀碗飯吃。袁世凱一聽求之不得，心中暗想，剛受一次騙，馬上就撞上大運，真所謂「塞翁失馬，焉知禍福」。

這個故事沒有結果，也不知故事的真實性如何？

坊間偽書頗多，民國年間上海共和書局和中央書局出版的《袁世凱家書》即為偽書之一（兩家書局的創辦人都是鴛鴦蝴蝶派文人平襟亞）。學者劉路生指出：「通觀全書，作偽者既不明袁氏家族的宗親關係，又疏於對近代中國歷史、典章制度以及事實的掌握與瞭解，所以每一信函都漏洞百出，作偽痕跡十分明顯。而且文筆粗糙，與同一時期袁世凱親筆書翰的文字、語言、風格不一致。」依據這一論斷來看，這封寫於京城的致妻子于氏的家書也不靠譜。

因為洪憲稱帝，許多年以來，袁世凱一直作為反面人物而被醜化謾罵，歷史人物成了政治的犧牲品，粗暴地被貼上了醜陋的標籤。圍繞袁世凱的各種秘聞野史層出不窮，絕大多數都經不起推敲。直至如今，這個事實仍然還在延續。那些離奇古怪的秘聞野史，偶爾讀起來妙趣橫生，但是決不能作為評價歷史的依據，只是茶餘飯後的談資，用來輕鬆消遣罷了。

還有一則有關袁世凱的野史流傳甚廣，以至於很多人誤當作是真實的生活情景劇，口口相傳，幾成氾濫之勢。

傳說中的版本是這樣的：

袁世凱北京碰壁之後，輾轉到了上海，思量再三，決定先到上海叩訪以同知官居上海水利廳的王雁臣老師，去碰碰運氣，看能否謀份差事。哪知到上海後，還沒找到王雁臣，卻掉入了溫柔鄉，在煙花柳巷中遇到了一個紅顏知己。

這個妓女姓沈，身世具有傳奇色彩。她原是揚州妓女學堂培養的一匹「瘦馬」（妓女的別稱），為上海某鹽商看中娶為如夫人。誰知進門不到半年，鹽商不幸患病身亡，沈姑娘只好再下海，回到堂子裡重張豔幟。她從小受過很好的藝妓訓練，琴棋書畫樣樣都行，伺候男人也有一套辦法，袁世凱見了，驚為天人，神魂顛倒，樂不思蜀。

一個是落難公子，一個是癡情佳人，纏綿悱惻的愛情故事千古演唱，演到袁世凱這一輩也沒增添多少新意。據說袁世凱為沈氏贈有一聯：「商婦飄零，一曲琵琶知己少；英雄落魂，百年歲月感懷多。」也許是袁世凱身上的霸氣和英雄魅力起了作用，沈姑娘被這個身材矮胖的男人澈底俘虜，女子一戀愛就犯傻，她心甘情願作犧牲，要拿出自己辛苦賺來的血淚錢，傾其所有資助袁世凱尋求前程。

為了和沈姑娘多廝守幾天，袁世凱花光了身上所有的旅費，又賣掉了隨身所帶的兩個古玩鼻煙壺。鼻煙壺為其叔祖袁甲三的遺物，壺長三寸，口徑半寸，瑪瑙質，色澤鮮豔，隱隱透現龍鳳花紋。這是件價值二千金的寶物，袁世凱托一個朋友以五百金的價格典押給上海陸巡道。事有湊巧，這位陸巡道是王雁臣的親戚，一天在一起時，陸巡道拿出鼻煙壺給王雁臣看，王雁臣一驚，馬上認出這是袁家寶物，追問來歷，陸巡道將經過說了。

王雁臣這才知道袁世凱已到上海月餘，急急派人將他找來，嚴詞責問。掉進了溫柔鄉的袁世凱處境艱難，一聽老師的訓辭句句在理，不禁潸然淚下。王雁臣見這個弟子有悔改之意，便拿出銀子幫他贖回了那對鼻煙壺，叮囑袁世凱努力用功，不要自艾自棄。袁世凱幡然醒悟：大丈夫志在四方，豈能鬱鬱久困於紙醉金迷的生活之中，任由歲月蹉跎？

後來袁世凱投奔淮軍統領吳長慶，開始建功立業之路，等到在朝鮮站穩了腳根，馬上將這個沈姑娘接來做了當家的如夫人。

傳說中的這個故事真真假假，虛虛實實，像是雲遮霧繞中的一個島嶼，變幻莫測的光線幻化成光怪陸離的圖景。但是，也隱約透露出了一些歷史的真相。

沈姑娘確有其人，是袁世凱娶的第一個妾——大姨太太。這位沈姑娘原名是什麼已無從考證，傳說她叫沈玉英，並無依據。

據袁世凱次子袁克文在《洹上私乘》一書中說，沈氏是江蘇崇明縣人，先世務農，幼時失怙，跟著姐姐在一起生活。有一次在上海遊玩，被土匪搶走了，擄至天津，準備賣給妓院。沈氏得知後，抵死不從。土匪威逼下，她喝了一杯毒藥，命懸一線。土匪大為驚慌，找來醫生搶救，又編謊話誘勸，沈氏痛哭，無計可施之下只好任人把她賣進了妓院。袁世凱投奔吳長慶後，在赴朝鮮途中，在天津一妓家聽說了沈氏的身世，又見其楚楚動人，於是用重金贖出。沈氏跟著袁世凱赴朝鮮，從此相隨終身。

袁世凱投吳長慶軍中的時間是一八八一年，東渡朝鮮的時間是一八八二年。按袁克文書中記載，袁是在這前後結識沈氏的。其時袁世凱二十二三歲，正當青春孟浪年華，各種史料記載，從軍前袁世凱也確實有過一段荒唐歲月，在妓院裡認識的沈姑娘想必也是事實。

不過，袁世凱發跡後一直對這位沈姑娘恩寵有加。在朝鮮漢城期間，袁家的家事一概都由沈氏處理。（直到後來袁世凱娶了五姨太太——天津楊氏，楊氏遇事有決斷，管理家務的能力特別強，家事的管理權才移給了楊氏。）沈氏一生無子女，袁世凱對她從不另眼相看。不僅如此，還讓袁克文認沈氏作了嗣母，袁克文叫她為「親媽」。

拿正史和野史兩相對照，可以得出一些有趣的思考。有時候，用野史來作證正史，也並未見得是錯。把正史和野史揉合在一起，往往能使人看到一段活生生的立體的歷史。有關袁世凱迷茫的青春期史料並不多，在把握整體事實框架基本準確客觀的前提下，參照一些野史雜錄之類的民間記錄，對還原一個真實的歷史人物也許不無補益。

小欽差也能做大文章

光緒八年（一八八二），朝鮮發生了一場兵變，史稱「壬午事變」。朝鮮當時是清朝的藩屬國，清廷得知消息後，派吳長慶率兵前往彈壓。這時候袁世凱已投奔吳長慶軍中，任職「前敵營務處」，負責軍需供應、勘定行軍路線等。

一次歷史的機遇，擺在了袁世凱的面前。

事情始末，得從朝鮮王哲宗去世說起。

哲宗無子，立十二歲的李熙為王，其生父大院君李昰應監國攝政。李昰應是個守舊派人物，對一切變革都看不順眼，對日本維新尤為不滿，僅僅因為日本大使在拜見他時穿了一套西服，就下令斷絕朝日兩國通商，韓人與日人交往者處死。日人以為受辱，遂有「征韓論」。

李昰應有個內姪女叫閔茲英，美麗異常，且又知書達禮，在高牆深鎖的王宮後院裡，這一朵嬌豔的花分外引人注目，於是被李昰應收為兒媳婦，成為王妃。

誰知事與願違，閔氏成為王妃後，並不是按照預定的治國方略行事，攝政王的指揮棒不靈了，這讓李昰應大為光火。事情還在進一步發展，這個王妃閔氏，上帝在賜予她漂亮外表的同時，也賜予了她智慧和才幹，她利用太后趙氏厭惡大院君專擅的心理，慫恿閔奎鎬、趙寧夏以及李昰應的長子載冕等人，逼迫李昰應讓位，讓國王李熙親政——李熙性格軟弱，閔氏是鐵腕女人，實際上是閔氏要自己當政。

掌握政權後的閔氏開始了一系列改革，由仇日變為親日，聘請日本軍官訓練「別技軍」，以代替李昰應的「親軍營」。在改革軍隊的過程中，大批士兵被裁汰，留下來的士兵又經常領不到軍餉，矛盾日積月累，終於釀成了一場兵變。駐紮在朝鮮京城的五千士兵因軍餉拖欠太久，多次向政府懇求發餉，政府迫於壓力發了一個月的軍餉，可發下的糧食裡面居然摻雜了沙石，憤怒的士兵再也忍不住了，一哄而起，殺死了日本軍官。大院君李昰應乘機煽動，七月初，士兵包圍了王宮，欲殺閔氏。閔氏見勢不妙，趕緊換了套衣服倉皇出逃，帶著幼小的兒子跑到族人閔應植家中避難。

遭遇兵變後的王妃閔氏向清政府求援。其時李鴻章回籍丁憂，署理北洋的是張樹聲，經請示清朝廷後，派慶軍入朝鮮援助國王李熙和王妃閔氏。

隨後上演了一場驚險生動的「鴻門宴」，袁世凱在這場戲中擔當了重要角色。慶軍抵達漢城南郊，駐師屯子山，吳長慶輕車簡從，只帶了幾個貼身侍衛造訪李昰應。賓主相見，略作寒暄，李昰應愉快地答應第二天到慶營回訪。

次日，李昰應如約前來，他的扈從侍衛卻被擋在了軍帳外頭。

二人坐下沒談幾句，李昰應似乎感到情況有異，欲起身，吳長慶使了個眼色，久候一旁的袁世凱立即上前，半扶半挾，沒等李昰應反應過來，將他塞進了事先預備好的二人小轎，星夜上路，在馬山浦登上兵船，經天津塘沽港，轉道送往保定軟禁。

之後，清軍又找到了因兵變流落民間的王妃閔氏，由袁世凱護送回了王宮。

在處理朝鮮問題上，明顯可以看出清廷當權者思維邏輯的混亂。王妃閔氏有排華親日傾向，被清廷當做了幫扶對象；大院君李昰應親華仇日，卻遭到清廷的軟禁。政治和外交上的糊塗舉動，使朝鮮後來的局勢變得更加錯綜複雜。不過在朝鮮的這次兵變中，袁世凱是最直接的受惠者，事後論功行賞，吳長慶稱袁「治軍嚴肅，調度有方，爭先攻剿，尤為奮勇」，經回到直隸總督兼北洋大臣任的李鴻章奏請，袁世凱以同知補用，賞戴花翎。

這一時期袁世凱聲名鵲起，另一個因素是他的嚴格治軍。

清末的軍隊，腐朽是有名的，無論八旗還是綠營都不堪一擊。慶營的兵丁基本是臨時徵募而來，軍紀鬆弛，作風敗壞。醫治這樣一個重症病人，非得下重藥方能有效。

由於袁世凱被定性為千古歷史罪人，關於他的正面史料十分鮮見，即便偶爾有零星細節，也被淹沒在唾罵之中。《容庵弟子記》是袁世凱的弟子早年寫的一本書，其中記錄了袁世凱在朝鮮的一些事蹟，披露了不少有價值的資料。

剛踏上朝鮮這塊土地時，袁世凱聽到一條舉報：有人姦淫了朝鮮婦女。他嚴令追查，很快抓獲了那個人，毫不留情地斬首示眾。最讓人吃驚的是，有一次吳長慶巡視軍營，見城牆前有無數人在哪裡圍觀，趨前一看，城牆上掛著七顆血淋淋的人頭。吳長慶感到納悶，回到營中，忽聽袁世凱來稟報，城牆上七顆人頭是他所為，為嚴肅軍紀，他先斬後奏了。

袁世凱手下有個武弁，平時打仗賣力，很被賞識。一次行軍中，從他身上掉下了塊紅綢巾，眾人覺得奇怪，袁世凱追問他也不答。結果第二天有個朝鮮富紳來告狀，家中美妾遭人姦汙，經指認正是那個打仗勇猛的武弁。許多人來為武弁求情，袁世凱心情也很矛盾，躊躇再三，還是得斬首示眾。行刑之前，吳長慶也來替那人說情，「乞貸一死，坐久不去」。袁世凱久久沒有說話，忽然起身，手捂著肚子要去上廁所，順手從桌上拿出一本書讓吳長慶邊讀邊等。不一會兒，袁世凱回來了，朝吳長慶拱手請罪：「武弁已殺，大人寬恕。」吳長慶面部表情瞬息萬變，終於大笑：「執法應該如此。」

袁世凱的聲名日益漸增，潛伏的危機也就越逼越近。

光緒十年（一八八四）四月，李鴻章奏調吳長慶率兵三營回國，駐防奉天金州，加強東北防務，其餘三營仍留漢城。按照吳長慶的安排，留在漢城的三個營，統領為提督吳兆有，袁世凱是吳兆有的副手。但是袁世凱頤指氣使，專橫跋扈，大有凌駕於最高統領之上的態勢，連朝鮮國王李熙和王妃閔氏都分不清他們究竟誰指揮誰，哪個人的官大。

這樣一來，兩人之間的矛盾找到了一個噴泄口，像火山一樣爆發了。

袁世凱素來與朝鮮官員過從甚密，為了撫慰戰爭中的殉國犧牲者，他曾經從軍餉中撥出部分經費作為烈士家屬的撫恤金。吳兆有借此大做文章，一封狀紙將事情捅到了李鴻章那兒。李鴻章居然聽信饞言，叫袁世凱掏腰包賠償。

一直將袁世凱視做一大心病的日本人乘勢作亂，向清廷告了一狀，指責袁世凱挑釁，威脅說中日衝突隨時都有爆發的可能。弱國無外交，清朝末年，凡有外交上出現了糾紛，清政府必定首先示弱。經軍機處大臣緊急磋商，奏報朝廷，決定派吳大澂、續昌二人前往朝鮮調查。

出兵朝鮮對於袁世凱來說本來是個機會，現在機會忽然變成了一連串煩惱，更有人落井下石，看到袁世凱失勢，紛紛告刁狀，控告他貪汙軍餉，蓄養官妓，販賣煙土。面對一系列打擊袁世凱傷心極了。在給妻子的一封家書上，他憤懣地寫了四個字：「官運惡極」，「當時擬拔劍自刎，幸被幕僚所勸阻。」在極度倒楣的時候，連自殺的心都有了。

戲劇性的一幕是，命運之神為袁世凱派來了一顆福星。

這顆福星是大臣吳大澂。

在清廷派出的調查人員中，吳大澂擔任組長角色，因此調查剛一開始，他還能與袁世凱保持一定距離。隨著調查的深入，掌握的材料越來越多，吳大澂慢慢感到，面前這個矮胖的男人真的是受委曲了。

出生於江南的吳大澂是個清流健將，在他擔任陝西學政的時候，就曾大膽上疏請求停止議修圓明園，對同治皇帝奢華的大婚，他也敢於疏請裁減慶典費用。這樣的舉動，無論放到哪個時代都需要勇氣。更難能可貴的是這員儒將對社會抱著一種務實態度，對勇於任事的袁世凱尤其欣賞，瞭解到事情真相後，吳大澂不僅沒有責備袁世凱，反而認為他勞苦功高，盡力安撫，這讓袁世凱大受感動。

吳大澂曾有一聯贈袁世凱。上聯是：凡秀才，當以天下重任；下聯是：求忠臣，必於孝子之門。朝鮮的這場結緣，還使袁世凱和吳大澂結成了兒女親家：吳家將女兒吳本嫻許配給袁家長子袁克定。

回到天津後，欽差大臣吳大澂找到李鴻章，將袁世凱著實讚美了幾句，稱袁為「天下奇才」。回到京城向慈禧太后覆命，又說了袁世凱的一通好話。在吳大澂的大力斡旋和幫助下，袁世凱的處境漸漸好轉，像一艘穿過驚濤駭浪歸來的船隻，終於重新贏得了人們讚賞的目光。

在李鴻章眼裡，袁世凱只是他棋盤上一枚微不足道的棋子，甚至不記得那人長得什麼樣，印象中似乎見過面，但這種五品官他一生中不知見過了多少。吳大澂從朝鮮歸來後的重點推薦，讓李鴻章對袁世凱發生了興趣。此外，另一個人在特殊場合下的一次提醒，則使李鴻章對袁世凱開始刮目相看。

這個人叫伊藤博文，日本內閣總理，著名的改革派首領。光緒十一年（一八八五）二月，伊藤來華訪問，重點談到了雙方都很敏感的朝鮮問題。席間伊藤談到要懲辦袁世凱，言語中隱含試探。李鴻章的表情卻很木然，他對袁世凱的情況並不熟悉，隨口支吾應付了幾句。這讓伊藤博文大為驚訝，不禁說道：「放著這樣的人才居然不重用，看來貴國人才真多啊。」李鴻章尷尬地笑了笑，當場不便說什麼，心裡卻記住了這個名字。懲辦當然不會，口頭應諾卻是外交場合必要的靈活手段，李鴻章答應伊藤，以私人名義對袁世凱警告。

送走吳大澂和伊藤博文後，李鴻章一道命令發到朝鮮，要召見袁世凱。

兩人見面，對朝鮮局勢，袁世凱侃侃而談。從中日雙方在朝鮮的勢力優劣這個角度看，以前朝鮮是清廷藩屬，百依百順，現在情況有所變化，國王李熙性格懦弱，被親日派王妃閔氏控制，形成了中日在朝鮮勢力均衡，北方的俄國又要從中插一杠子，爭奪勢力範圍。打個形象的比方，朝鮮就像是一頭人人眼饞的羚羊，中、日、俄三方為爭奪這頭羚羊急紅了眼，而羚羊卻狡猾地在其中周旋，拼命要逃脫任人宰割的地位。談完了局勢，再說人物的關係：國王李熙徒有虛名，不必多說；王妃閔氏頗有心計，不得不防，在中、日、俄三國的利益中她誰也不想得罪，經常還玩弄一下以一方制約另一方的小把戲，像雜技中的走鋼絲演員。根據實際情況，非得由朝廷派遣一位大臣駐鎮漢城，親臨監督，防止出現變故。袁世凱還幫李鴻章出了個主意：閔氏看樣子靠不住了，不如放回軟禁在保定的大院君李昰應，此人固然保守，但他忠實於清朝，又能制約李熙和閔氏，放這只虎歸山，對中國朝鮮兩國都有好處。

後來，李鴻章果然是依照袁世凱的辦法實施的。

這次召見結束後李鴻章仍令袁世凱回朝鮮供職。袁世凱懇求說：「不是我不聽從中堂大人的安排，實在是家中老母親病重多日，一再來信催促我回家探視……」袁世凱說著眼淚嘩嘩流淌下來。

李鴻章剛經歷了喪母變故，袁世凱的淚水觸動了他的心頭之痛，一時間看得眼眶濕了，於是答應了他的請求。

過了不久，李鴻章派人把李昰應接到天津，要對朝鮮以前的攝政王進行考察。親自交談一番後，他感覺到正像袁世凱所說的，李昰應其人雖說保守，但是很忠實於清朝，於是決定放虎歸山。

在李鴻章心目中，護送李昰應回朝鮮的最好人選是袁世凱。他多次問來天津辦事的袁保齡：「你侄子還會不會出來做事？什麼時候能出來？」袁保齡回答說：「小侄多年來有個心願，要以科舉正途為念，為叔父的也不便多加阻攔。」李鴻章遺憾地晃動腦袋，說出了他心中真實的想法，認為只有以袁世凱的應變之才，才能擔當起護送李昰應回朝鮮的大任。說罷眼巴巴地看著袁保齡，眼神中流露出幾分期待。袁保齡看到此情此景，內心有些感動，答應催促袁世凱出山，當場表態說：「即使有千難萬阻，也不能躲避。」

幾乎是在同一天，袁世凱收到了四叔的家書和朝廷催促他出山的電報，展讀過後心潮澎湃。他吩咐車夫備車，不顧正在下著的滂沱大雨，星夜啟程，從陳州直奔天津。

看到袁世凱從天而降，李鴻章喜不自禁，一改往日的嚴肅面孔，話語中洋溢出幾分詼諧：「台已搭好，客也請到，只等你來登場了。」

按照原來議定的方案，為了震懾李熙、閔氏，還需委派一名高級武將隨同前往。李鴻章告訴袁世凱，方案有所改變，只有袁率水師小隊數十人執行任務。袁世凱欲問其故，李鴻章笑著反問道：「聽說袁大將軍到，歡聲雷動，誰敢抗拒？」

事實上這是個兩邊都不討好的行動。對於朝鮮國王李熙和王妃閔氏來說，清廷將李昰應護送回韓，等於在他們身邊安了顆定時炸彈，隨時都有爆炸之憂，只不過迫於清廷的威力不敢公開反對罷了；對於李昰應來說，在他登臨權力頂峰之際忽然被活捉到保定軟禁幾年，對清廷的怨恨不言而喻，尤其是對執行那次任務的袁世凱，一提到名字就咬牙切齒。

儘管情況相當棘手，袁世凱仍費盡口舌，兩邊做工作，圓滿完成了這次任務。

袁世凱回天津覆命，李鴻章聽了彙報，對他更為器重，立馬向朝廷上了一道奏摺：「袁世凱膽略兼優，能知大體，前隨吳長慶帶兵東渡，久駐漢城，壬午、甲申兩次定亂，情形最為熟悉，朝鮮新舊黨人，咸相敬重。若令其前往接替駐朝商務委員陳樹棠，當能措置裕如……擬請以知府分發，俟補缺後以道員升用，並賞加三品銜。」

不多久朝廷批文：袁世凱賞加三品銜，接替陳樹棠擔當駐朝商務委員。

光緒十一年（一八八五）年底，袁世凱攜新妾沈氏以及一幫親信隨員赴漢城上任，這一年他才二十六歲，正是英氣逼人的年齡。

袁世凱所擔任的商務委員一職，簡稱為總理交涉通商大臣，這個官職是北洋大臣的屬吏，地位或許稍遜色於各國駐朝鮮公使，權力卻在其上。此後九年袁世凱在朝鮮大權獨攬，做了藩邦實際上的「監國」，頤指氣使，縱橫捭闔，小欽差逞大威風，不但使朝鮮朝野大為懾服，環伺朝鮮的日、俄、英、美、法五大帝國，也為之瞠目結舌。

袁世凱在朝鮮八面威風，靠的是兩項政治資本：其一，朝鮮成為中國的藩邦已有數百年歷史，天下共知，這是使得袁世凱腰杆子粗壯最根本的一條；其二，受國王李熙之請，袁世凱幫朝鮮訓練了五千親兵，德式操法，歐美裝備，這種現代武裝使朝鮮軍容大振，國王李熙在閱兵後大為讚賞，要封袁世凱為全國陸軍大統領，只不過因為李鴻章怕袁太招搖會引起國際社會的反感，此事才算作罷。

為了答謝袁世凱，國王李熙還獎賞給袁世凱三個宮廷美女，被袁世凱收做了姨太太。袁世凱的次子袁克文，就是一位姓金的姨太太所生。

對於袁世凱一手遮天的這種格局，日、俄、英、美、法五大帝國自然不滿意，紛紛在朝鮮國內培植各自的勢力，各種政治派別明爭暗鬥，或保守或激進，形成了錯綜複雜的局面。五大帝國相互之間雖說也有矛盾，但此時他們有一個共同點：要把清朝的小欽差袁世凱趕出朝鮮。

在這個人生的關鍵時刻，四叔袁保齡再一次寫信為袁世凱指點迷津。

袁保齡在信中說，至人生當大任，須將生死禍福置之度外，認定道理去做就是了，猶如寡婦守節，守一年眾望相孚，守三年大功告成。他在信中還說，如今的天下事很難辦，內有政府，外有北洋，大家都在敷衍了事，以穩定為大局，沒有幾個人真正在為國家著想的。你（袁世凱）辦事鋒芒太露，免不了會得罪一些人，今後切記要謹慎從事，「專靠才智做事而不濟之以學問，自古及今未有不敗者，戒之慎之！」

袁世凱在朝鮮專橫跋扈的姿態，最終還是引起了國王李熙、王妃閔氏的極度反感，乘這個小欽差三年期滿之機，請求清廷撤換袁世凱。儘管清廷駁回了李熙、閔氏的請求，但是袁世凱的日子仍然每況愈下，一天比一天不好過了。久而久之，他見不能駕馭朝鮮局勢，身心疲憊不堪，再拖延下去甚至會有性命之憂，遂起了逃離苦海的念頭。

經過多次懇求，李鴻章最終還是被他說動了。光緒二十年（一八九四）七月，袁世凱脫掉清朝官服，換了套平民百姓的服裝，在一乘綠呢小轎的簇擁下倉促逃離朝鮮。登上平遠號艦艇時，他回頭看了一眼岸上稀疏的幾個送行者，心裡頭百感交集。十二年的朝鮮歲月，袁世凱堪稱功不可沒，風光無限，然而離開這個國家時卻如此淒涼。

半個月後，清政府正式對日宣戰，中日甲午戰爭爆發。

第三章　清末新政第一人

小站練兵締造中國新軍

這裡名叫「小站」，如今聞名遐邇，但是當年卻是一派荒蕪的景致。小站地處天津市郊東南，兩條小溪河——馬廠城河和月牙河緩緩流過，潺潺有聲。金戈鐵馬的歲月已成為歷史，戰馬的嘶鳴聲以及士兵們的操練口令也早已消失在塵沙荒草中，化作了意猶未盡的聲聲歎息。

十九世紀末，袁世凱接替胡燏棻，在小站督練新建陸軍。

天津小站練兵，改變了中國封建的舊軍制，建立起了一支由近代軍制和裝備編制的新建陸軍，開啟了中國軍隊現代化的先河。小站也因此成為當時中國最先進的軍事基地和北洋軍閥的誕生地，並由此產生了北洋政府，出現了一批近現代史上的風雲人物，其中包括四任民國總統（袁世凱、馮國璋、徐世昌、曹錕），一任臨時執政（段祺瑞），以及九人十七屆政府總理。

建立一支現代化的軍隊，一直是中國人的夢想。

光緒六年（一八七五），在慈禧太后的授意下，李鴻章派淮軍將領周盛傳率軍七千餘人，由安徽奔赴天津，鎮守大沽要塞。光緒六年（一八八〇），這支軍隊調往小站練兵，稱「自強軍」，設有七個營盤——盛字營、傳字營、正營、老左營、後營、前營、副營。周盛傳在小站練兵達十八九年之久。光緒二十年（一八九四），中日甲午戰爭爆發，清廷調自強軍赴前線與日本軍隊作戰，戰敗，全軍覆沒。

甲午戰爭慘敗是中國人的一場惡夢。從惡夢中醒來，那段恥辱的記憶久久纏繞著每一位國人，變法革新的呼聲一浪高過一浪。

當時的現狀是：舊式綠營和八旗兵已處於崩潰邊緣，改練新軍已成為大勢所趨。晚清棟梁張之洞率先倡練江南自強軍，簡稱南洋軍。其後袁世凱接手北洋新軍的操練，在晚清和民初的政治舞臺上，「北洋軍閥」遂成為國人老少皆知的一個名詞。

在袁世凱接手小站練兵之前，清廷派長蘆鹽運使胡燏棻在此訓練定武軍，胡聘請德國人漢娜根擔任教官。袁世凱上任後的第一個動作，是將四千人的北洋新軍擴充為七千人。隨後組織了「新建陸軍督練處」，請老朋友徐世昌擔任總參謀，唐紹儀擔任總文案，又請北洋武備學堂總辦蔭昌推薦軍事人才。蔭昌推薦了武備學堂畢業生王士珍、段祺瑞、馮國璋、梁華殿四人，梁華殿到小站後不久，一次夜操中失足跌落河中溺死，其餘三人都被委以了重任：王士珍為工種學堂總辦兼工兵統帶，段祺瑞為炮兵學堂總辦兼炮兵統帶，馮國璋為步兵學堂總辦兼督練勞務處總辦。隨後王、段、馮三人得到「龍」「虎」「狗」的綽號，被人稱做「北洋三傑」。除了「北洋三傑」外，袁世凱還從兩方面物色軍事幹部，一方面繼續在北洋武備學堂搜羅人才，另一方面提拔了一些忠誠於他的老兵老將。

袁世凱是一個性格複雜的人物。從這一時期的表現來看，袁的政治立場並不鮮明，他經常掛在嘴邊上的一句話是：「欲使中國變弱為強，自以為練兵為第一件事。」在袁看來，中國積弱已久是因為缺少一支能打硬仗的軍隊，於是練兵應是國家的當務之急。無論新派舊派，只要練兵強國他就支持。正是因為這麼一種態度，他很快成了各方政治力量都能接受的人物。

自從叔祖父袁甲三以軍功發跡之後，項城袁氏家族已由昔日傳統的耕讀之家逐漸轉變成軍人世家。叔祖父、叔父和養父都曾是有名的淮軍將領，受家風薰陶和影響，袁世凱從小愛讀兵書，喜好鑽研兵法，房間裡擺滿了各種版本的兵書戰策等圖冊史籍。隨吳長慶軍入朝鮮後，又經受了戰場上的洗禮，有了實際打仗的經驗，加上他剛毅果斷、說一不二的性格，以及勇猛中透出一種冷靜和自信的大將風度，這些都從一個個側面證明：袁世凱是練新軍的最合適人選。

女兒袁靜雪在回憶那段往事時說，按照晚清官場上的慣例，如果要做成一件事，關鍵的一步是要有內線。父親袁世凱通過關係結識了李蓮英的弟弟，與李蓮英套上了交情，當慶親王奕劻保舉他訓練新軍時，李蓮英在一旁說了幾句好話，慈禧太后很爽快地就批准了。

這個故事的真實性不知如何？但是有一點可以確認：以這個時期袁世凱在晚清官場中編織關係網的手腕來看，是完全有可能的。袁世凱有涉身官場的養父叔父們指點迷津，又經歷了官場上的多次起落，人生歷練成了他的寶貴財富。他明白了一個道理：每個人都是背著各式各樣的十字架在艱難前行，何必責怪，何必抱怨，唯有務實做事，才是王道。

務實做事後來也成了袁世凱終身處世待物的準則。綜觀他的一生，並沒有提出什麼理論，卻做了不少實事。甚至於他最後搞洪憲帝制，固然有許多種原因，但其中的原因之一無疑是出於重樹權威的需要。袁世凱是經歷過封建帝制的人，他見過皇帝至高無上的威權，在民國初年時局混亂、黨爭激烈、民眾如一盤散沙的情況下，他有個錯誤的認識：如果想踏實地做成一個事情，是需要絕對權威作保證的。

小站練兵的目標是操練出一支具備近代軍隊編制和先進武器裝備、隸屬於國家的現代化軍隊，然而實際結果並非如此。實際情況是，袁世凱在天津小站練出的這支北洋軍，成了一支半官方半私人性質的、帶有濃厚個人崇拜色彩的武裝軍隊。這與幾千年封建王朝的生存土壤有關，也與歷史人物的個人侷限性有關。

據北洋史料記載，袁世凱對小站練兵時期的各級軍官和幕僚，甚至於棚頭弁目，基本上都能認出他們的面相，叫出他們的名字，並且大致瞭解每個人的心性脾氣以及他們的優缺點。小站練兵之初，徐世昌幫他編了《勸兵歌》，通過通俗易懂的歌謠體文字讓士兵們樹立起為袁大人當兵，效忠袁大人的思想。陸軍各營供奉著袁世凱的長生祿位牌，宣傳袁世凱是軍隊的衣食父母，每天上下操集合時，官長都要大聲問士兵：「咱們吃誰的飯？」士兵齊聲回答：「吃袁宮保的飯！」官長問：「咱們穿誰的衣？」士兵們答：「穿袁宮保的衣！」官長再問：「咱們替誰出力流汗？」士兵們答：「替袁宮保出力流汗！」聲浪震天，洶湧威猛。

晚清政壇有著名的「三屠」之說：張之洞花錢如流水，稱做屠錢；岑春煊性好彈劾官員，稱做屠官；袁世凱治軍嚴厲，擅用殺戮，稱做屠人。袁世凱曾經對張之洞談論到他的練兵秘訣，他說：練兵之事貌似複雜，實則簡單得很。首先要保證一條，絕對服從軍令。一手拿官和錢，一手拿刀和鞭，服從就有官有錢，不服從就吃刀挨鞭。袁世凱是這麼說的，也是這麼做的。對於違規違紀的官兵，分別給予罰款、降薪、記過、降職、軍棍打屁股等處分，嚴重者砍殺示眾。有一次袁世凱外出巡查，遇到一個小軍官躲在田地裡偷食鴉片，為正軍紀，他當場令人將這名小軍官的首級砍下，掛在軍營前示眾數日，此後再也沒有人敢偷食鴉片了。

北洋軍的武器裝備清一色從國外採購而來。有奥地利造的曼利夏步槍、馬槍和戰刀，有德國克虜伯軍工廠出口的五七釐米過山炮、七生特半陸路炮等。軍官一律配帶六響左輪手槍和精美佩刀。領、哨各官及兵丁鞋襪「一律黑色，不准參差」，官弁服裝袖口處繡有紅色官階標誌。

在練兵方法上，一改舊式操法為「洋法」操練，袁世凱通過中國駐德公使，延聘了十餘名德國軍官充當北洋軍的教官，還專門成立了教習處（後改名洋務局），教習處總頭目巴森斯，負責全軍的訓練和作戰演習。操場稽查也是兩個德國人，名為施壁士、伯羅恩，負責操場訓練。此外，禮節兼軍械稽查魏貝爾、炮兵教習乞凱芬、騎兵稽查兼教習曼德、德文教習莫興理、號兵樂隊總教習高斯達等，都是袁世凱的幕府中人物。

光緒二十四年（一八九八）九月，英國海軍司令貝思福來中國考察政治軍事，曾赴小站參觀過袁世凱所練的北洋新軍，據他在《論中國水陸兵備》一章中敘述的情形說：「當各隊操演之時，各兵類皆年力精壯，身材適中，操法靈熟，步式整齊。先在本營操場操演陣式，後至曠野操演兩軍攻擊之陣式，各將弁與兵丁皆嫺習口號，熟諳行陣，可想見該軍紀律之嚴明矣。惟炮隊則尚待整頓。若照現在情形，只能於操演之時聊備一格，未足以為臨陣之用也。」貝思福的觀察報告對袁世凱頗多讚揚，據此不難想見當年小站練兵的實際效果。

小站練兵期間還有樁事情值得一提：袁世凱先後主編了兩部兵書，一部是《新建陸軍兵略錄存》，另一部是《訓練操法詳晰圖說》，兩部書四十餘萬字，是新建陸軍三四年的練兵經驗總結。一談到袁世凱編兵書，人們動輒嗤之以鼻，認為袁世凱不學無術，主編兵書純屬欺世盜名，甚至有人說袁花費銀子請人代筆而成，這些說法有違事實，也不公允。

《新建陸軍兵略錄存》一書纂集於戊戌變法期間，是光緒皇帝宣導的百日維新計畫中的一部分。書中內容主要是小站練兵條令、規章的集結。

《訓練操法詳晰圖說》編纂時間稍晚一些，仍是由袁世凱領銜，調集了北洋主要幕僚文案和武將，計有四十六人之多，如段祺瑞、馮國璋、王士珍、阮忠樞、言敦源等響噹噹的人物，都是這個寫作班子裡的成員。此書二十餘萬字，費時三個月完成，內容包括訓練、練兵、攻守、駐紮、步兵、炮兵、騎兵、工程兵等諸多兵種的操法，以及電信、電雷、測繪等論述，是一部近代中國陸軍兵書。在這部書的編纂過程中，袁世凱發凡起例，立定框架格局，為全書定下「不求深意奧妙，只求文理通順」的編纂行文原則。

前面說過，小站練兵帶有舊式軍隊的痕跡和私人武裝的色彩，以至於北洋六鎮的官兵「只知袁宮保，不知大清朝」。這麼一來勢必招人耳目，惹火燒身，有人彈劾袁世凱，奏了一本，平地裡再起風波。

寫奏摺的是監察御史胡景桂。據說，他上這個奏摺是出自於清流派領袖李鴻藻的指使。袁在練兵草創時期，無意中得罪了天津紳商，他們認為袁世凱辦事急躁魯莽，專橫跋扈，這些手眼通天的人物將意見捅到京城，被李鴻藻知道了，李是當初保薦袁的大人物之一，他擔心落個「濫保非人」的惡名，也擔心清流名聲受損，於是派其手下胡景桂去搜集袁世凱的材料，以脫掉幹係。胡景桂彈劾袁世凱的奏摺有這麼幾條：嗜殺擅權；克扣軍餉，誅戮無辜；性情謬妄，擾害地方。袁世凱得到被人參劾的消息，又聽說背後指使者是大人物李鴻藻，心情一下子降到了冰點，他在給徐世昌的信中說：「兩句來心神恍惚，志氣昏墮，所有夙志，竟至一冷如冰。軍事實無心詳述。」

奏摺引起了光緒皇帝的關注，派兵部尚書榮祿前往天津調查「被參各節是否屬實」，順便也實地考察一下袁世凱的能力。榮祿攜在兵部供職的陳夔龍同往。他們到了小站，看到了練兵情況：步、馬、炮兵全以西法操練，整齊劃一。榮祿對此極為滿意，他私下裡決定要放這個特殊人才一馬。胡景桂參劾的幾條罪狀，都還能想法子搪塞，唯獨其中「誅戮無辜」一條很是難辦。

原來，小站練兵之初，袁世凱發佈了幾條禁令，為了防止兵丁與商販發生糾紛，不允許商販進入兵營內做生意。可是商販不把禁令當回事，依然擺攤設位，照常營業，情況報告到袁世凱那裡，他下令抓幾個商販殺雞儆猴，有個菜販心裡憤懣不過，操起扁擔朝兵丁砍去，造成了一樁流血事件。袁世凱聽了消息，發話叫手下將那個菜販子「處理」了。

這樁命案可大可小。說大，畢竟死了一條人命，「誅戮無辜」的帽子正好合適；說小，在軍營內違犯禁令，按軍法處置也說得過去，頂多擔個「執法過嚴」的責任。榮祿和陳夔龍商量，倘若據實奏報，上頭必定追究，袁世凱必然會遭到撤職處分，新軍剛剛開練，再找個生手接辦不易。按照榮祿的主意，給光緒皇帝寫了份調查報告，複奏所參各節，均查無實據，請從寬議處，仍嚴令認真督練新軍，以鼓勵將來。

在榮祿的庇護下，袁世凱安全度過了這一關。

不是冤家不聚首，事過幾年之後，命運給袁世凱安排了個報仇的良機。光緒二十五年（一八九九），袁世凱擢升山東巡撫，胡景桂是山東按察使，正好是袁的直接下屬。一想起當年滿肚子的委曲，袁世凱恨得牙發癢。出人意外的是，袁世凱並沒有乘機打擊報復，甚至沒有給胡景桂穿小鞋，反而任命胡兼任武衛右軍先鋒營務處，參與新建陸軍事務。在向朝廷寫的祕密考評中，袁世凱給予胡景桂優良的評語：「該員誠樸亮直，能任勞怨。講求刑名捕務，均能實事求是。」再後來義和團庚子之變，八國聯軍佔領北京，向清政府提出的懲辦「禍首」名單中有胡景桂，按理說袁世凱正好順水推舟，借外國人的刀砍下胡景桂的腦袋，可是他並沒有那麼做，而是向德國駐煙臺領事訴說胡的冤情，敦請德國領事到北京說情，救了胡景桂一命。袁的這番舉止讓胡景桂大受感動，從此對袁忠心耿耿，竭誠效命，成為袁世凱棋盤上的又一顆棋子。

一個小細節，能看出袁世凱在用人上的大度和不拘一格。

在山東巡撫任上

在袁世凱上任山東巡撫之前，他的兩位前任李秉衡、毓賢都主張對義和團宜撫不宜剿，這種做法無異於縱容，客觀上使山東義和團鬧騰得更加熱火。袁世凱對此不以為然。他在致徐世昌的信中說道：山東巡撫甚無用，把局勢弄得一團糟！不久，他又上書朝廷，提出了整治山東時局的幾條意見——實際上是袁世凱的自薦書，字裡行間透露的資訊是，他出任山東巡撫最為合適。

光緒二十五年（一八九九）十一月四日，朝廷傳令毓賢進京陛見，由袁世凱署理山東巡撫。這一年袁世凱四十一歲，正當壯年。

對山東這塊土地，他十分熟悉，內心裡充滿了濃厚的感情。從某種意義上講，山東簡直就是他的第二故鄉。少年時跟隨嗣父袁保慶到了濟南，第一次見到除老家項城以外的大世界，對他心靈的影響甚大；青年時投軍吳長慶營中，從山東到朝鮮，邁出了他人生的重要一步。

袁世凱認為義和團是些裝神弄鬼的把戲，是小兒科，一個國家的興盛強大，豈是靠裝扮玉皇大帝、孫悟空，燒幾張草紙，噴幾口神火糊弄來的？他決計上任後好好整治一番。可是此時慈禧太后正在氣頭上，把對維新黨的刻骨仇恨遷怒到了光緒身上，準備將光緒廢掉，就另外立了個大阿哥。外國公使好像串通了似的，不僅拒絕入宮祝賀，還試圖進行干涉，這讓慈禧丟了了顏面。有人出主意，山東最近出了個義和團，旗號是「撫清滅洋」，據說道行高深的大師兄能夠上天入地，刀槍不入，不妨用義和團去打那些洋鬼子。慈禧依計行事，接二連三傳下諭旨，對義和團驅逐西教、焚燒教堂、殺戮洋人的舉動大肆鼓勵。

袁世凱接到詔令，心中很是猶豫。從情緒上講他是抵制的，道理如上所述。但是畢竟剛剛經歷過戊戌政變的風波，朝廷對他是否真正信任還是未知數，這種時候不能拿自己的政治前途冒險。經過一番周密考慮，袁世凱決定將朝廷的詔令原文下發，並且附了個通知，要求全省各州、縣遵旨辦理。

有個候補道員叫徐撫辰，字紹五，湖北江夏人，此時正在袁世凱的幕府中擔任洋務文案，聽說了這個消息，馬上來找袁世凱力諫不可。袁是政治老手，柔聲細語對徐安撫了幾句，並沒有收回通知的意思。徐撫辰是個認真的人，見幕主在應付他，當時也沒多說，歸家後便收拾行囊，留下一封信，不辭而別。

燈下，袁世凱展讀徐撫辰留下的信，言辭懇切，句句中的，不覺汗顏。信中剖析義和團之荒謬：人人都說，外國有你的洋槍炮，中國有我的紅燈照，口念咒語，不用槍炮，大刀一揮，洋人就倒……這種神魂顛倒的誑語有何道理？朝廷因戊戌政變，外國人保護康、梁，反對立大阿哥，觸怒了太后，遂有依賴義和團對抗洋人的招數。如果洋人一旦打贏了這場戰爭，那時候太后才會清醒過來，你得為自己留一條後路啊！如隨波逐流，不僅一生功名毀滅，恐怕還會殃及身家性命。袁世凱看完這封信，立即下令八百里加急火速追回已經下發各州縣的通知，同時派人攔住正在路途中的徐撫辰，將他重新請回了袁氏幕府。

繼父袁保慶從小教導他：官場如戲場，要把戲演得逼真，才能勝過那些戲子。袁世凱是擅長演戲的高手，他穩坐釣魚臺，不動聲色，逼真的效果讓人嘆服，「戲」中瀰漫的血腥味道，又讓人不寒而慄。

有個提督名叫程文柄，是義和團的忠實支持者，大概是想把上司袁世凱也拉進支持者圈子，主動推薦了一個大師兄，聲稱降神附體，刀槍不入。那天把一身仙風道骨的大師兄請到校場，程文柄提起手槍，照準他胸前轟地一聲，大師兄不躲不閃，毫髮無損，在場的一百多名兵丁響起了一片叫好聲。袁世凱頷首微笑，示意試驗繼續，於是程文柄佈置好的一夥人紛紛開槍射擊，大師兄安然無恙。

袁世凱對大師兄待如貴賓，口稱要稟報朝廷，對他給予恩賞。當場拍板，過些日子請大師兄多帶幾個兄弟來再表演一次。

再次表演，袁世凱事先吩咐手下人，讓大師兄和那幫兄弟立下「生死狀」，並請同鄉畫押作保。表演開始了。程文柄和十幾個士兵轟然開槍後，對面站立的一排「神魂附體」的義和團紋絲不動，臉上似乎還掛著傲慢的笑容。袁世凱走下觀摩台，似有獎賞，忽然掏出一支德國手槍，轉身朝大師兄射擊，手起槍響，大師兄身體搖搖晃晃倒了下去。槍聲是個信號，剛才佈置好的士兵槍彈齊發，剛才還在微笑的一排義和團齊刷刷栽倒在地，血肉翻飛。校場上的血腥表演結束了，袁世凱臉上露出詫異神色，喚來身邊的人，去瞧瞧法師們耍什麼花招。驗屍者報告，十幾個法師玩完了，袁世凱似乎還不相信：「這是大師在使詐呢！他們刀槍不入，不會有事的。」說完朝程文柄看了幾眼，程文柄羞慚難當，恨不得地上有條縫鑽進去。

袁世凱認定義和團為旁門左道，是打著仇視洋教的旗號糾眾劫財的強盜土匪，應該趕盡殺絕。恰好載漪、剛毅等主戰派主張對義和團「撫而用之」，慫恿太后宣佈義和團為「義民」，義和團遂大批湧向北京，很快達到了數萬人。而山東這邊沒有了義和團的騷擾，加上袁世凱下令地方官對洋人和教民實行保護政策，反而呈現出安靜祥和的局面。

袁世凱在山東推行新政，就是在這種背景下進行的。

時至今日，山東人說到袁世凱時期修建的那條鐵路，依然興味盎然。

光緒二十六年（一九〇〇）三月二十三日，剛剛上任山東巡撫不到一個月的袁世凱，就與德國鐵路公司總辦海因裡希・錫樂巴訂立了一份正式的鐵路章程，表面看起來輕鬆，其中卻蘊含了諸多艱辛。

事實上膠濟鐵路已經動工一年多了，由於義和團仇洋運動，德國公司在勘測路基拆屋遷墳中遇到不少麻煩，發生了多起流血事件，被迫停工數月。德國膠澳總督托爾帕爾委派錫樂巴到濟南談判，如果不是遇到袁世凱，此事還將無期限地拖延。在雙方談判艱難之時，袁世凱想起了一個人：清政府駐柏林大使蔭昌。這個前天津武備學堂的總辦，曾經在關鍵的時刻幫過袁世凱一個忙，推薦王士珍、段祺瑞、馮國璋進入新建陸軍，後成為著名的「北洋三傑」。袁世凱懇請蔭昌回國幫他解決這個棘手問題。明達洋務並熟悉德國法律的蔭昌果然不負袁望，幫助他完成了談判鐵路章程的大部分細節，促使中德之間建立了「雙方均感滿意的交往關係」。

中國修建鐵路曾經走過了一段步履艱難的路程。第一條鐵路位於北京宣武門外，全長僅一公里，是英國商人杜蘭德修建的，建成通車後，「觀者駭怪」，有御史上書認為衝撞了滿清龍脈，是不吉祥的怪物，被慈禧太后下令拆除。

一方面政府對修建鐵路這類洋務不感興趣，另一方面老百姓仇視洋人，認為修鐵路是想抽中國人的血，以致發生衝突，流血事件連綿不斷。面對來自這兩方面的夾擊，袁世凱沒有退縮，他渴望通過變革改變山東乃至整個中國的命運，他要讓國人明白一個道理：德國人的鐵路，也會變成中國人的財富。

光緒三十年（一九〇四）六月，古城濟南迎來了它歷史上的第一列火車。看見龐大的鋼鐵怪物猝然來到面前的時候，老百姓有的興奮，有的漠然，也有的仇視。他們也許還沒有意識到：這列運載洋火洋油以及山貨土產的火車，將成為山東現代化的一個開端。

清末，中國社會剛剛進入艱難轉型的開端，打開了一扇窗子，各種思潮紛至遝來，衝擊著這個古老封閉而又充滿希望的民族。袁世凱是個頭腦清醒者，他明晰國際形勢，主張與國際社會接軌，雖然他在山東巡撫任上時，還未能進入清廷權力中樞，卻已經在自己的權力範圍內開始著手推行新政了。

在一封寫給清廷的彙報文件中，袁世凱開列了教官吏、崇實學、開民智及修武備等十項內容。雖然他只在山東巡撫任上幹了一年多，許多新政計畫還沒有來得及實施，但是在他升任直隸總督後，依然繼續堅持辦新政，成效顯著。

袁世凱在山東實施的新政有：擴編新軍、推行西學、整頓商務等。

袁世凱上任後不久，就在原有舊兵營基礎上大膽改革，裁減冗員，仿照小站練兵的北洋營制，集成新軍二十營，名稱為「武衛右軍先鋒隊」。為了籌措軍餉，他四方奔走呼籲，建議清廷援用舊例開設海防捐，派得力大員一線督辦，以專供新軍糧餉。袁世凱初到山東任職時兵員只有七千人，一年多後離任，山東的軍隊已達兩萬人。

在推行西學，實施新式教育上，袁世凱最為人稱道的是創辦山東大學。

一九〇一年九月二十四日，他在給清廷的奏摺中明確提出：奏請先在省城設立大學堂。奏摺得到了清廷的批准，立即籌辦，十月正式開學。繼京師大學堂之後，山東大學堂是各地方省中間最早興辦的官立大學堂。

山東大學堂設在省城濟南的濼源書院內，第一批招收學員三百多名。首任校長是精通洋務的周學熙，分設備齋、正齋、肄業三種教學層次，以適應學生程度參差不齊的需要。延聘美國耶穌教長老會傳教士赫士為總教習，聘請中外教員五十餘人，後增至一〇〇多人。

袁世凱還親自參與審定了《山東大學堂章程》。這個章程後來成為各省書院改辦學堂所效仿的依據，為各省建新式學堂提供了具體而又可操作的模式。在山東大學堂這隻領頭羊的引領下，各省紛紛行動，興起了一個書院改學堂的熱潮。

一九〇一年，山東省在全國率先設立了商務局，提倡各項實業事宜。官府發佈公告稱：凡商務、墾殖、工藝、栽樹、養蠶等為民興利之事，均需在該局註冊列管。隨後不久，各州府縣紛紛成立了商務分局。袁世凱的重要智囊唐紹儀擔任商務局局長。在商務局成立大會上袁世凱強調，在局人員必須秉公辦案，不得染有舊時地方衙門的陋規惡習，全力為商業服務，商會議事時要充分發揚民主。

開設銀元局是袁世凱振興山東商務的又一重要舉措。一九〇〇年十月，袁世凱向清廷提議在山東單獨設局鑄造銀元，獲得批准後，山東銀元局於次年在濟南成立。山東通濟錢局遂改為山東官銀號，並發行紙幣，前後發行了「庫平銀票」、「濟平銀票」、「銀元票」、「京錢票」。袁世凱還從日本定制了一批「十兩鈔券」，投入市場流通。

即便在一年多之後，袁世凱升任直隸總督，但他仍然對山東投以特殊的關注目光。他與接任山東巡撫的周馥聯名上書朝廷，奏請開放濟南等通商口岸，這也是後來被人們稱做近代史上一個神話的山東開埠。這份奏摺不久即得到批准，濟南等地開埠成為現實。

濟南近代史上數不清的「第一」都與「開埠」密切相關。例如：經三緯二路的第一家電影院（小廣寒電影院），火車站南側的第一家西餐館（石泰岩飯店），莊鈺、劉福航創辦的第一家民族資本工業（濟南電燈公司），英國傳教士懷恩光創建的第一家自然博物館（廣智院），濟南第一家戲院（興華茶園），位於高都司巷的第一家洋行（禮和洋行），第一家外國銀行（德華銀行）等等。

周馥是袁世凱的兒女親家，這對姻親在政治上聯手，把山東當做施行新政的試驗田，先後設立了銀元局，創辦了商務總會，還將各地的書院改成了新式學堂，最具影響的是將濟南濼源書院改為官立山東大學堂，招收新生三百人，由周馥之子周學熙擔任校長，聘請美國人赫士為總教習（教務長）。

說起袁世凱在山東，人們談論最多的是他剿殺義和團，彷彿除了一把血淋淋的屠刀之外其他不值一提，實則不然。在山東巡撫任上的七〇〇多天裡，袁世凱大力推行新政，與李鴻章、張之洞、劉坤一等封疆大臣聯合發起的「東南互保」運動，是為晚清政局力挽狂瀾的大手筆，可圈可點。

歷史迷霧中的真實圖像

戊戌政變是一出雙重意義上的悲劇。悲劇的第一重意義，是康有為、譚嗣同等維新派遭受毀滅性打擊，殺頭的殺頭，逃亡的逃亡，支持新政並身體力行的光緒皇帝也被囚禁瀛台，無論是在朝還是在野的革新派都喪失了發言權，並在長達四五年的時間裡一蹶不振。另一重意義則是：同樣是維新派並且是體制內實權人物的袁世凱被指為「叛徒」和「告密者」，並且在歷史教科書中被醜化為兩面派的陰謀家，長期遭受指責、羞辱和謾罵。

那一樁歷史疑案已經沉到了海底，長時期無人打撈。近年來，隨著一些原始檔案和史料的大量公佈，戊戌政變的真相才漸漸浮出海面。歷史並不像擺積木那麼簡單，歷史人物也並不像畫漫畫那樣——不是好人就是壞人。

康有為、梁啟超興辦強學會時，身為直隸總督的袁世凱就曾捐銀五百兩，這表明了他支持維新派的態度。對於維新變革，袁世凱有著比維新派士子們更深刻的認識。甲午戰爭慘敗，袁世凱是親歷者，他深知落後就要挨打的滋味。環顧當時清廷所有握有實權的大臣，沒有誰比袁世凱更懂得中國必須變革的重要性和迫切性。然而他又不像康有為那樣主觀激進，袁世凱懂得書生空談誤國的道理，作為一名體制內高級官員，他不可能像康有為那樣公開呼喊變革，但是他的所有行動都證明瞭自己是求真務實的維新派人。

維新派曾對袁世凱進行過考察。一八九八年農曆六月，維新派人物徐仁錄專程赴天津，返京城時帶回了兩條資訊：一是袁對維新變法熱心，並滿口稱道康有為；二是袁對榮祿有不滿情緒，認為榮祿反對漢人掌兵權，不肯增加小站編制。這兩條信息都有水份。作為清廷體制內高官，袁世凱不可能說出太出格的話。但是維新派人相信了這兩條情報，這才有了後來光緒皇帝召見袁世凱的事情。

關於光緒皇帝兩次召見的情況，袁世凱在《戊戌日記》中有較詳細的記錄。

光緒二十四年（一八九八）七月十九日，袁世凱奉召由天津乘坐火車抵北京，租寓法華寺。此時光緒住在頤和園，袁即託付友人代辦請安折膳，定於八月朔請安。八月初一，袁世凱天未亮即起，四鼓時赴宮門伺候，光緒在毓蘭堂召見，問了他軍事方面的一些情況，袁均據實奏答。退下後回到住所，忽有蘇拉（清廷內府中擔任勤務的跑差）來報，皇帝破格提拔他為候補侍郎，得知消息的友人前來紛紛祝賀，袁世凱「自知非分，汗流浹背」，認為暴得大名則不祥，準備力辭，被友人勸阻，遂托友人代辦謝恩折。次日再次面見皇帝，複陳無尺寸之功，受破格之賞，惶恐不安，光緒皇帝笑著對他說：「人人都說你練的兵好，辦的學堂好，此後可與榮祿各辦各事。」這就是在明確暗示袁世凱，以後不要受榮祿節制。

維新黨的推舉和光緒皇帝的破格重用，實際上是將袁世凱推到了旋渦中心，在這場殘酷的政治鬥爭中，他要想躲開已無可能。

光緒兩次召見袁世凱並破格提拔，其中隱含的用意之一，就是倚重袁在天津閱兵時保護年輕的皇帝，以對付後黨的突然襲擊。對袁世凱能制服後黨，康有為等人深信不疑。然而風雲忽變，八月初二，光緒頒發明詔，敦促康有為離京，前往上海督辦官報，並稱「此時聞尚未出京，實堪詫異」。這是一個信號，說明光緒壓力很大，日子並不好過。這之後就有了「衣帶詔」事件。八月初三清早，林旭從宮中帶來了光緒皇帝所寫的密詔：「朕位幾不保，命康與四卿及同志速設法籌救。」康有為、梁啟超等人「跪誦痛哭激昂，草密折謝恩，並誓死救皇上，令林敦谷持還繳命」。

所謂「衣帶詔」，就是藏在衣帶間帶的祕密詔書。漢獻帝時，曹操擅權將篡奪帝位，獻帝將祕密詔書縫在衣帶裡，托國舅董承帶出宮外，這是「衣帶詔」的由來。如果光緒皇帝果真有「衣帶詔」傳出的話，那說明情況確實到了萬不得已的緊急關頭。然而許多年後歷史學者研究證明這一切根本就是子虛烏有，「衣帶詔」是康有為等人偽造的。

「衣帶詔」事件，將真實的歷史塗抹上了演義的色彩，喚起了輿論同情，使帝后兩黨的矛盾進一步激化。更加糟糕的是，歷史學家在研究中越來越多地發現，康有為不僅編造了「衣帶詔」的謊話，在其他一些地方也有不實之嫌。如果真是那樣的話，那麼大家所熟悉的戊戌變法史，就應該是另外一種寫法。

偽造「衣帶詔」的目的之一，是為包圍頤和園造輿論。據譚嗣同的好友畢永年在《詭謀直記》中記載，維新黨邀請他來北京是想搞一場兵變，待勸說袁世凱殺榮祿，包圍頤和園後，即由畢永年率領勇士拘禁慈禧太后。康有為對畢永年說：「袁（世凱）極可用，吾已得其允據矣！」說著康有為拿出了袁世凱給他的一封信，字裡行間有「赴湯蹈火，亦所不辭」等語，不消說，這封信也是康有為偽造的「作品」。

畢永年是維新派重要骨幹，曾經與唐才常合作聯絡長江沿岸的會黨準備起義，唐才常被捕殺後他來到北京，沒想到正好撞到了戊戌政變的核心祕密，他留下的《詭謀直記》，為後來人解開這個百年謎團提供了重要證據。

在包圍頤和園的密謀付諸實施之前，維新黨請來了袁世凱的重要幕客徐世昌一起看密詔，要說服徐世昌同意他們的謀劃。這是一次生死聚會，在場的康有為、梁啟超等人幾乎全都哭了。面對如此重大的事件，徐世昌除了低頭抹淚之外不敢作任何表態，他深知後果的嚴重性，一旦失敗將極可能誅滅九族。但是哭也不能解決問題，既然徐世昌不能決定這樣的大事，於是就有了譚嗣同夜訪法華寺的驚險一幕。

據畢永年說，譚嗣同本人是不贊成包圍頤和園劫持太后的，他認為這麼做極不妥，但是康有為非要做，並且有皇帝的密詔，譚嗣同也沒有辦法。既然是決定了的事，為了維新事業，譚嗣同不惜一走龍潭虎穴。

對譚嗣同這次夜訪，袁世凱在《戊戌日記》中極盡誇張演義之色彩，將譚嗣同寫成了「氣焰兇狠，類似瘋狂」的漫畫式人物，這裡有袁世凱竭力為自己洗刷的苦衷，不能全信。譚嗣同是湖廣總督譚繼洵之子，從小有著良好的家庭教育，這次深夜造訪斷然不會刁蠻撒潑，何況袁的幕僚中有個湖南人叫尹銘綬，是譚嗣同的老鄉，有尹銘綬從中斡旋，袁、譚之間的談話不至於那麼緊張。

談話的具體細節已無從考據，大體內容肯定離不開包圍頤和園、劫持慈禧太后的話題。聽到此處袁世凱的臉色有些變了，他支吾著應付說：事關重大，需要回天津佈置，一時還不能行動。

送走譚嗣同後，袁世凱立即與智囊尹銘綬商量。兩人認真商議一通，均認為光緒皇帝根本不是慈禧太后的對手，即便單純從軍事力量對比上看，榮祿節制的董福祥與聶士成的軍隊各有四五萬人，淮練各軍有七十多營，京中旗兵不下數萬；而自己只有七千人，雙方兵力過於懸殊。

如果說這是一場政治賭博，那麼賭的就是整個家族的身家性命，袁世凱決不能冒然下注。

袁世凱在八月初五日上午覲見光緒皇帝後，即乘火車返回天津，抵達天津老龍頭車站時已是暮色蒼茫。即使袁當晚匆匆趕到榮祿府上告密，榮祿也得第二天才能到北京頤和園向太后彙報（當時京、津兩地的火車只有白天行車，無夜班車）。從時間上看，此時戊戌政變已經發動，慈禧太后實行訓政是八月初六日上午，按常規這樣的特大行動必須提前佈置，至少在八月初五日前慈禧就有了「政變」的既定安排。袁、榮提供的情報則是整個事件的助推器。

袁世凱在戊戌政變中間所起的作用不能小看。首先，袁世凱被光緒召見這件事本身，就加速了政變推進，袁被提拔授予兵部候補侍郎，昭示了光緒皇帝要抓槍桿子的心事，也是催生政變的一個重要因素。當時的袁世凱已經被綁在了維新黨的戰車上，無論他願意與否，都將與這個大事件發生必然的聯繫。

袁世凱在「告密」前的一段心路歷程極其複雜。八月初五日晚，他在老龍頭火車站下車時，天津的文武百官早已備好盛大的歡迎儀式，迎接這個從皇帝身邊歸來的新貴。袁世凱要端起架子應付周旋，不顯山不露水地通報皇帝召見概況，天津火車站離直隸總督府，坐八抬大轎有半個小時的路程，袁世凱見到榮祿，怎麼說也得兩三個小時。到達榮祿府宅，剛剛坐下報告了光緒皇帝召見的情景，葉祖邽來找榮相談事，過一會兒，達佑文也有事來請示（葉祖邽、達佑文都是榮祿的幕僚），猶疑不決間將至二更，只好約以明早再來詳談。

從《戊戌日記》裡吞吞吐吐的敘述中，可以看出袁世凱搖擺不定的心情。次日早上，朝廷明發了太后再出訓政和捉拿康有為的公文，袁以為密謀已經敗露，他也有可能被劃進維新黨的圈子遭到捕殺，嚇得魂飛魄散，在榮祿面前長跪不起，到底還是將譚嗣同深夜來訪、維新黨擬謀包圍頤和園的計畫全盤托出了。

袁世凱事後告密，他感到最對不起的是光緒皇帝，口口聲聲解釋，「此事與皇上無關，如累及皇上，我唯有仰藥而死。」光緒已被囚禁，並不知道康、梁有圍園劫後的計畫，以為太后訓斥他的「維新黨要圍園劫後」是袁的誣告，所以對袁世凱十分仇恨。據說，光緒被囚禁瀛台後，經常在紙上畫烏龜，寫一個袁字，用針狠紮。

袁世凱一生沒有寫日記的習慣，唯獨留下這部《戊戌日記》。嚴格地說，這並不是一部日記，只是以日記體形式寫成的一篇回憶錄，全文三千二百字，前後時間十二天（光緒二十四年七月二十九日至八月十日），記敘袁與戊戌政變有關的大體事略。文末注明，日記並非逐日所記，而是事後在八月十四日一天內補記於天津督署。由此也能看出，這部《戊戌日記》在寫作之初，就是袁世凱存心為自己和後人留下的一篇辯誣文字。

《戊戌日記》寫成後，十年秘不示人，據說只有袁的少數幾個親信弟子知道。直到光緒三十四年（一九〇八），光緒和慈禧相繼去世，袁世凱被光緒的胞弟，攝政王載灃罷官免職，幾罹殺頭之禍，門生散去，在幕僚張一麐辭別京城南歸之時，袁將這個小冊子交付給他，囑其伺機發表。

張一麐回到南方後，與袁世凱的另一位幕僚親信費樹蔚聯手，將這部《戊戌日記》在江蘇南通「翰墨林」書局刊印發表。既要選擇發表，又要選擇遠離政治旋渦中心的南方發表，從中可以看出袁世凱難言的苦衷。他身上背負的那口「黑鍋」實在太重了，發表《戊戌日記》的目的主要是為自己洗刷罪名。須知此時袁世凱罷官回籍，性命幾乎不保，他必須表明他並沒有陷害光緒皇帝。在戊戌之變那種特殊的時候，一方是太后，一方是皇帝，告密與不告密都是「欺君之罪」，儘管這是個百口莫辯的尷尬，袁世凱還是要竭力為自己剖白。

《戊戌日記》刊印之初，即被當時的人們認為不可信。原因很簡單，對光緒皇帝強烈同情導致了對袁世凱的極度憎惡，民眾普遍認為袁是奸雄，不可能說真話；另一個原因是戊戌政變已經相隔十年之久，人們猜測這部日記可能是袁世凱與張一麐事後泡制的偽作。

其實這部日記的寫作時間並不重要，關鍵在於其中的事是否真實。

戊戌變法距今已有一百多年了，今天提到它，仍然感覺心頭沉甸甸的。袁世凱身處歷史的漩渦中心，迎著激流而上不行，臨陣退縮逃避不行，事件後無論怎樣解釋也都不行。「無恥的告密者」成了他身上一個抹不掉的烙印，一直伴隨著他走到人生的終點——甚至死後也還得遭受罵名。

也曾是立憲急先鋒

一九〇四－一九〇五年，在中國東北的土地上爆發了一場戰爭，史稱「日俄戰爭」。

這場戰爭對於中國人來說是一個恥辱。作戰雙方是日本和俄國，戰場卻擺在了中國的土地上，軟弱無能的清廷竟荒唐地宣佈「中立」，劃遼河以東地區為日俄兩軍的「交戰區」，並嚴令地方軍政長官對老百姓嚴加提防，如有任何異動，切實彈壓。

日俄戰爭以日本勝利而結束。慈禧太后問手下大臣：日本國小，俄國國大，為什麼是小戰勝大？大臣答曰：皆因日本立憲而勝，俄國不立憲而敗。

這一年年底，清廷在立憲問題上邁出了一大步：派出五位大臣出訪日本、歐美等國，考察中國人當時還十分陌生的憲政。五大臣中有袁世凱的密友徐世昌、兒女親家端方，袁世凱的長子袁克定也被定為出訪隨員。

這一時期，袁世凱的政治態度是與立憲的世界潮流同步的。

光緒皇帝一手推動的戊戌維新變法以失敗而告終。實際上，袁世凱一直都與光緒皇帝站在同一條戰線上。如果說有什麼不同，那麼袁世凱比光緒更務實，更懂中國國情。在他向光緒提出的一攬子改革計畫中，包含了政治、經濟、軍事、文化等方面的改革，也提到了派員出洋考察，藉為取法之資。

事實上，此時在直隸總督任上的袁世凱一直在務實地做實事。他在一些公開和內部的講話中，公開宣講所有官員都應該懂得西政、西史，認為派員出洋考察是學習洋人經驗的最好辦法。他還直接下令，直隸州縣官員必須赴日本學習三個月，以相關考核後方能赴任。

在他管轄之下的天津，各種官辦、官督商辦的經濟機構和新式經濟社團如雨後春筍，到處呈現出一派新欣欣向榮的新政景象。袁世凱按山東商務局成例設立了天津商務局，使天津商業逐步繁榮興旺。他還安排從日本考察歸來的周學熙按日本模式開辦直隸工藝局、實習工廠、勸業鐵廠、高等工業學堂、考工廠以及圖算學堂等官辦事業，開辦啟新洋灰公司、開灤煤礦等民營企業，奠定了北洋實業最初的基礎。

天津還成為整個華北的金融中心和商貿集散地中心，大大促進了華北地區資本主義生產體系的形成。在袁世凱的直接過問下，天津創辦了北洋醫學堂；建立了銀元局、造币廠；成立了北洋煙草公司；還創立了北洋女醫院，聘請中國最早的女留學生金雅梅為首任院長；袁世凱還十分擅長於與洋人打交道，天津與比利時簽定了天津電車、電燈公司合同，成立了比（利時）商電車電燈公司；創辦了無線電訓練班，聘請義大利人為教師；天津還創立了中國的第一支現代軍樂隊，樂手二十餘人，所有樂器都與外國行伍中的銅管樂隊一樣。

一九〇五年以後，清廷朝野上下要求施行憲政的呼聲漸高，仿效對象是日本。作為直隸總督的袁世凱，走出任何一步棋子都會影響棋盤全域。一九〇六年，袁世凱委派天津知府凌福彭籌設天津自治總局，下設法制、調查、文書、庶務四科。直隸府發佈公告，各州縣選派較高素質人員分批進入自治總局附設的研究所，學習地方自治制度、選舉法、戶籍法、經濟法、財政學、法學等管理國家的必備知識，培養自治人才。

一九〇七年六月，天津開始按照選舉規章選舉議員。在二五〇〇多名候選人中，選出議事會議員三十名。並選出議長、副議長等。這是中國最早施行的普選。袁世凱派專人到場祝賀：不僅為直隸賀，也為中國前途賀。

一九〇六年九月一日，清廷正式宣佈預備立憲。

這是中國在經歷了兩千多年的封建帝制之後，第一次以文獻的形式正式宣佈要改革國家體制。而以慈禧太后的名義發出的這道懿旨是由袁世凱草擬的。

顯然，袁世凱精悍的才幹以及既大膽創新又踏實務實的作法從某種程度上已得到了慈禧太后的認可。一九〇七年袁世凱被調到北京，進入清廷中樞軍機處，同時兼任外務部尚書、會辦立憲大臣等職。慈禧太后寄希望予這位能力出眾、雷厲風行的鐵腕大臣來幫助她支撐清廷搖搖欲墜的大廈。

然而，顢頇無能的清廷已經止不住衰頹下滑的趨勢了。當初他們對什麼叫立憲完全不瞭解，只是聽說日本國因立憲而強盛，以為立憲是救國良方，才猶猶豫豫地走上了這條不歸路。等到立憲那個陌生的怪物驟然來到面前，皇族成員突然發現前方是一個陷阱，大清江山可能會在無聲無息中落入漢人之手。

這時候，慈禧太后的健康狀況也每況愈下，她完全無暇顧及國家的將來，眼下已是千瘡百孔，能做個裱糊匠也不錯了。

於是，清廷立憲的腳步放緩下來。

無奈形勢比人急，各地紛紛上書，要求加快立憲步伐。革命黨也乘勢而起，暗殺事件此起彼伏，革命黨宣稱進入了一個暗殺時代。在這種情境下，清廷陸續頒佈了幾份關於立憲的文件，並宣稱預備立憲，但有個過渡期，時間為九年。

就這樣走走停停，革命的風潮卻已經迫不及待地到來了。

袁世凱當時的處境，猶如被擠在一個夾縫中生存。在直隸總督任上他呼風喚雨，說幹就幹，所發號令暢通無阻，把一座天津城開放得虎虎有生氣。但是一到京城顯然遇到了阻力。他想做和要做的事都太多了，但是清廷對立憲的曖昧態度使他心存疑慮，官場的根根絆絆很難讓他甩開膀子大幹，政敵見縫插針的攻訐也使他不得不提防。袁世凱私下感歎道：做人難，做事難，施行新政難上加難。

天津《大公報》創始人英斂之到北京考察憲政，發現多數報紙內容猥瑣，賭場生意興隆，飯館藏汙納垢，官員只知吃喝玩樂，滿城飄蕩著靡靡之音。這讓他大失所望。但他所在的天津，卻是一派新氣象。

之後不久，慈禧和光緒相繼病逝，袁世凱遭攝政王排擠，終於貶職罷官，回到安陽洹上村當

「漁翁」。

清末立憲運動，以前我們只知道有梁啟超、張謇等著名立憲派民間領袖在野呼籲吶喊。經歷了對袁世凱相當長時期的認識誤區之後，通過大量史料的解密，我們才知道袁世凱作為官方立憲派首領，也曾在朝廷暗中呼應。

據袁世凱心腹幕僚張一麐回憶，張謇曾給袁世凱寫信，要他效法日本伊藤博文主持立憲，袁世凱看信後默不作聲，表現出政治家的審慎。但是第二天，袁又讓張一麐準備一份預備立憲的說帖，以便隨時進呈給慈禧太后。僅隔一天，「似出兩人」。

從張一麐講述的這個細節來看，袁世凱雖然有心於立憲，但至少在表面上他不會表現得那麼急切。他一邊務實做事，一邊揣摩當權者的態度。經歷了戊戌政變的血腥屠殺，他對慈禧太后擅用權術的手腕感到惶恐，隨著新一代皇族王公的成長，袁世凱的政治前途充滿了變數。他之所以極力主張並暗中助推立憲潮，也有遏制滿清權貴「隱權力」的因素。

但無論如何，他終於還是走出了這一步。

第四章　洹上私乘

瑟瑟肅殺圖，惶惶逃亡路

慈禧、光緒在兩天內先後去世，消息震動朝野，天下大驚，各種傳聞不脛而走，說什麼的都有。議論最多的是：光緒是被人下毒藥害死的。無數關注的目光投向紫禁城，值此權力更迭之際，會不會出現腥風血雨？

那些關注的目光中，最揪心的應該是袁世凱。

坊間風傳，囚禁瀛台的光緒皇帝對袁世凱恨之入骨，在紙上畫了袁的像，每天拿針狠狠地紮。又有謠言四起，說光緒碗裡的毒，是袁世凱買通太監投下的。攝政王載灃是光緒的親弟弟，報仇雪恨理所當然。雖然只有袁世凱自己才知道，說他出賣了光緒皇帝，是一個比天還要大的冤案。說他投毒害死光緒皇帝，更是荒唐透頂的無稽之談。

袁世凱一生經歷的風波無數，不管如何困難，最後總是能順利過關。唯獨那一次——載灃攝政後的那些日子裡，袁世凱特別惶恐不安。

該來的還是來了。免官詔書下達時袁世凱尚在朝房（大臣們等候朝見的專用大廳），已經聽說了消息，不僅免官，好似還有更大的災禍。袁世凱正在忐忑之時，內閣值日官捧詔宣示：皇上有旨！未及宣讀，袁驟然色變，正好張之洞從宮中出來看到了這一幕，趕緊趨前幾步說道：「皇上以袁公足疾，命回籍養屙。」袁世凱聽說不死，心裡一塊石頭才落了地，宣讀詔書完畢，一直跪在地上的袁世凱不敢起身，低著頭連聲呼道：「天恩高厚，天恩高厚。」

在殺袁與保袁之間確實有過一番激烈的爭論。當載灃拿這事詢問慶王奕劻時，奕劻的回答是：「殺袁世凱不難，不過，北洋軍如果造起反來怎麼辦？」資格最老的大學士孫家鼐，滿蒙大學士那桐、榮慶以及漢人大學士鹿傳霖等，都與袁世凱有千絲萬縷的聯繫，極力反對殺袁。出力最多的是張之洞和世續，當天朝堂散直之後，載灃又複召張之洞、世續二人入內廷，出示罷斥袁的詔旨，張之洞反復陳說，為朝局計，務宜鎮靜寬大，放袁世凱一馬。世續也表示贊同張之洞的主張。這才迫使載灃把含藏殺機的詔書內容改為了「開缺回籍」。

說到「足疾」，也是確有其事。從這年秋天開始，袁世凱忽然得了一種奇怪的腿病，無緣無故地疼痛，嚴重時竟至不能走路。曾經請假治療過，但身為軍機大臣事務繁多，只好銷假帶病堅持工作，每次上朝還得要人攙扶，到了臘月間，腿部的疼痛更厲害了。

在上諭下發之前，袁世凱曾經乘快車去過一趟天津。據一位正好同車的英國目擊者海魯說，袁世凱穿一身素衣，神情嚴肅，目光炯炯有神，進入頭等車廂內，找一臨近暖氣處坐定，從京城到天津的兩個多小時，他沒有說一句話，也沒有起身走動，僕人小心翼翼給他倒茶，也未見他吭聲。下午四點三十分，車到老龍頭車站，在隨從的護送下乘一輛華麗馬車西行而去。

有一種說法，認為袁世凱到天津是想通過直隸總督楊士驤斡旋，乘坐海輪逃往日本進行政治避難。不過在此特殊敏感時期，袁世凱又是特殊的敏感人物，楊士驤不敢露面，而是派兒子出面向袁說明利害，勸其迅速回京。楊士驤是袁世凱一手提拔上來的，他現在的直隸總督位置也是靠袁的保薦，沒想到如此忘恩負義，絕情到不肯見一面，落水的鳳凰不如雞，袁世凱感到心寒意冷，趕緊在銀行支取了一大筆存款，惶惶不安地返回了京城。

詔書下達後，袁世凱心情稍微平穩了些，他迅速安排家人，悄然離京，免得節外生枝。按照清朝歷代處置大臣的慣例，在革職、開缺的諭旨之後，往往還會層層加碼，抄家、流放及至殺頭。在天津老龍頭火車站，送行的人寥寥無幾，只有嚴修、楊度等人佇立在寒風中，和往昔前呼後擁的場面形成了極大反差。

袁世凱對河南項城的老家有著複雜的感情，簡而言之：既愛又恨。

最讓他傷心的是，為生母劉氏辦葬事，二哥袁世敦橫蠻無理，說劉氏是父親袁保中的妾，不准與袁保中同穴埋葬。那次袁世凱與袁世敦徹底鬧翻了，發誓這輩子死也不回項城。

因此京城受貶罷官之後，項城肯定是不去了。

那麼，到底到什麼地方去避難呢？

從天津坐上火車之前，袁世凱早已胸有成竹。

小站練兵時，他手下有個糧餉委員叫何棪，為人機智，辦事靈活，是個抓經濟的人才。何棪在北洋軍中幹過一陣，有一天忽然來找袁世凱，提出要回老家辦實業。袁世凱很奇怪，問他辦什麼實業。何棪搔搔後腦皮，回答得也有意思：現在也說不清辦什麼實業，回去幹幾年就知道了。袁世凱平生都喜歡這種務實的人，不僅答應了他的請求，還幫他弄了頂候補知縣的官帽。何棪改名何蘭芬，回到老家河南衛輝，販糧食布匹，也做鹽業生意，沒幹幾年果真發達起來，成了衛輝府小有名氣的富紳。

就在何蘭芬財富迅速積累的那幾年，袁世凱交給他一筆銀子，托他在衛輝府汲縣代購了幾十間房屋。袁世凱曾去看過一次，房屋位於西關馬市街，規模宏大寬敞，由東、中、西三座院落組成，每院有五進小院，前後穿堂相通。院子後邊還有個大花園，占地四五畝，開滿了海棠、桂花、臘梅、紫薇，幽香撲鼻，綠意襲人。

「開缺回籍」後的立足之地，袁世凱選擇在衛輝府汲縣。像任何一位貶官回鄉的高官一樣，這一大家人抵達汲縣時絲毫不敢聲張，鄰居們看見一些隨從忙前忙後地搬運箱子，不知道這座大院宅新住進的究竟是什麼人。

宣統元年（一九〇九）春節，袁世凱一家人是在謹慎不安中度過的，只有三兩聲鞭炮，給寂靜冷清點染上一點熱鬧的氣氛。但是讓袁世凱感到欣慰的是，這年春節剛過，拜年的人就來了，地方紳士的熱情讓他想起離京時的淒涼場景，不由得對世態炎涼感歎萬端。

正月初四，汲縣袁府來了幾位特殊客人。打頭的是何蘭芬，跟在他後邊的，一個是王錫彤，一個是李時燦。何蘭芬介紹說，王、李二位是汲縣地方名紳，對袁世凱仰慕已久，以前袁在高官位置上，為避趨炎附勢嫌疑不便結交，而今見袁折翅而歸，二位極願盡地主之誼云云。一番話說得袁世凱心熱了，吩咐門人趕緊倒茶，賓客間攀談起來。

從交談中袁世凱得知，王與李是同學摯友，如今一個是實業圈新星，一個是教育界巨擘。袁世凱興致盎然，幾句寒暄過後，便大談特談興辦實業。當天在座的除了上述何蘭芬、王錫彤、李時燦外，還有袁的幕賓謝愃（字仲琴），袁的長子袁克定等人。據王錫彤《抑齋自述》中記述，他和袁世凱第一次見面留下了極深的印象，當時袁世凱五十一歲，看上去卻「鬚髮盡白，儼然六七十歲人」，但「兩目炯炯，精光射人，英雄氣概自不能掩」。

幾個實業家的來訪，多少溫暖了袁世凱冷寂的心。他一個個熱情招呼，問寒噓暖，又讓長子袁克定與王錫彤結拜兄弟，心裡謀劃著，找個時候要把王錫彤推到辦實業的第一線。後來果真讓他逮住了個機會：讓王錫彤接替回家丁憂的周學熙，成了唐山啟新洋灰公司等幾家公司的董事。

此後王錫彤便成了袁世凱幕府中的一名重要成員，負責掌管袁私人經濟方面的事務。袁世凱去世前一個月，感覺自己來日無多，曾將袁府的家產向王作了交待，召見王錫彤時案頭置一單，所有存款、股票、借據等共約二百萬元，指給王錫彤說：「餘之家產盡在於斯。」這件事使已成富豪的王錫彤感慨不已，在其著作《抑齋自述》中寫道：「袁公自從擔任大總統以來，家產實際上未曾再增加一錢，其為國忘家之情，實在是不可以冤枉污蔑他的。世間所傳袁公有數千萬資產，污蔑之言也。」

大難中築起的安樂窩

袁世凱是在極度恐慌的氣氛中離開北京的。除了北京錫拉胡同舊宅裡留下幾個看門人外，大部分家眷都逃到了天津，借住在富商梁生寶家裡。倉促中踏上火車時，袁世凱只帶了大姨太沈氏、五姨太楊氏和新娶的七姨太邵氏，臨時住在衛輝府汲縣。

過完這年端午節，袁世凱開始考慮遷居問題，起因是七姨太太邵氏的緣故。邵氏是袁世凱在直隸總督任上新娶的一房嬌妾，年輕貌美，風情萬種，袁世凱對她十分寵愛。可惜紅顏命薄，剛娶進袁家不久就遇到袁世凱貶職罷官，邵氏體質文弱，加之連日驚嚇，還沒從京城動身就病倒了。倉皇跟隨南下，一路旅途勞累，又受了風寒，住進汲縣新居後病情加重，請來醫生治療，也沒能救得她的命，死時年僅二十歲。邵氏年紀輕輕，還沒來得及生育子女就去世了，按照舊時習俗，只可稱做姑娘，不能叫姨太太，袁世凱甚為憐惜，以側室之禮葬於汲縣西郊。後來袁克文為她向朝廷奏請得了夫人封典，並以庶母之禮題寫了墓碣。

本來人就在危難中，又遇到這麼一門喪事，他的情緒更加低落。過了沒幾天，袁家人紛紛生了病，醫生成天從大門口進進出出，為袁家人看病。袁世凱一生迷信風水之說，極講究居宅的方位、朝向之類，這時候正好兒女親家何炳瑩前來探訪，袁世凱說了他的苦惱，何炳瑩說他在彰德北門外洹上村有一處宅第，總面積二百多畝，可供袁家人居住。

袁世凱聞訊大喜，立馬將其買下，當月中旬即攜全家遷居到了洹上。

那裡確實是個好地方。洹水自東而來，蜿蜒橫貫安陽，然後緩緩注入渭水。袁世凱買下親家何炳瑩的房子後，又大興土木，四周砌了高圍牆，拐角處建有炮樓，依稀可見當年項城袁寨的痕跡。洹上村建築風格獨特，門扇柱枋全是黑色，氣氛森嚴。整個大院由九個獨立的小院組成，分別住著袁的九個妻妾，如果把房屋後面的黑門打開，九間房子又成了一個彼此相通的大院。這種別出心裁的設計，既有東方古典餘韻，又有西方歐式風味，非常適合袁的多妻妾家庭。庭園裡栽種了一些花花草草，亭臺樓閣，曲欄幽徑，到過的人全都流連忘返。

袁世凱一生娶有一妻九妾，這也是他被人詬病較多的地方。各種荒唐版本的傳說流行於世，說他腐朽沒落的有之，罵他荒淫好色的有之，更糟糕的是許多傳聞本來就是謠言，既無中生有，又烏七八糟，卻被一些人津津樂道地傳佈。

多妻妾制本來就是那個時期普遍存在的一種合法現象，符合當時的法律法規，莫說袁世凱那樣的高官，即便一般富裕人家，妻妾成群的也多的是。後來人獵奇說說可以理解，如果站在道德的高處無端作攻擊，實在是一種無知。

下面來說說袁世凱的妻妾們。

正室妻子于氏是袁家的一塊「牌位」，下得廚房，卻上不得廳堂。她的情況前面已經講過。袁世凱娶的第一個妾是大姨太沈氏，前邊章節也已有所交待，不再贅言。

二姨太白氏、三姨太金氏、四姨太季氏，這三人均是朝鮮人。關於這三個外國洋妾，有各式各樣的傳說流播於世，傳說最多的是三個妾都是朝鮮國王李熙贈予的王室公主。說三個宮廷女子為朝鮮國王所贈予，只說對了一半。從目前能夠查閱到的資料來看，三妾中的三姨太金氏，是漢城一大戶人家的千金小姐，很有可能是朝鮮國王贈予袁世凱用來聯絡感情的。二姨太白氏、四姨太季氏，則是跟隨金氏而來的婢女，後來也一併被袁世凱收為小妾。袁克文在《洹上私乘》一書中極力渲染三個朝鮮姨太太的「望族」背景，袁克文是三姨太金氏所生，為生母說好話可以理解，但是說她們出生於名門旺族，目前還沒有什麼證據。

時至今日，這三個朝鮮姨太太的身世之謎仍然難以解開，倒是她們娶進袁府以後的生活情況頗為人所熟知。

袁靜雪在《我的父親袁世凱》中曾經詳細地講到過她們：

三姨太金氏娶進袁府時才十六歲，她皮膚很白，濃黑的頭髮長長地從頭頂一直披拂到腳下，看上去十分美麗。但是她神情木然，似乎永遠沒有高興的時候，就是袁世凱到了跟前，她也是板板地對坐在那裡。有時候袁世凱說到高興的事，她也會陪著笑，但是笑過之後立即把笑容斂住，臉上再也看不到絲毫笑意。每逢過年過節是她最傷心的時候，總是會暗暗哭一場，對於娘家的情況她也不願意多提。金氏臨死的前一天，對袁克文說了兩件事，一件事是，在她過門以後不久，大姨太沈氏借對她管束教導的名義對她進行虐待，把她綁在桌子腿上毒打，她的左腿到臨死前還不能伸直；另一件事是，她的父母原以為是嫁給袁世凱當正室夫人的，及至過門以後才知道不但是姨太太，而且隨身帶進袁門的兩個丫鬟也同她平起平坐成了姨太太，按年齡排序她還排在了第三房，父母十分痛心。後來，女兒又要離鄉背井，隨袁世凱離開朝鮮遠到中國，她母親哭成了淚人，最後投井自殺了。金氏對袁克文說，以前沒提這些事，是維護袁世凱的名聲，現在在彌留之際，她把這些傷心往事對親生兒子說出來，心裡會好受一些。

二姨太白氏生了四子二女：五子克權，七子克齊，十子克堅，十二子克度，長女伯禎，六女籙禎。

三姨太金氏生了二子三女：次子克文，三子克良，三女叔禎，八女姓名不詳（早夭），十女思禎。

四姨太季氏生了一子三女：四子克端，次女仲禎，四女姓名不詳（早夭），七女複禎。

五姨太楊氏是天津楊柳青一個小戶人家的女兒，聰慧靈氣，玲瓏可人，雖說長得不是特別漂亮，但天生有王熙鳳式的治家才能，很被袁世凱賞識。如果說大姨太沈氏是袁府內部前期女主角的話，五姨太楊氏娶進門後，家庭的權力中心便向她轉移了。楊氏心靈手巧，口齒伶俐，遇事有決斷，袁府的日常生活被她安排得有條不紊，無論該吃什麼、穿什麼，或是該換什麼衣服，該買什麼東西，都交她一手經管，就是袁世凱的貴重財物，也是由她收藏保管。時間一長，袁家女人中逐漸形成了兩個群落，一個以大姨太沈氏為中心，包括沈氏所管束的三個朝鮮姨太太，是老陣營；另一個以五姨太楊氏為中心，包括楊氏管束的六、八、九姨太太，是新陣營。老陣營與新陣營交鋒，總是新陣營取勝機率大，久而久之，楊氏自然取代沈氏，成了袁府家族內部的中心人物。

五姨太楊氏生有四子二女：六子克桓，八子克軫，九子克久，十一子克安，五女季禎，十五女姓名不詳（早夭）。

六姨太葉氏，是袁世凱在直隸總督任上時娶進門的，說起來頗有傳奇色彩。有一次袁克文受父親委派到江南辦事，這個名士派頭十足的富家公子沉溺於煙花柳巷，把父親讓他辦的事拋到了九霄雲外，直到要返回京城時，才感到大事不妙。回津覆命時，袁克文磕完頭支支吾吾，故意將一張早已準備好的美女照片掉到了地上，袁世凱問是什麼。袁克文硬著頭皮說他在南方為父親物色了一名絕色美女，現在帶回這張照片，是想徵求父親的意見。袁世凱一看，那姑娘果然不錯，一邊點頭說「好，好」，一邊把照片裝進了口袋。此後不久袁世凱專門派大管家符殿青帶著銀元去蘇州釣魚巷將葉氏接到天津成親。葉姑娘原來是二公子袁克文相中的女子，不知怎麼陰差陽錯，忽然成了父親的小妾，從紅顏知己到袁家後母，這個角色轉換讓「洞房花燭夜」中的葉姑娘感慨萬千，她那哀怨的眼神，深深地沉入了歷史深處。

六姨太葉氏生有二子三女：十四子克捷，十七子克有，九女福禎，十一女奇禎，十二女瑞禎。

七姨太邵氏上面已說，是袁世凱在直隸總督任上娶的小妾。可惜沒進門不久遇到袁世凱罷官，一路逃難到河南安陽，患了風寒，病逝在洹上。

八姨太太名叫郭寶仙，浙江歸安人。其母原為某富室之妾，因性情剛烈，與正室夫人一場大吵後，牽著幼女寶仙逃離出走，其時還懷著身孕。幾經輾轉，流落天津，終於墮入風塵。更糟糕的是，不久她母親得了一場重病，丟下寶仙和一個弟弟撒手歸西，郭寶仙萬般悲痛，典賣了衣物，又從妓院借了二千餘金，方將母親安葬。這之後郭寶仙迫於無奈，也開始在妓院裡謀營生，豔幟新張，生意出奇的好。郭寶仙對青樓的皮肉生涯深惡痛絕，為了擺脫這種生活，她放出話來：誰能以萬金相聘，她即嫁給誰。袁克文是風月場中人物，從相好的妓女蟾香處聽到這件事，回到洹上村時告訴了嗣母沈夫人，沈夫人考慮到袁世凱罷官居家，心情抑鬱不歡，長此以往總不是個辦法，遂派袁克文攜帶銀兩北上，赴天津將郭寶仙贖出，回到洹上村就進了新洞房。

郭寶仙一生有三個子女：十三子克相、十五子克和、十四女祜禎。

九姨太太姓劉，天津人，出身在小戶人家，是小家碧玉。劉氏原是五姨太楊氏的貼身丫鬟，從小跟著楊氏進入袁府，親眼目睹了袁家的興盛與衰敗。如前所述，袁世凱在家中最寵信的兩個姨太太分別是沈氏和楊氏，大姨太太沈氏是袁世凱在落魄之時結識的，有一段難舍的生死情緣；五姨太太楊氏長相平常卻特別善於持家，深得袁世凱的眷顧。這兩個最受寵的女人，表面上一團和氣，暗地裡爭鬥不斷。見大姨太太和嗣子袁克文合作，給袁世凱新娶了八姨太太郭寶仙，五姨太太楊氏決定爭回自己失去的領地。辦法只有一個，讓跟隨自己多年的丫鬟劉姑娘被袁世凱收房為妾。楊氏擅長吹枕邊風，半夜半夜地在袁世凱耳邊鼓搗，說得老袁心裡直癢癢，索性做個順水人情，將劉姑娘娶做了九姨太太。一場不見硝煙的家庭戰爭，犧牲品卻是正當妙齡的劉姑娘。

這個新收的九姨太太清高孤傲，喜歡吃齋念佛，年紀輕輕卻整天手裡拈著一串佛珠，開口閉口阿彌陀佛。袁世凱見情況不妙，在離洹上村正南半公里處找了一塊地，做了幾棟白牆黑瓦的房子，給九姨太當佛堂兼住所。

劉氏生有一子一女，子克藩，排行十六，早死；女經禎，排行十三。

這個漁翁不逍遙

從最開始逃亡時的失魂喪魄，到逃至衛輝汲縣時的驚魂初定，再到後來定居安陽洹上村時的神清氣閒，袁世凱經歷了劇烈的跌宕起伏，其心路歷程非常人難以感受到。

袁世凱這一時期的心路歷程，有個演變的過程。

最初逃到衛輝府汲縣，只為了逃命，別的恐怕都沒去多想。

罷官回河南之後，經常有一些舊屬部下以及附近的富商紳士來看望他，袁世凱都作低調處理，不聲張，也不宴客。罷官那年，正好是袁世凱的五十歲生日。許多北洋舊屬偷偷來到洹上村，要為恩公祝壽。袁世凱讓管家袁乃寬安排他們好吃好住，就是矢口不提壽辰之事。到了生日那天，袁世凱索性裝病不起，來客一個不見。昔日僚屬聚在袁府大廳議論紛紛，誰也拿不出什麼辦法。辮帥張勳看眾人像一隻隻呆鳥，顧不了那麼多，推開守門人直接往袁世凱的廂房裡闖，連連打躬作揖，又一膝跪下磕了三個響頭。見有人帶了頭，北洋軍諸將領一哄而上，硬是將不接受祝壽的袁世凱從床上扯起來，讓他端坐在太師椅上受了一拜。

初到安陽洹上，袁家人心裡都沒有底。到底要在這裡住多久？將來袁世凱還有沒有可能東山再起？這些都是未知數。

五姨太楊氏曾說過這麼一番話：回到河南彰德，大家都認為待不長。納悶老爺為什麼在洹河岸邊一氣蓋了九個院落，又蓋了壓水亭和磨電房。園內洋槐垂柳，樹蔭蔽天，一眼望不到頭。老爺到哪都不忘記對子女的教育，請了三名教師，教授英文、漢文和理化功課。第一年老爺還有些神魂顛倒，有時候跪在慈禧太后像前捶胸痛哭。第二年便好多了，時時自得其樂，穿蓑衣於湖邊垂釣，一副閒雲野鶴的樣子。還請天津照相館的人來洹河邊拍照。到了第三年，南來北往的人大增。大多是老爺的老部下。老爺的乾兒子段芝貴經常往來，帶來北京天津的土特產，還帶來了一架電影機，放映些洋人跳舞、體育比賽以及京劇片子，讓老爺開心。一次老爺讓我找出一件銀狐猴皮襖，送給來訪的陸軍大臣蔭昌。尤其是武昌兵變以後，老爺就一天比一天高興了。

袁世凱遷居安陽洹上村後，在這幢宅第舊址上大興土木，重新進行了修建。袁世凱與他三哥袁世廉關係最好，這一年世廉因病辭去了徐州兵備道的職務，袁世凱派次子袁克文前往徐州，將袁世廉及其姨太太一起接到了洹上治病療養。病情稍微好轉後，兄弟倆時而扶杖漫步，時而下棋聊天，時而湖上泛舟。他還經常同妻兒老小設宴園中，邀請河南墜子、梆子戲藝人來園演戲，逢上過年或者過生日，還會請來京城京劇界名角如譚鑫培、王瑤卿、王晦芳、楊小朵等來唱堂會，親朋好友以及舊時北洋屬下相聚一處，讓袁世凱充分享受了一段賦閒時光。

為了讓載灃和北京城裡的滿清貴族澈底放心，袁世凱從不主動與外界聯繫，他讓長子袁克定長駐北京，與慶親王奕劻等人保持密切聯繫，一有風吹草動就會捎信回來。他還專門請來了天津照相館的攝影師，拍攝了他和三弟袁世廉在洹上垂釣的照片，發表在上海的《東方雜誌》上。照片中，袁世凱頭戴斗笠，身披蓑衣，悠閒地坐在一條小船的船頭，好一幅澹泊風雅的洹上垂綸圖！他還特意取了一個號：洹上漁翁。意思是向清廷表白，漁翁再也無心於政事。

罷官那年他已年過五旬，按照中國過去的舊觀念，人過半百萬事休，無論什麼事都該偃旗息鼓了。加上他經歷了政壇的風雲變幻，沉浮無常，差點命都保不住，他對世事足以看得透了。寄居洹上村，享受大家族的天倫之樂，何嘗不是一件美事？這時候袁世凱家族中的情況是：一妻九妾，十七個兒子，十五個女兒。除袁克定常住北京、袁克文四處漂泊外，其餘子女都在身邊。他雇請園丁栽種了桃、李、杏、棗等果樹，還把渠水引進園子，開鑿了一個大水池，種植荷、菱，養殖魚類。到了秋天，袁世凱興致勃勃地帶領兒孫們去池塘裡捉螃蟹。有意思的是，這些螃蟹是袁世凱平時教兒孫們用高粱和芝麻飼養的，因此收穫到那些又肥又大的螃蟹時，全家人都會格外高興。有月亮的夜晚，袁世凱還同姨太太們蕩槳劃舟，朝鮮籍三姨太金氏和六姨太葉氏一個彈七弦琴一個撥琵琶，給秉燭夜遊的場面增添了異樣的情趣。

袁世凱在安陽洹上村隱居的三年，是他一生中最彷徨、最苦悶、最矛盾的三年。有學者最新發現，袁世凱在洹上村寫了一千多封信，有的是給京城高官的，有的是給地方官員的，還有的是寫給親友的。此外他還作了不少詩作，被袁克文編集成冊。

這三年，袁世凱前後的心境並不同。

拿一件事來分析，可以看出其中的變化。以前的歷史書本中，總是說袁世凱陰謀狡猾，即使貶職罷官到了洹上村，依然賊心不死，私設電報房，同外界保持密切聯繫，伺機而動，東山再起。而據袁氏家人回憶——無論是袁克文還是袁靜雪，都沒有談到洹上村設有電報房的事。史學界幾十年研究袁世凱的權威學者駱寶善先生更是一口咬定：洹上村絕對沒有電報房。但是在另一些民國當事人的回憶錄中（比如劉厚生著《張謇傳記》），又說洹上村有電報房。

這成了袁世凱研究中的一個小疑團。

——電報房到底有還是沒有？

張社生在《絕版袁世凱》一書中，合理地解答了這個疑團。

第一年，袁世凱逃難至此，驚魂未定，還沒有來得及緩過一口氣來。斷然不可能私設電報房，讓自己罪加一等。

到了第二年，情境雖然有所好轉，心情也輕鬆了許多，栽花種樹，吟詩垂釣都是會有的，但要他設電報房，也是大大地犯忌。

這兩年袁世凱對外聯絡的電報，應該都是通過彰德地方上的電報局收發和拍出的，處在一個「透明」的狀態。

到了第三年——也就是爆發辛亥革命的一九一一年，武昌革命黨的槍聲把袁世凱推到了第一線，在朝野上下一片「非袁不同」的強烈呼聲中，還未出山的袁世凱已經成為舉國關注的重量級人物。他要在洹上村設立一個電報局，是完全有可能的。按照張社生先生的說法，這時候全國的電報業務已經很普及了，就算袁世凱自己不設立電報房，清廷也會給他設立一個。這麼做既可以討好袁世凱，讓他趕緊出山，同時也確實是出於軍事諮詢的需要。

北洋陸軍秘書科長在隨指揮官蔭昌南下征討武昌兵變時，看到的洹上村情景是：「路過院中，見某室掛有電報處的牌子，機聲嗒嗒，聆之甚晰。」那位秘書科長看到的，正是一九一一年洹上村設立電報房之後的情景。

這時候袁世凱的心情肯定不再像三年前那麼惶恐了。不僅不惶恐，還為清廷遭受革命黨的攻擊多少會有些愉悅。

這一年袁世凱五十二歲，又到了生日到來的日期。前來祝壽的舊屬親信、富商紳士各色人等雲集洹上村，等候一場壽慶宴席。袁世凱沒有像兩年前那麼小心謹慎了，口頭上他依然不同意大張旗鼓隆重做生，語氣卻鬆了許多。睜隻眼閉隻眼的態度，不提倡也不推辭。有意思的是，這場半祕密半公開的祝壽活動正在進行中，忽然接到了一封電報：武昌城響起了槍聲。前來祝壽的眾人彷彿炸開了鍋，在突如其來的變故面前，現場像一架多聲部的音箱，什麼聲音都有。有部下趁亂遞了一句話：此時不反，更待何時？袁世凱一楞，半天沒說話，回過神來時冷冷一笑：我不能做革命黨，我的子孫也不能做革命黨。

再講一件事，也許能更全面地看出袁世凱在辛亥革命前後的政治態度。

立憲派首領張謇北上赴京，途中專程前往彰德會晤了「隱士」袁世凱。他們的這次見面，被後世稱做在野的兩大政治巨頭會師。

張謇一生當的最大的官是翰林，而且只當了一二〇天，幾乎不能算是進入了官場。但是在晚清諸多重大事件中，卻到處留下了他神秘的身影。曾有一度，張謇與袁世凱關係鬧僵，不通音訊長達十年。中日甲午戰爭爆發後，袁世凱主動拜訪張謇作傾心長談，二人盡釋前隙，化干戈為玉帛，重新成了政治上的盟友。

這年四月底，張謇帶著一大批隨員從上海乘輪船溯江而上，經漢口只停留了半天，然後乘專列沿京廣路匆匆北上。他的一個重要計畫是會晤貶官在籍的袁世凱，共同分析時局，商討對策。張謇很明白，儘管袁世凱罷官在野，但他在北洋系統中的潛在勢力仍然絲毫未減，任何政治上的策劃，沒有袁世凱的默契和支持，都是紙上談兵。五月十一日下午五點，火車到達彰德，袁世凱早派副官和轎子迎候。張謇上轎直奔洹上村，與袁世凱密談至深夜。袁世凱本來還想留張謇過夜，因張急於趕赴北京而辭謝了。

在當天的日記中張謇寫道：「午後五時至彰德，訪袁慰亭於洹上村，道故論時，覺其意度視廿八年前大進，遠在碌碌諸公之上。其論淮水事，謂不自治，則列強將以是為問罪之詞。又云，此等事，乃國家應做之事，不當論有利無利，內民能安業即國家之利，尤令人心目一開。」

袁、張洹上會晤意義非同尋常，張謇為立憲派物色到了滿意的政治領袖，袁世凱則尋找到了一個堅強的社會後盾，晚清的兩股政治勢力（立憲派與北洋系）匯合到了一起，在即將到來的辛亥革命時期密切配合，形成了難以抗拒的潮流，最終改變了歷史的進程。

劉厚生曾評價這次政治會晤的意義和影響：「張謇不過是一個書生，並沒有多大勢力。袁世凱是一個罷斥的官吏，亦無實在權柄，怎樣兩人一夕之談，竟能決定清廷之命運呢？事實是如此，張謇本身並無勢力，而當時諮議局議員，的確是各省社會的優秀分子，的確能有領導當時一般社會的能力，而張謇的聲望，又足以領導各省諮議局。世凱雖然身居彰德，其蓄養的政客甚多，豈有不知近情？而至於袁世凱呢，自身有一手訓練的精兵十餘萬人。舊時時代的軍隊，一向屬於個人，而不是屬於國家的。世凱雖在彰德，仍有猛虎在山之勢，亦為張謇所十分明瞭。當謇初晤世凱時，世凱對張謇的來意不明，談吐之間，一味閃避，專打官話。後來見謇坦白的態度，誠懇的語言，已完全明瞭謇的本心，不由得不把自己的意見略略吐露。世凱於送張謇出門時，很懇切地對張謇說：『有朝一天，蒙皇上天恩，命世凱出山，我一切當遵從民意而行。也就是說，遵從您的意旨而行。但我要求您，必須在各方面，把我誠意，告訴他們，並且要求您同我合作。』」

如此看來，張謇的這次北京之行，在為立憲運動搖旗助威的同時，無疑也幫了袁世凱一個大忙，在清廷面前做了一回說客。

一九一一年十月三十日，在清廷答應了袁世凱的六項條件後，袁世凱終於出山。結束了洹上村三年的隱居生活，他的身影在中國政壇上重新活躍起來。

遠逝的風景留下滿目慘澹

那天，明晃晃的太陽照在頭上，天氣出奇的好。已是十二月了，論季節已進入冬天，深秋的景色似乎還捨不得離去，樹上掛滿了金色的樹葉，風一吹，樹葉嘩啦啦旋轉飄落，像金蝴蝶一樣翩翩起舞……

那是我第一次去看洹上村舊址，心情有幾分興奮。未去之前，已作足了相關功課，也作好了心理準備，我知道：洹上村如今已不存在，它只是歷史煙雲中的一處風景。當年袁世凱在京城罷官遭貶後，在洹河邊建起了這座園林莊園。隨著辛亥年間袁世凱重新出山，袁家人像一群群候鳥似的從洹上村飛走了，飛到了北京、天津、上海、臺灣以及世界各地，繁華如夢的洹上村開始走向衰頹。袁世凱洪憲帝制失敗後，洹上村更是加快了衰頹的速度。後來馮玉祥將洹上村沒收，充公辦了學校。再後來日本鬼子來了，炮火烽煙將洹上村摧殘得一片狼藉，只留下一些殘垣斷壁。建國後，殘垣斷壁也被拆除了，牆磚拖去修建安陽文化宮，木料檁條有的拖去賣錢，有的被當柴火燒了。

儘管知道了洹上村的這些歷史背景，我的興致依然未減。畢竟那個地方，見證過一個大人物的跌宕起伏，見證過一個大家族的繁華散盡。車沿著洹河繞繞行駛，清清的河水在太陽照射下翻起了朵朵浪花，像一條條金色的魚兒。

車停下來，洹上村終於到了，我卻有些失望。眼前什麼房子都沒有，只有一壟壟顏色深淺不同的樹苗，在太陽下安靜地站著，像是一幅陳舊的油畫。在那幅油畫中間，兀立著兩三棵孤獨的樹，周圍遍地散落著發黃的樹葉，使得眼前的景致看上去更加荒涼。

昔日的洹上村，當時已經成了安陽的一家園林公司，到處是一壟壟苗圃，園林公司的廣告斜斜掛在路邊，上面寫著：紫薇、連翹、木槿、迎春、紅楓、櫻花、銀杏、紅豆杉等各種綠化苗木種子，價格合理，量大從優，送貨上門。

我站在那一壟壟花木苗圃當中，站在路邊那一塊看板下，恍若有種在夢中的感覺，一時竟有些懷疑起來：這裡真的是傳說中的洹上村麼？

鄭州大學有位老教授叫王碧岑，生於一九一三年。前幾年王老寫了篇文章，標題是《我記憶中的安陽洹上村》，說他在看過河南《大河報》連載的「安陽採訪袁世凱身後事系列」報導後，得知採訪記者尋找袁世凱故居洹上村「無跡可尋」深以為憾時，觸動很大。王老回眸一生，洹上村對他的影響實在太大了，看過《大河報》的連續報導後，他「朝思暮想，欲罷不能」，邊回憶邊記錄，寫下了這篇關於洹上村的文章。

王碧岑於一九三〇年考入河南省立第二高級中學。進這所學校時，他就聽說過這裡原來是袁世凱的一處舊居，三年前袁家財產和田畝被軍閥馮玉祥部抄家沒收，洹上村裡的家具器皿、古玩字畫等值錢的物品被拿到開封城兜售變賣，這裡成了一個荒涼的村子。再後來，洹上村改建成了學校。王老來這裡讀書，後來又在這裡教書，前後生活了好幾年。那時距離馮玉祥抄家的時間不遠，依稀還能看見袁世凱生活時代的痕跡。

王老在回憶中說，洹河北岸，袁林以西，京漢鐵路東側，當年有個袁家車站。名為車站，實際上只有一個西式建築風格的碑亭，亭中豎立著一塊地名碑，碑上鐫刻有六個大字：袁世凱大總統。可以想來那裡曾經是南來北往的火車途徑安陽時的一個臨時停歇處。一個車站只專為一個人而設，可以想見當年的威赫風光。洹上村坐落在袁林與碑亭之間的一片曠野上。洹上村名為村，實際只是袁世凱一家宅第的名稱。當地老百姓管這裡叫「袁家花園」，有時也叫「袁宅」。

洹上村坐北朝南，基地呈方形，面積據說有三百畝。四周築有上薄下厚的磚砌圍牆，牆高約七米，牆基厚一・五米，很像城牆，但無城堞。牆內四角貼牆建有上下兩層的碉樓。西南的圍牆中間開了個拱式大門，門上方牆壁上橫刻了三個大字：洹上村。

住宅院距離大門大約有六七十米，全封閉式。整個生活區由主院、內院和裙院組成。進門樓西去，是一個正方形的主體庭院，四面房屋不分高低大小，都是五開間。屋脊無吻獸等裝飾，但都有椽廊。各間房都是落地門扇，門開在當中一間。門扇廊柱櫙枋全都是黑色，氣氛森嚴。內院院落的組合和永恆建築的格式更是離經叛道，從主院北屋和東屋的山牆之間可到內院。內院是宛如棋局格式的很多四方形院落，每個院落的面積和主院相同，房屋也是五開間，只是略矮一些。除了院四周房屋的前牆有門窗外，院中縱橫排列的所有房屋，前後牆都有同樣的門窗。這樣的建築設計不合中國傳統的建築形制和原則，王老說他也是第一次見到，深以為奇，所以印象特別深刻。

住宅院東側，有扇小門可通往南北狹長的裙院。所謂裙院，即類似多進四合院最後一進院裡的罩房，一般用來做廚房、倉庫或者傭人居住。在這個院子裡，王老曾親眼見到過三塊大匾，金邊框，紅、藍色底，匾的上方正中，鈐有朱文「慈禧皇太后御筆之寶」等字樣。由此可以看出，慈禧太后當年對袁世凱的倚重，也能看出袁世凱借用慈禧的餘威自保的良苦用心。

洹上村內，東邊是花園。花園占地面積很大，建築規模卻並不大。王老在這裡讀書、教書時，袁家花園已經改成了學校的運動場。

花園與住宅區中間是一條貫穿南北的大路。路中段西側，有座鐵質筒形狀的大水塔。東側臨路處矗立著高約三米的一塊太湖石屏，內安有水管，水從石屏上方流進了一條南北向的小河裡。路的南端，河水匯入水面開闊、橢圓形狀的一個大水池中，河池均用青磚砌岸。當年袁家的太太小姐們經常在河池中泛舟戲水。袁世凱那幅深有寓意的洹上垂釣的照片，就是在這個河池裡拍攝的。

洹上村還有一處醒目的景觀，即水池北岸橫亙東西的假山。假山全是用太湖石堆疊成的，假山上建有一個四角攢尖亭，可登臨亭子裡觀賞園景。山下，花木遍地，鬱鬱蔥蔥。假山北邊的花叢中，有個六角攢尖頂的大涼亭，可以容多人納涼或歇息。離水泥不遠處，綠蔭掩映下有一座青灰色的高大建築物，那時便是大名鼎鼎的「養壽堂」。

養壽堂坐北朝南，地上到處鋪設著水磨磚。據說那裡有地下室，可惜王老沒有見到，想必是被毀掉了。養壽堂的佈局非常合理，整個花園體現了一種和諧的美感。南端為人工湖，北端為人工山，山湖相映，山水相連。引洹水入園內，溪水長流，循環不息。湖內水清見底，遊魚穿梭，荷花飄香。山與湖之間的空曠處，分佈著風格各異的建築，有謙益堂、五柳草堂、樂靜樓、紅葉館、納涼廳、澄澹榭、蔡心閣、杏花村、臨洹台、洗心亭、垂釣亭、蓋影亭、滴翠亭、枕泉亭、接葉亭、待春亭、瑤波亭、瀉練亭、天秀峰、碧峰洞、椎風洞、散珠崖等。單單聽這些名字，就能想見當年的無限風光了。

洹上村的西邊圍牆外，還有一片整齊有序的建築，是幾排白牆灰瓦的平房。當年那裡是袁家衛隊營的營房。馮玉祥來抄袁家時，先繳了衛隊營的槍械，而後長驅直入，將袁家洗劫一空。

當年這一帶的綠化做得非常好。從洹河北岸到洹上村大門，道路兩旁是大片濃蔭密佈的柳樹林。圍牆裡，沿牆成行的大葉楊高凌雲霄。若從遠處望去，橫空出現渾然一片雲彩般的墨綠色樹冠，曾讓年輕時的王老不止一次產生了海市蜃樓的奇妙幻覺。

一九三三年王碧岑到青島去求學，依依不捨地離開了洹上村。

四年後，他從青島國立山東大學畢業了，應母校之聘又回到洹上村教書。僅僅四年光景，洹上村的頹敗荒蕪完全出乎意料之外，處處讓他觸目驚心。

袁家花園因不歸學校管理（實際上無人管理），已經破敗了。那年夏季的雨水特別多，九月的一天中午，王碧岑剛離開教室去吃午餐，突然聽到一聲巨響，回頭一看，教室的整個屋頂都坍塌下來，講臺和課桌陷到了地板裡，幸虧當時教室裡沒有人，才沒有發生意外傷亡。過了兩三天，裙院裡的學生食堂又發生了類似的事件，在食堂裡吃飯的學生們嚇得如驚弓之鳥，一個個用詫異的神情望著眼前情景，不知道發生了什麼事。這之後無論學生還是老師，坐在教室裡都免不了要小心翼翼，害怕發生坍塌事件。一天晚上王碧岑查看自習，剛走進教室，學生們不知聽到了什麼響聲，一個個跳起來作鳥獸散，像是一顆炮彈爆炸了似的奪路而逃，有的學生慌不擇路，從窗子裡翻出去跑到了外面空曠的操場上。

抗日戰爭爆發，京廣鐵路線北段全部防線迅速崩潰，國軍部隊和京廣沿線政府機關紛紛撤退，如潮水般湧進了安陽。日軍飛機對安陽進行了狂轟濫炸，學校師生們躲在圍牆四角的碉樓裡避難。一個內行人說，不用擔心，碉樓樓頂和樓棚板都是用鋼軌鋪成的，經得住五百磅炸彈。日軍轟炸後的第二天，學校校長召集全體職員開會，在會上校長沉痛地宣佈：學校要撤退了。十年心血毀於一旦，此時此刻我的心情非常難過……說著校長低頭掉下了眼淚。

果然，學校撤退後，所有的財產立刻被人搶劫一空。房屋、花園、亭臺樓閣，統統都成了一片廢墟。

二〇〇九年，我第一次探訪洹上村時，距離王碧岑老人生活的那個年代又過去了六七十年的光陰。如前所述，洹上村已是一派荒蕪的景象，成了一家園林公司的花木苗圃園地。和我一起來的幾個電視臺的朋友扛著攝像機，到處去尋訪可供拍攝的景點和舊址。我沒有跟他們同去，留在了洹上村的廢墟上，一邊慢慢轉悠，一邊想著歷史的吊詭、溫情與殘酷。

突然，苗圃中的泥地裡有幾塊瓷片吸引了我。蹲下身子，我拾起了那幾塊破碎的瓷片，拿在手中仔細觀摩，一會兒又對著太陽瞅瞅，花草蟲魚、飛禽走獸的零碎圖案在太陽光中晃動，像游在水中的魚兒，整個天空似乎也眩暈起來。哦，我彷彿看見了一百多前的那段歷史。王公貴族的榮耀與悲哀，靜靜掩埋在黃沙荒草中，我隔它們那麼近，此刻甚至能聽見輕輕的歡笑聲和歎息聲。

電視臺的朋友們拍攝洹上村的景致花了一兩個小時，在這段時間裡，我在洹上村的花木苗圃地裡尋找瓷器碎片，竟有意想不到的收穫。那些破碎的瓷片散失在苗圃地裡，幾乎每塊苗圃地裡都有，小的只有豌豆那麼大，大的有白楊樹葉那麼大，甚至還有完整的鐫刻著花紋的碗底。不算長的時間，我竟揀了好幾十片，裝入一個小口袋裡，沒事時就一個人拿出來看看，瓷片上的光澤不再鮮豔，迷迷濛濛中，內中的含義我感到有時能讀懂，有時又不那麼懂。

地方史志記載：一九三八年，日本鬼子來了，在洹上村北邊修建了一個軍用機場；一九四八年，中國人民解放軍二野的山炮對準盤踞在洹上村一帶的國民黨軍隊進行猛烈的炮擊；一九四九年，安陽解放了，洹上村已是破敗不堪，有的房屋毀於炮火，沒有毀於炮火的後來也被當地人拆走了。

二〇〇九年，我在安陽洹上村、袁林等地採訪時，聽當地人講述過袁家人後來的故事。袁世凱病逝後，他的所有妻妾和子女都在天津、北京兩地。只有最小的兒子袁克有一個人孤零零的留在了安陽。

我一直想探尋其中原由。通過一些線索的梳理，慢慢明白了其中道理。

袁克有生於一九一七年，此時袁世凱已病逝，袁家原來繁華富麗的大廈傾倒了，袁克有作為遺腹子，從出生那天起就註定了要遭遇不幸。

導致袁克有流落安陽的還有一個原因，即因為他的母親是葉氏。

葉氏是袁世凱的六姨太，此人就是傳說中袁克文赴江南獵豔回到京城後，掏出的那張照片中的妓女。她在袁家本來就沒有什麼地位，生袁克有時，袁家已經分崩離析，更沒有人顧得了她了。

袁世凱第七子袁克齊回憶袁家分家時的情景：「兒子每人分現款一萬餘元，各種股票八千餘股，加上每人分房二十餘間，合計可得二十餘萬元。女兒們每人分現款七千餘元，其他財產無份。母親們各隨自己的子女度日，不給錢財。」這樣看來，袁世凱病死時袁克有還未出生，不可能分到錢財。袁世凱的妻妾們也是「各隨自己的子女度日，不給錢財」，那麼六姨太葉氏生活無著落的窘迫狀況就可想而知了。

葉氏生有二子三女，女兒不能指望，兒子是十四子袁克捷和十七子袁克有。袁克捷當時正在讀書，還是個學生，分到了一筆錢財。葉氏便跟著他過生活。可憐的是，肚子裡正懷著的遺腹子袁克有，就沒有那麼幸運了。出於無奈，袁克有生下來後，葉氏含淚讓管家徐東海帶他去了安陽洹上村，從此流落街頭，成了「不幸生在帝王家」的現實版圖解。

據地方文史記載：一九二八年，馮玉祥佔領洹上村，抄家袁府的財產，年僅十一歲的袁克有隨管家徐東海搬到了安陽市裴家巷七十二號院寓居。他們在自家門口掛上一塊「袁林管理處」的牌子，靠這個名義，零散募集一點錢，緊緊巴巴地過日子。有時候生活實在過不下去了，就變賣袁林裡的幾棵白楊樹，湊點錢。

一九三四年，十七歲的袁克有與東北姑娘于茹英結婚。袁克有有吸鴉片的習慣，在他的影響下，于茹英也開始吸鴉片。這樣一來，家境更是窘迫。

安陽解放時，袁克有被解放軍俘獲。按照去處自願的原則，他領了筆路費去了天津，去和袁家人聚合。而妻子于茹英卻被留在了安陽，帶著尚還年幼的兩個兒子和兩個女兒開始了極其艱難的生活。于茹英幫人洗過衣服，撿過破爛，有時候甚至還靠乞討度日。經常有人看見她在數九寒冬的季節裡砸開封凍的河冰，佝僂著身子洗衣的身影……

袁克有回天津後再也沒有回來。他後來得了胃癌，死於一九五三年，那一年他三十六歲。

袁家在洹上村的故事，只留下這麼一個淒涼的尾聲。

風水是一門玄學

先講一個廣為人知的掌故：

袁世凱想搞洪憲帝制，一直瞞著他的兩位心腹舊屬——段祺瑞和馮國璋。有一天，馮國璋又聽人在背後議論帝制之事，再也坐不住了，親自找上門來問袁世凱，要問個究竟。

袁世凱長歎一口氣，說道：華甫啊，你剛才說的都是謠言。我們老袁家就沒有活過六十歲的男丁，我今年五七歲了，就算做皇帝，又能做幾年？再說了，做皇帝無非是把江山傳給兒孫，你看看我的兒子哪一個是成器的？老大是個瘸子，老二是個浪子，其他兒子不是無才就是年幼，哪一個能承繼皇業？況且帝王家兒孫沒有一個好下場，我當皇帝是害他們。

袁世凱擅長演戲，假話真說，他常常表演得惟妙惟肖。可是這一次他說的是真話，至少這話中有一句不虛，「我們老袁家就沒有活過六十歲的男丁」，這句話像是一個家族魔咒，籠罩在袁氏家族的頭上，也籠罩在袁世凱的頭上。

從曾祖父袁耀東算起，只活了四十歲，叔祖父袁甲三五十七歲，親生父親袁保中五十七歲，叔父袁保恒五十一歲，袁保齡四十八歲，繼父袁保慶四十九歲。袁家所有的男丁都沒有活過六十歲，袁世凱說這話時歲數已逼近花甲之年，他始終感到有一個陰影潛伏在附近不遠之處，瞪著大眼，張著大口，隨時可能猛撲過來。

袁靜雪在《我的父親袁世凱》中說：「我父親是有迷信思想的。他既相信批八字，也相信風水之說。有人給我父親批過八字，說他的命『貴不可言』。還聽到說，我們項城老家的墳地，一邊是龍，一邊是鳳。龍鳳相配，主我家出一代帝王。這些說法，無疑地會使我父親的思想受到影響。他之所以洪憲稱帝，未始不是想借此來『應天際運』吧。」

當年在項城修建袁寨時，袁家就對風水非常重視。他們恭恭敬敬請來了遠近聞名的風水先生寬五爺，踏勘地形地勢。寬五爺手托羅盤，認真看了看袁氏祖先的墳塋，不由大驚，神情也變得謙恭起來：「兩龍走勢，一鳳後翔，鐘昆前峙，形似太極之圈，狀如蓮花開放，塋城收山川大地靈氣，貴不可言！」未等袁重三細問，又附在他耳邊說道，「天機不可洩露，袁家需要選擇一個極吉的陽宅，以應此陰宅，便可大貴。」

三天後，寬五爺選中了張營東面二十里處的石腰寨，提議此地為修築袁寨之所，並吟詩一首：「洪河擓河相傍形，背山面水稱人心。山如虎踞昂神威，水有來龍雙抱回。地廣路寬大富貴，遠在京城壘重金。戎機相長正光明，門庭巨旺第一人。」據說這首詩中蘊藏了多重玄機，洪河意喻「洪憲」之制，「大富貴」是說袁家有陰陽兩宅之福佑便會如日中天，「壘重金」暗示金鑾殿和金龍椅，「第一人」更不用解釋，預示著後來袁世凱當大總統稱皇帝，等等。總之，袁寨是塊極好的風水寶地，龍虎鳳齊全，陰陽五行相生相輔，和袁家墳塋形成一陰一陽，庇佑袁家走上了一條「大富貴」之路。

僅僅用了半年多的時間，袁寨便修築完工。這是一個具有典型的戰亂時期特點的城堡式建築風格的寨子，週邊挖了一條長長的護城河，堅固厚實的城牆繞寨而築，拐角處壘起六座高高的炮樓，供家丁鄉黨放哨望風之用。城牆以內，幽深的院落款曲相連，重重疊疊的瓦簷錯落有致，形成了一片別具風格的建築群。袁家男女老少四五十口和幾十個傭人家丁，以及幾十戶佃客倚寨而居，統共相加有近二百人。

袁世凱罷官貶職後，起初是住在河南衛輝府。他正值逃命之時，對風水之說尤為看重。他花重金請來了一個風水大師，此人名叫許長義，無人知其年歲，風傳他曾雲遊四方，東到蓬萊，南至虎門，北到漠河，西抵玉門關，天下名山大川，無處不到。許長義先是客套一番，接下來說了一段讓袁世凱至死未忘的話：「彰德若有宅，前臨洹水，左擁太行，背靠北而口吞南。在此地潛伏，不用三年，可成大器。」

袁世凱修築洹上村，蟄居三年，東山再起，果然成民國大總統。

據說，袁世凱當大總統後，對這個外號叫許瞎子的風水大師念念不忘，讓人找到他，請到北京城，好吃好喝了幾天，又送了銀元一千。此後許長義的名頭更響了，請他算命看相的人絡繹不絕。

還有個傳說也流傳很廣。

民國名士劉成禺有首打油詩：「休言麟定說王孫，魯語能汙闕尊。蠟燭滿前君莫笑，沛公入廁在鴻門。」這首詩背後，據說有這麼一則故事。

洪憲帝制期間，袁世凱搬到了紫禁城，曾在新華門左側修了間廁所。修廁所是風水大師賈先生的主張。賈先生一連在紫禁城轉悠了三天後，得出了他的結論：皇宮禁地，樣樣都好，唯有新華門氣散而不聚。正位之後，恐怕會有波折。

袁世凱問他有什麼辦法解救？

賈先生說，辦法是有，在新華門左側修一間廁所，聚收穢氣。

於是袁世凱依計而行。

這個故事在民國年間流傳比較廣，卻並沒有什麼依據。劉成禺名士派頭，他的掌故集《世載堂雜憶》、《洪憲紀事詩》雖然讀起來精彩，但卻有很多事實經不起推敲，拿這種野狐禪式的一麟半爪來戲說歷史，留下的只是謬誤。

袁世凱一生中結交過多少風水先生？並不完全清楚。恐怕稍加統計，會是一個驚人的數字。僅在一九一三－一九一四年間，他就曾找過風水先生賈興連、張振龍、郭三威、張曉初等算命，求證自己有無「龍興之運」。

北京城早年曾流傳過「西山十戾」的民間神話，有十個修煉成精的妖怪，投胎人世，做了清朝開國以來的當權人物，這十個妖怪是：熊、獾、鴞鳥、狼、驢、豬、蟒蛇、猴子、玉面狐、癩蛤蟆。它們的人身是：多爾衮、洪承疇、吳三桂、和珅、海蘭察、年羹堯、曾國藩、張之洞、慈禧太后、袁世凱。這個神話在民間流傳很廣，根據這個神話，又產生了另外一個傳說：

袁世凱有午睡的習慣，每天都要睡一兩個小時，醒來時要喝一口茶。他有一隻雕刻精緻的玉杯，由一個書僮按時獻茶進去。一天，書僮進房獻茶時，看見一個極大的癩蛤蟆躺在床上，他吃了一驚，手一鬆，玉杯掉在地上摔碎了。書僮嚇得半死，驚慌地去找一個老家人請教，老家人教給他一套話來應付。當書僮再進房獻茶時，袁世凱問他玉杯呢。書僮老老實實回答：摔碎了。袁世凱大怒，書僮講了獻茶時屋子裡發生的一切，不過他把床上躺的那只癩蛤蟆改成了五爪大金龍，袁世凱聽後怒氣消散，從抽屜裡抽出一張百元鈔賞給書僮，叫他在外邊不要亂說。

這個傳說在北洋系中頗為流行，馮國璋講述這個故事後還得出一個結論：袁世凱當初並沒有當皇帝的想法，只因書僮證明他是轉世真龍，他才相信有做皇帝的福分。馮國璋跟隨袁世凱多年，對袁非常熟悉。他說這個話，也顯示出袁世凱身上確實有著比較濃厚的迷信色彩。

第五章 袁門家風以及兒女們的婚事

袁家班底小盤點

袁世凱班底的基礎是北洋系，核心層是被稱做「北洋三傑」的王士珍、段祺瑞、馮國璋。除此之外，週邊有小站練兵時的舊人王懷慶、段芝貴、曹錕、陳光遠、張懷芝、盧永祥、雷震春、田中玉、孟思遠、孟恩遠、陸建章等，以及受袁節制的舊軍將領姜桂題、張勳、倪嗣沖等。

這批人進入袁的核心層，在中國政治舞臺上十分活躍，形成了「武夫」掌國的北洋軍閥統治時期。到了後期，袁世凱感到北洋系暮氣日重，許多舊屬不聽他指揮了，遂有啟用新生力量的想法，蔡鍔即為其中一例。然而因為袁世凱此時熱衷於洪憲帝制，觸犯眾怒，他看中的新生力量反倒成了他的掘墓人。

袁家班底還有一個智囊核心層是他的幕僚。

袁世凱初到朝鮮，他的幕僚參謀只有三個人：茅少笙、紀堪沛、陳長慶。他們看不起年輕的袁世凱，袁也認為他們是只會八股文的迂腐老朽，後來的結局也不甚明瞭。後來。袁世凱在朝鮮監國當「小欽差」時，提拔重用了一批秘書智囊，如唐紹儀、阮忠樞、劉永慶、吳長純、吳鳳嶺、雷震春、王同玉、趙國賢、王鳳崗、徐邦傑、唐天喜、吳仲賢、蔡紹基、梁如誥、林沛泉等。

天津小站練兵時期，袁世凱的政治班底和幕僚班子都已基本建成，曾經有一段時期，袁世凱除擔任北洋大臣和直隸總督外，還身兼八職（參與政務大臣、督辦關內外鐵路大臣、督辦津鎮鐵路大臣、督辦商務大臣、督辦電政大臣、會辦練兵大臣等），位重一時，權勢薰天，甚至超過了曾國藩、李鴻章當年的威風。袁世凱在各個機構安插親信幕僚，如朱仲琪、馬廷亮、陸嘉谷、黃璟、張鎮芳、楊士驤、楊士琦、孫寶琦、于式枚、趙秉鈞、梁士詒、周學熙、蔡適干、朱家寶、毛闢蕃、梁敦彥、金邦平、富士英、黎淵、稽鏡、施肇祥、汪榮寶、張瑛緒、高淑琦、蔡滙滄、婁椒生、張一麐、傅增湘、嚴修、吳闓生、蔭昌、凌福彭、沈桐、閔爾昌、何昭然、陶葆廉、胡惟德、陳昭常、齊耀琳、張錫鑾、孫多森、沈兆祉、劉燕翼、楊度、馮學書、曾廣鈞、唐在禮、袁乃寬、丁家立、曹汝霖、章宗祥，以及日本人阪西利八郎、楠源正三等。

有人曾問袁世凱：大總統的輔弼人物，誰最值得信賴？誰最有才能？袁世凱給出的回答是：最親信者有九才人、十策士、十五大將。分別是雄才徐世昌，逸才楊士琦，良才嚴修，奇才趙秉均，槃才張謇，雋才孫寶琦，清才阮忠樞，長才周學熙，敏才梁士詒；善辭李度，善謀王揖唐，善斷張一麐，善計曹汝霖，善策陸宗輿，善治陸宗祥，善政顧鼇，善道施愚；福將王士珍，主將馮國璋，重將段祺瑞，儒將張錫鑾，老將張懷芝，猛將張勳，守將田文烈，勇將曹錕，大將倪嗣沖，戰將段芝貴，健將雷震春，勝將陸建章，強將江朝宗，驍將田中玉。

在袁世凱的幕僚中還有一類特殊人物，高鼻子，藍眼睛，他們是外國顧問和教習。袁世凱在小站練兵時，就聘請了十幾名外國教官，如稽查員伯羅恩、參選營務巴森斯、馬隊第一營總教官曼德等。升任直隸總督後，又大量聘請了日本籍教官，據袁世凱的政治顧問，澳大利亞人莫理循書信中透露，袁幕下計有日本教官六十餘人。在這些日本顧問和教官中，阪西利八郎與老袁的關係最深，他在袁世凱身邊十幾年，北洋軍閥的新編制、陸海軍大元帥統率處的籌備等，都是這個日本人一手策劃的。

外國顧問中有兩個人尤其值得一提：一個是莫理循，一個是古德諾。

莫理循（一八六二－一九二〇），全名喬治・厄內斯特・莫理循，此人一生極具傳奇色彩。民國元年（一九一二），莫理循應聘擔任了袁世凱的政治顧問。袁世凱當時的想法是希望利用莫理循的名聲，來獲得英國政府的支持。但是莫理循在英國政府眼裡僅只是個記者而已，袁世凱也因此對他有所冷落。儘管莫理循盡忠盡職，想當好這個政治顧問，但他所提的政治主張和建議袁世凱並不很當一回事。不過袁與莫理循之間的私誼始終不錯，隔三差五，袁派子女和姨太太給莫理循家裡送花；當莫理循的長子出生時，袁送禮物表示祝賀；民國二年（一九一三），莫理循的母親和姐姐來中國，袁世凱親自宴請，並饋贈名貴衣料和首飾。民國時期的著名記者黃遠生曾經感歎道：「袁氏外國顧問無數，莫理循君，尤邀殊寵。」

古德諾（一八五九－一九三九），美國哥倫比亞大學的法學院院長，美國政治學會的創始人。古德諾來華，是通過卡內基萬國和平基金會介紹的，接待者是袁克定，聽說古先生是研究憲政的專家，袁克定收起大架子，畢恭畢敬地當起了學生。這樣的恭謙姿態，給古先生留下了美好的印象。

古德諾作為袁世凱的高級政治顧問，與中國政府簽訂的是三年合約，但是他實際在華服務時間只有一年半。後一年半，古德諾返美出任約翰・霍普金斯大學校長，遙領在華政治顧問一職，等於是個掛名虛銜。這個「滿腹詩書，胸無城府」的老夫子，拿了二萬五千元的年薪，寫了一部學術著作：《共和與君主論》。古氏這份備忘錄是專為袁世凱撰寫的密件，僅供個人參考，文章中強調君主制優於共和制。然而密件到了袁克定手上，被捧做了推行洪憲帝制的「聖經」，在報紙上大肆宣揚炒作。古德諾是世界頂尖的權威人士，他這顆砝碼很重，一放上天平，袁世凱更是死心塌地要搞帝制了。

據看過古德諾這份密件原件的唐德剛先生說：「其實從法理、學理和史實的角度來看，古老頭的這篇謬論，還不算太謬。他的謬，是謬在他老學究的政治天真。他不該在那個緊要關口，寫那篇助紂為虐的文章，學術雖是中立的，但在那個沒有中立存在的是非時刻、是非之地，客觀是非的標準就不存在了。」

古德諾這份密件從純學理的角度對東方政治制度大膽發言，而他對中國近代政治史卻毫不瞭解。這有點雷同老祖宗馬克思那句名言的意思，他播下的不是龍種，收穫的也是跳蚤。

袁家班底還有個「嵩山四友」：徐世昌、張謇、李經羲、趙爾巽。對這個「嵩山四友」老袁給予了極高的政治待遇：免其稱臣跪拜；賞乘朝輿，到內宮換乘肩輿；皇帝臨朝時，四友可以坐板凳；每人每年給二萬元顧問費。此外還有個名聲不好的「六君子」：楊度、孫毓筠、胡瑛、嚴復、劉師培、李燮和。他們的組織名稱叫「籌安會」，名義上是一個帶有研究性質的學術團體，由「曠世逸才」楊度牽頭，參加者均為當時社會名流。經過他們的研究論證，共和體制確實不符合中國國情，還是實行帝制對國家發展有利。

——以上為袁家班底的基本框架。

人們評價袁世凱經常愛用兩句話：治世之能臣，亂世之奸雄。對於後一句話，幾乎所有的人都爛熟於心；對於前一句話，則往往語焉不詳，說不清這個「能臣」究竟「能」在何處。提到袁世凱，到處都在這麼議論：老袁肯花錢，是個玩權術的高手。

其實肯花錢也不一定能買得通人心。袁世凱視金錢如糞土，臨死前的家產與「總統」這個職位不相稱，他籠絡人才，除了用金錢外，確實有一套辦法。

有一個故事是這樣的：袁的幕客阮忠樞看上了一個叫小玉的妓女，喜歡得夜不能寐，想為小玉贖身。袁世凱一聽勃然大怒，板著臉說，你是朝廷命官，怎麼能做這等荒唐事？阮忠樞慚愧地低下頭，把滿腔愛意藏進心底。半個月後，袁世凱帶阮忠樞赴天津公幹，辦完公事，晚上和阮忠樞來到一個寬敞的院宅，只見屋裡已佈置停當，大紅燈籠高高掛，紅燭喜字紅窗花，司儀衝著阮忠樞高呼：「新姑爺駕到——」被人糊裡糊塗推進洞房的阮忠樞這才知道，老袁暗中給小玉贖了身，又買了這幢院宅，成全了一對良人。有這種相知的上司，阮忠樞自然會「湧泉相報」。

再比如「送命二陳湯」中的那個陳宧，原來並不是北洋系的人，民國時期到天津解散民軍，工作做得頗有創造性，一下子被袁世凱看中，感歎道：「吾北洋竟無此一人」，事後不久，就將陳宧挖到他身邊成了心腹骨幹。

從表面上看，袁世凱帝制失敗，歸結於蔡鍔領導的雲南起義。實際上袁氏王朝的崩潰，原因之一還是舊班底紛紛鬧起了造反，袁世凱的指揮棒忽然不靈了。正如唐德剛先生在《袁氏當國》中所分析的：「袁氏對民國如無二心，他的統治篤篤定定，不會有太多問題；如他背叛民國，來恢復帝制，那他這洪憲王朝，便是個泡沫王朝，一戳即破。」

滿漢通婚開禁後袁家的幾樁婚姻

依照早先的清廷法律，滿漢後裔是不能通婚的。滿清皇族後裔昭槤在《嘯亭雜錄》中寫道：「滿洲舊俗，凡所婚娶，必視其民族之高下，初不計其一時之貧富。」如滿人娶漢女，不能上檔（戶口），不能領紅賞和錢糧；如果滿族女子嫁漢人，則取消該女子原來所有的特權，還要受到非議和譴責。

東北地大物博，容易謀生，晚清以後，從山東、河北、河南「闖關東」的人越來越多，朝廷只好開禁，允許關內移居東北的漢人與滿人通婚。但是仍留下了尾巴：對滿族提供優惠政策，鼓勵八旗子弟從關內北京等地回東北占地墾殖。

滿漢通婚開禁之後，袁世凱得風氣之先，迅速與滿清權貴訂了幾樁姻親：五子袁克權娶兩江總督端方的獨生女兒；十三子袁克相娶軍機大臣那桐的孫女兒；七女袁複禎嫁給了陸軍部尚書蔭昌的蔭鐵閣。此外，原先訂下的婚姻還有次女袁仲禎嫁端方侄子，袁世凱死後，袁仲禎堅決解除了這樁婚約，嫁給了晚清大臣薛福成的孫子薛觀瀾。

先說端方（一八六一－一九一一），此人字午橋，號陶齋，滿洲正白旗人。晚清官場流傳一首民謠：「京城旗下三才子，大榮小那端老四。」大榮是榮慶，小那是那桐，端老四是端方。這三位才子不僅有學問，擅詩文歌賦，好金石書畫，而且思想和行為既新潮又時尚，與滿清那些頑固派絕然不同。

端方一生曆仕南北，總督一方，在晚清政壇顯赫一時，許多大事件中都擔當了重要角色。其幕僚勞乃宣這樣評價他：「晝則接賓客，夕則治文書。其治事也，幕僚數人執案牘以次進，旋閱旋判，有疑義隨考核加諮取焉。謀慮即得，當機立斷，未嘗見其有所濡滯，亦未聞其事之有遺誤也。」精明能幹的形象躍然紙上，連翁同和也稱讚他「讀書多」，「勤學可嘉」。

這個人喜歡談論時局，遇人動輒滔滔不絕，觀點符合文明潮流，代表了當時的先進文化，這一點很對袁世凱的脾性。說起來，袁世凱和端方早已有過政治上的合作，而且合作得很愉快。丁未政潮酣戰正急，時在上海擔任兩江總督的端方通過技術造假，偽造了一張岑春煊與梁啟超在一家報館門前合影的照片，看到這張照片，慈禧太后勃然大怒，岑三一直是她眼皮底下的紅人，竟然和維新黨搞到了一起，結果自然是撤職。威風凜凜的岑春煊，就這麼輕鬆地被扳倒了。這件事弄得端方聲譽鵲起，鄭孝胥評價天下人物有幾句名言：「岑春煊不學無術，袁世凱不學有術，張之洞有學無術，端方有學有術。」

宣統元年（一九〇九），端方調任直隸總督，一般人都認為他將要為清廷挑大樑了，哪知關鍵時刻栽了個跟頭，而且這一跤跌得不輕。

事情的起因小得不能再小，僅僅因為在給慈禧太后舉行葬禮時，他安排手下砍了幾棵樹，照了幾張照片，就遭貶職丟官，由此也可看出宦途之險惡。這個事件是由李鴻章的孫子李國傑最先發難的，背後的黑手卻是楊崇伊。其時李國傑為農工商部左丞，給朝廷上了一道奏摺，參劾端方在陵園砍樹壞了風水，照相更是攝走了皇室的魂靈，隆裕太后拿不定主意，把案子交部嚴議，幾經折騰，結果倒楣的端方還是被剝奪了官職。

宣統三年（一九一一），端方東山再起，被朝廷授命為粵漢、川漢鐵路大臣。出京南下赴任途中，經過河南彰德，他專門下火車去拜訪袁世凱。此時袁世凱雖說仍在洹上村當「隱士」，但是朝野上下希望他複出的呼聲越來越高，袁世凱出山只是個時間問題。這次會晤，賓主雙方是在非常愉悅的情形下進行的，袁世凱還專門安排了一場電影——這在那個年代十分少見。除了談論時局和對策外，兩家還訂了這兩門姻親。

陶雍是端方的獨生女兒，袁克權談吐儒雅，是袁世凱的愛子，這樁婚姻對於雙方來說都是慎重的考慮，也足見袁世凱與端方關係之不一般。

端方後來的結局很慘。在官場恢復職位後，清廷派他赴四川督辦川漢鐵路，後來又接替趙樂爾豐任四川總督。還沒有來得及到任，就在路途中被革命黨殺掉了。

據袁世凱家人回憶，端方兄弟被殺身亡後，他們在京城的家眷嚇得六神無主，最先想到的主心骨還是袁世凱。他們脫下滿服，改扮成漢人裝束，乘火車來到彰德洹上村避難。因為來得太匆忙，沒有合適的大宅屋供他們住，就暫時擠在各房裡，度過了最為艱難的一段歲月。提到端方，平素不愛動感情的袁世凱也滿臉憂傷，認為端老四是他最能推心置腹的一個兒女親家。

那桐（一八五六－一九二五），清末滿洲鑲黃旗人，葉赫那拉氏，字琴軒。舉人出身，在清末光緒、宣統年間先後充任戶部尚書、外務部尚書、總理衙門大臣、軍機大臣、內閣協理大臣等重要職務，對晚清政局影響不小。他有功於袁世凱，主要是辛亥革命爆發後，與徐世昌等一起保薦袁出山。攝政王載灃對徐世昌的話可以不聽，對那桐的意見不能不參考，何況那桐的話說到絕處：願以身家性命擔保！載灃看到那桐如此死保袁世凱，不由得怒火上升，板著臉狠狠說了那桐幾句。

誰知道那桐也並不是那麼好惹的，將頭上的官帽子摘下來丟到桌上，告老辭官不幹了。慶親王也乘勢配合，天天不臨朝上班，鬧起了罷工。前線軍情十萬火急，加急電報一封接一封雪花似的飛來，手下的幾個大臣卻和他鬧彆扭，載灃急得傻了眼，只好趕緊讓步，請那桐「乘坐二人肩輿」，授袁世凱欽差大臣節制各軍。

袁世凱知恩圖報，不久就訂下了那門婚事：袁克相娶了那桐大孫女張壽芳。袁克相早年畢業於燕京大學，中英文都好，書法上也有一手，以善寫篆書而在天津聞名，遺憾的是婚後夫妻二人感情不和，於一九五八年離婚，膝下無子。建國後，袁克相在天津第四一中學教英語，文化大革命開始後，紅衛兵首先揪出了他，連續不斷地批鬥、遊街、毒打，使這個孤獨的鰥夫含恨離開了人世。

蔭昌（一八五九－一九二八），滿洲正白旗人，字午樓，又字五樓，同文館畢業，早年留學德國學習陸軍，出任過駐柏林使館三等翻譯。在滿清後代中，此人出國留過洋，腦袋瓜子裡裝了不少新思想，正是這一點為袁世凱所看重。天津小站辦新建陸軍，向袁推薦北洋三傑的就是這個武備學堂總辦蔭昌。袁世凱在山東辦新政，與德國人談判遇到了麻煩，還是這個蔭昌從德國趕回來幫忙，成全了袁老四想辦的好事。此後蔭昌調至山東佐贊軍務，直接歸入袁世凱麾下任副都統，在與八國聯軍議和中，這個懂洋務的人起了重要作用。

宣統三年（一九一一），清廷下詔廢除軍機處，頒佈新內閣官制，設立責任內閣，以慶親王奕劻為內閣總理大臣，大學士那桐、徐世昌為協理大臣，各部共設十三個大臣，滿人九人（其中皇族五人），漢人僅四人，時稱「皇族內閣」。就在這時，蔭昌出任陸軍大臣，實際上掌管了清廷的軍事大權。

武昌槍響之初，蔭昌受命節制湖北各軍，前往彈壓。此前有胡思敬彈劾其人有書呆子氣，不宜擔當最高指揮官，果不其然，火車行到河南彰德，蔭昌下車前去拜訪袁世凱，討教如何對付革命軍。其實蔭昌聰明得很，他心裡十分清楚，名義上歸他管轄的馮國璋、段祺瑞等人的軍隊，實際上總舵主仍然是袁世凱，指揮常常失靈，凡事還得仰仗總舵主掌舵。

清帝退位後，蔭昌跑到青島躲了一段時間，避過風頭，還是投到了袁世凱門下，擔任總統府侍衛武官長，為袁家看家護院。袁世凱死後，蔭昌仍在北洋擔任高官，凡是北洋政府與「小朝廷」之間儀式性的場合，都少不了蔭昌這個特使進宮周旋。蔭昌做人乖巧是很有名的，一九二七年末代皇帝溥儀結婚，蔭昌先向溥儀行鞠躬禮，然後又跪在地上磕頭，巧妙地解釋說：「先前行的鞠躬禮代表民國，現在奴才是給皇上下跪。」做官靈活到了這個份上，也真是難為了他。

由此說來，袁世凱結下蔭昌這個兒女親家還真是有遠見，既有滿清名望又還實用，政治聯姻的妙處可窺一斑。

政治聯姻：官網中的穿針引線

在晚清政壇，雖說立憲派和革命黨都在爭奪天下，但是舊官僚仍是一股不可忽視的政治力量。他們掌控著地方大權，聽從清廷當局者的指揮，是棋局上的重要棋子。對於這股政治勢力，袁世凱當然不會放棄，從袁家三十二個兒女中挑出了幾個，向這些舊官僚家庭拋出了紅絲線。

周馥（一八三七－一九二一），字玉山，安徽建德（今東至）人。他的一生簡直是個奇跡，論功名，不過是一名監生，卻能平步青雲，官做到總督一級。

周馥年輕時混跡於社會底層，幫人代寫書信，也幹過刀筆吏。按清律，凡有功名的士子一律不許參與訟事，周馥是監生，替人寫過訴狀，打官司的兩家都有來頭，輸了的那家將他告到衙門，縣官要抓他進大牢。驚嚇之下，周馥來了個遠走高飛，投到曾國藩軍中做起了繕寫員。據說，曾國藩軍情奏摺中有句「屢戰屢敗」被改作「屢敗屢戰」的點睛之筆，就是周馥所為。

袁世凱認識周馥的時間很早。周馥去世後，其三女婿袁克軫（袁世凱第八子）曾在挽聯中寫道：「識英雄於未遇，說來真古道所稀，數吾父知音，唯公最早」，就是指袁與周早期相識一事。

那時候袁世凱的嗣父袁保慶還在世，經常來往於李鴻章府中，偶爾也帶少年袁世凱去長長見識。後來袁保慶與周馥在兩江總督馬新貽幕中共過事，關係走得很近。袁世凱對周馥能寫一手漂亮的毛筆字佩服得五體投地，這兩個年齡相差近二十歲的人怎麼也不會想到，日後他們會成為最相契的兒女親家。

這對忘年交在山東開始了他們的政治蜜月。開埠（開通商口岸）、修鐵路、辦學堂、建自來水公司等一系列舉措，昭示著中國工業近代化在這對盟友手下艱難起步。也就是在這段時期，為了讓彼此關係更牢固，他們結成了一門兒女親家：袁家八子袁克軫娶周家十一小姐周瑞珠做妻子。

周家祖上並沒有什麼顯赫人物，但是從周馥這一輩平地忽起，其家族文化史構成了近代史上的一道絢麗風光。上世紀初，周家以天津、上海為基地，已形成了龐大的實業家族；到了世紀末，又以北京為中心，形成了一個文理並重、中西交匯式的學術大家族，從官宦到實業再到書生，周家能人才子層出不窮，燦若群星，足足風光了一百多年。周家第二代中，長子周學海「不為良相，甘為良醫」，是中國醫學界的泰斗人物；四子周學熙，被譽為「北方工業鉅子」，是中國民族工業奠基人之一；第三代，有周今覺、周叔弢、周志俊這樣的儒商；第四代，湧現了一大批專家學者，如週一良、周煦良、周紹良等；第五代「啟」字輩，有周啟成、周啟干、周啟鳴等；此外族中還有不少全國知名的收藏「大王」，如郵票大王周今覺、戲單大王周志輔、古墨大王周紹良以及著名藏書家周叔弢等。

其中最為耀眼的莫過於「紅頂商人」周學熙。周學熙（一八六六—一九四七），字緝之，又字止庵，光緒舉人，光緒二十七年（一九〇一），周學熙以候補分發山東，被袁世凱委派創辦山東高等學堂。顯然，兒子沾了老爸的光，這次重用多半是看在周馥的分上。但是，此人很快顯現出了卓爾不凡的才能，創辦大學是新生事物，無前例可資參考，周學熙按照洋務派「中學為體，西學為用」的教育方針，訂立辦學章程，大力整肅校風，大膽聘請外籍管理人員和教員，開設了學習西方先進科學技術的新課目，這些做法開風氣之先，很受袁世凱的賞識。

第二年，袁世凱調任直隸總督，周馥接任山東巡撫，周學熙循例迴避，轉直隸候補，直接進入了袁世凱的圈子。時值庚子事變後，天津市面貨幣極度缺乏，民生凋敝，袁世凱委任周學熙為銀元局總辦，創辦制幣廠，鼓鑄銅錢以代替製錢，在資金、廠房、機器和工匠等一無所有的情況下，「凡七十日而成功開鑄」，鑄出當十銅元一五〇萬枚，袁世凱「訝其神速，推為當代奇才」。此後周學熙被袁派赴日本考察，回國後建議成立直隸工藝總局，走日本明治維新之路，袁世凱很快批准，並任命周為總辦。在袁世凱與周學熙的聯手推動下，直隸近代工業發展進入一個新階段。在啟新洋灰公司、灤州礦務公司、京師自來水公司等近代知名企業的創辦初期，均曾由官銀號撥借資本，這自然與袁世凱是分不開的。以啟新洋灰公司為例，其股東以創辦人周學熙為中心，囊括了北洋袍澤、安徽同鄉和長蘆鹽商三方面的人士，其中北洋這條線上的人物有張鎮芳、言敦源、王士珍、顏惠慶、龔心湛、王錫彤等，皆是袁世凱的心腹親信。家族、姻親、同鄉、同僚等關係的紐帶，將他們捆綁在了同一輛戰車上。

袁克軫和周瑞珠結婚後生有一子三女。分別是長子袁家政、女兒袁家蘊、袁家芸和袁家淦。

袁家政建國前夕隨家人到了香港，一九五六年，滿懷愛國熱情的他不顧家人勸阻，毅然放棄去美國讀大學的機會，報考了北京大學生物系。進校第二年碰到「反右」，袁家政往槍口上撞，給黨支書提意見，自然成了右派。一九五九年被下放到淮北大農場勞動改造，一九七〇年，上級破天荒從農場挑選了三名北大生到西昌工作，其中不知怎麼有他的名字，就這樣陰差陽錯進了西昌一中擔任教師，文革時他三十歲左右，矮小，粗壯，臉膛略黑而發紅，穿一件洗得發白的藍嘰嘰中山裝、一雙修補過的塑膠涼鞋，喜歡用英文唱《國際歌》，喉嚨裡發出深沉的男中音。

據袁家政的學生陳琪回憶，袁家政沒教幾天書，又被下放到一中農場勞動改造，他的任務是放牛、餵雞、種菜和管理果樹，還有個他自己主動要求的任務是給大家讀報。一九七三年十月的一天，農場組織讀報活動，袁家政戴著深度近視眼鏡，往一張《人民日報》上湊近去，突然像中了邪似的兩眼發直，滿臉通紅，聲音也顫抖起來。

那天的《人民日報》上有一則並不起眼的新華社消息：應國務院總理周恩來邀請，世界著名美籍物理學家、美國高能物理研究院院士吳健雄、袁家騮博士回祖國訪問，於昨天下午抵達首都機場，前往機場迎接的有國務院總理周恩來，副總理李先念，人大副委員長郭沫若，中央軍委副主席葉劍英等黨政軍領導，毛澤東主席於當晚在中南海接見了吳健雄、袁家騮夫婦……讀到這裡，袁家政哽咽著再也讀不下去了，捂著臉嚎啕大哭起來，陳琪和另外兩個同學跳過水溝趕緊將他扶住，他一把抓住陳琪的臂膀大喊：「我哥哥嫂嫂從美國回來看我了，我終於等到這一天了！」說完便順著山坡發狂般地跑了起來。

在北京訪問期間，吳健雄、袁家騮夫婦單獨提出了一個特殊的請求：請周恩來總理委託人尋找失散多年的右派弟弟袁家政是否還在人世。如果在，請幫助轉交五千美金。經過組織調查尋找，得知袁家政在西昌一中農場工作，每月領取工資，工作生活一切正常。當時任外交部長的喬冠華和夫人章含之即把這個情況告訴了吳健雄、袁家騮博士，並謝絕了交給袁家政五千美金的要求，吳、袁兩位博士只好帶著遺憾和惆悵離開了中國。

一九七五年袁家政結束了農場生活，重新回到西昌一中教書。此前袁家政一直是單身，這一天學校忽然來了個身材高挑的北方女郎，瓜子臉白裡透紅，一口天津衛的衛嘴子聲音悅耳動聽。據袁家政說，這個女子能嫁給他是緣於「報恩」，當年袁世凱在天津騎著高頭大馬巡視，路遇一沿街討飯的叫化子，袁見小孩眉清目秀，收在身邊做了勤務兵。那個北方女郎自稱是叫化子的孫女兒。故事有些像現代傳奇，也不知其中有幾分真實。

兩位著名的博士哥嫂到中國訪問，無形中幫助袁家政提高了政治地位，不久，戴了多年的右派帽子終於摘掉了，袁家政更是揚眉吐氣，他的脾氣也大了許多。上課時，如果學生走神，注意力不集中，他會忽然從手中射出一個粉筆頭，精準地射在那位同學的額頭上，全班同學還不能笑，一笑又會有更嚴厲的懲罰。對上英語課講小話的同學，他會點名罰站，還會開口怒罵：「豬，不好好念書，回家抱孩子去！」這個形象似乎有其祖父袁世凱的影子，真是造化弄人。不過他內心裡對學生還是很好的，只要有學生提出不懂的問題，他總是不厭其煩地仔細講解，臉上始終浮著溫暖的微笑。

二〇世紀八〇年代初，袁家政赴香港補習了一段時間的英文，然後到美國讀書，帶著那個祖籍天津的妻子定居在美國洛杉磯。

張人駿（一八六四－一九二七），字千里，取「人中駿馬，馳騁千里」之意，直隸豐潤人，清同治進士。這個人是清末「清流派」健將張佩綸的侄子，張佩綸與袁世凱是早年的契友。張佩綸極富文才，恃才傲物，以敢說真話聞名於晚清政壇。他一生不知向清廷上了多少個奏摺，被其彈劾的官員不計其數，奇怪的是，這麼一位「大炮筒子」，卻被素來穩健務實的李鴻章相中，將特有才氣的女兒李經耦嫁給了他，張佩綸成了李府姑爺。令他想不到的是，他的後代（孫女）中又出了個才女，而且名氣比他還要大，此女即是張愛玲。

儘管有張佩綸這麼一層關係，張人駿的仕途卻並不順暢。中了進士後，張人駿曾任翰林院編修、庶起士，以兵科、戶科、吏科給事中，掌湖廣、山東、四川各道監察御史，這個職位的任務是專門給官員提意見，實際上是既無權利又得罪人的言官。不過張人駿為人謹慎，處世平和，苦熬了幾年，眼看快有升遷的機會了，又遇到中法馬尾海戰失敗，堂叔張佩綸被人參劾臨陣逃跑，遭到貶官罷職的處分，張人駿升官的指望一直在這位堂叔身上，此時如同肥皂泡似的破滅了。

光緒中葉以後，張人駿才逐漸官運亨通。袁世凱任山東巡撫時，張是山東藩司，直接在袁世凱手下工作。對昔日契友的這位侄子，袁世凱也還關照，之後張人駿先後擔任過山東、廣東、山西巡撫，漕運總督、兩廣總督和兩江總督，成為晚清重臣。

雖說張人駿與袁世凱是兒女親家，但是他對袁世凱在辛亥年以後的政治動作很不滿意。張人駿是有舊思想的保皇派，對清廷的感情一向深厚。尤其是袁世凱稱帝，在這個清朝遺老看來簡直是大逆不道，是叛臣逆子，兩家逐漸斷絕了往來。在一些公開場合，張人駿說話從來不給袁世凱留面子，他憤憤然說道：「袁世凱欺人寡母孤兒，奪取天下，和白臉奸臣曹操有得一比。」張人駿還經常為兒子張允亮娶袁家長女袁伯禎這門婚事大為懊惱，專門給兒子媳婦交待：無事少踏袁家門檻，當我們張家沒這個姻親。他的兒子還算聽話，此後果然很少去袁家，兒媳袁伯禎見公公和丈夫是這個態度，也減少了回娘家的次數。

洪憲帝制時期，袁世凱仍念念不忘張家的這個女婿，授勳封官時也給張允亮賞了一個官銜，一些舊時老友來張家祝賀，張人駿老臉一橫，瞪著眼睛說道：「我家並無喜慶事，何賀之有？」待眾人說清緣由，張人駿拈著鬍鬚笑道：「袁老四他這是籠絡人心，異想天開，我張人駿偏不入港。小兒無知，入其谷中，諸君為餘慶賀，老夫感到臉紅，明日就叫他去辭了這個官。」

其子張允亮在經歷了這些波折後，對宦途的興趣驟減，一輩子以泡書齋為樂趣，著有《國立北京大學圖書館善本書目》、《故宮善本書目》、《故宮善本書影初編》等書。民國時曾擔任過故宮博物館專門委員。

同老頑固張人駿比較起來，孫寶琦的腦袋瓜子就靈活多了。

孫寶琦（一八六七－一九三一），字幕韓，浙江杭州人，太子少保孫詒經之子，歷任候補直隸道台、軍機處官報局局長、駐法、日、德、奧等國公使等職。此人一生妻妾成群，生下的兒女也多，共有八個兒子十六個女兒，因而姻親滿天下，在晚清「官系網」中遍佈著他的兒女親家。

有一件事可以充分證明孫寶琦的靈活：孫中山赴法國運動革命，不幸機密文件被盜，剛巧孫寶琦出任法國公使，沒過幾天，文件送抵孫寶琦案頭。孫寶琦一邊派人連夜抄錄文件內容，祕密報告給慶親王奕劻領賞；事後將那份已經曝光了的原件送還孫中山，向革命黨討好。大概是因為這件事給慶親王留下了好印象，沒過多久，孫寶琦與奕劻結成了姻親。

趁孫寶琦回國述職，慶親王略施手腕，將他留在國內出任了山東巡撫，本以為是樁美差，上任之後才曉得是個燙手的山藥蛋。其時辛亥革命正好爆發，民眾紛紛請願的局面燒得孫寶琦焦頭爛額，革命是革命者的狂歡節，山東獨立大會的會場上人山人海，情緒激烈的群眾代表認為，值此緊急關頭，山東須立即宣佈獨立！孫寶琦從沒見過這麼大的場面，不由得有些心虛，嘴上卻仍然硬得很：「我是清朝官員，清政府只要還存在一天，我就要盡一天的責任，決不能率領諸君獨立。」

獨立大會形成了僵局，同盟會派人將會場幾個入口守住，有的軍人跳上演講臺，一邊演講一邊掏出了手槍，在場群眾見狀紛紛鼓掌歡迎。這時，身穿黃呢嘰軍服、腰繫棕色寬皮帶、佩著肩章的五鎮參謀黃治坤衝上主席臺，拽住會議主持人夏溥齋的胳膊厲聲喝道：「夏會長，我們五鎮二百多支手槍都在等著，如果孫巡撫不答應獨立，這個會就要繼續開。他要是頑固拒絕，也許會出人命！」

孫寶琦見此情景，再也不能保持沉默了，他沉吟片刻，將頭上的頂戴花翎摘下來往桌上一放，帶著哭腔說：「既然大家都認為獨立好，對山東有益，我也不再堅持己見。」夏溥齋乘勢大喊了一聲：「孫撫台已經宣告山東獨立了！」全場頓時歡騰起來，同盟會會員們將早已印好的《山東獨立宣言》傳單到處張貼，一陣陣口號聲震耳欲聾，猶如山呼海嘯一般。

然而才宣佈獨立不久，反對山東獨立的政治勢力又不依了，他們串通五鎮內部的反獨立派，成立了「山東全體維持會」，通知剛上任山東軍政都督的孫寶琦來開會。會議進行之時，忽然有人站起來宣佈：五鎮炮標標長張樹元已經下令支起了四門大炮，炮口對準了都督府，要會議代表立即表決，不然隨時有可能開炮。要山東獨立用的是手槍，現在要山東不獨立用的是大炮，孫寶琦內心本來就反對山東獨立，這一來正中下懷，站在主席臺中央宣佈山東取消獨立，一切恢復舊制。山東從獨立到不獨立，前後只有十三天。

孫寶琦這一次頭腦靈活，卻並沒有給他帶來好運，宣佈獨立的是他，取消獨立的還是他，如此朝秦暮楚，視政治大事為兒戲，像是牆頭上的一株草，風吹兩邊倒，結果是兩邊都不討好。清廷指責他忘恩負義，是叛臣逆子；革命黨更是義憤填膺，放出話來要挖孫寶琦的祖墳、誅滅族類，孫寶琦連聲歎息：「君親兩負，不可為人。」心力交瘁之下，他對政事再也無心顧及，杜門謝客，害起了政治病，躲進一家外國醫院療養去了。

民國初年，袁世凱讓這位兒女親家孫寶琦出任政府的外交總長，有一次參加光緒皇帝與隆裕太后安葬崇陵的葬禮儀式，孫寶琦穿了一套西服前往。到場的清朝遺老眾多，紛紛身著清朝素袍官服，跪在地上行三叩九拜大禮，孫寶琦看看身上的西服，有點尷尬。他走上前去，行了三鞠躬禮，正要退下，有個叫梁鼎芬的前朝遺老幾步躥過來，用手指著孫寶琦的鼻子問道：「你是哪國人？行的什麼禮？」不等孫寶琦解釋，梁鼎芬提高了聲調大聲說道：「你忘了你是孫詒經的兒子，做過大清的官，今天穿這身衣服，行這樣的禮來見先帝先後，真是辱沒先人，你是個什麼東西？」另一位前清大臣勞乃宣站在一旁跟著幫腔：「問得好！他是個什麼東西？我看他不是東西！」在場的人哄地大笑起來，孫寶琦非常難堪，只好低著頭說道：「是的，我不是東西，我不是東西。」

孫寶琦才華出眾，學貫中西，又長期擔任外國公使，深諳東西方文化，本來是可以為這個國家好好做點事的，只可惜生錯了時代，落到個兩邊都挨耳光的地步。孫寶琦兒女多，自然姻親也多，和袁世凱一樣是政治聯姻的大戶。民國初年很多方面的人物都與孫家扯得上關係，比如才女張愛玲的繼母孫用蕃，就是孫寶琦的女兒。

除了袁家六女籙禎嫁孫家的兒子外，七子克齊也娶了孫家的女兒。大概是受岳父的影響，袁克齊心中也有一個「西洋情結」，連生意投資也不例外。聽說「羌帖」（沙俄時期的紙幣盧布）升值快，他成批量地吃進，幾經倒手，也小賺了一筆。然而常在河邊走，鞋子不濕也會濕，當袁克齊傾其所有家當買進「羌帖」，準備大撈一把的時候，碰到第一次世界大戰爆發，沙俄的金幣盧布從流通領域消失，而紙幣盧布「羌帖」也貶值，基本上成了廢紙，袁克齊的發財夢破碎了，想到那些白花花的銀子一去不回，心理怎麼也難以平衡，袁克齊變得愛神神叨叨，像祥林嫂似的逢人便訴苦，神經出了毛病。他的妻子（孫寶琦的女兒）也跟著遭殃，建國後生活失去了經濟保障，幫助街道居委會做些雜事，貼補生活。夫妻倆有一獨子，名袁家藝。

陳啟泰（一八四二—一九〇九），字伯屏，湖南長沙人，生來便有異稟，額角上有條白印，形狀像條小龍。據說，在繈褓中時就能識「天」「地」二字。進入仕途後，成了個直言敢諫的清流人物。在御史任內，他曾奏劾浙江巡撫任道鎔、副都御史王之翰、湖廣總督涂宗瀛等高官，特別是在雲貴奏銷失察大案中，他敢於向掌管戶部大權的老臣王文韶開炮，導致朝廷不得不派翁同和親自審理此案，最後以罷官八十餘人結案，朝野大為震動。

到了江蘇巡撫的任上，陳啟泰發揚敢說真話的優良傳統，又要彈劾官員。這次被他當做靶子的是上海道台蔡乃煌，從級別上講蔡是陳的部下，應該說勝算的把握很大。但是蔡乃煌這個道台不一般，在官場經營多年，對權力圈的潛規則非常熟悉，尤其是他的後臺老闆非同一般——是慶記公司董事長奕劻。

上司參劾下級，向來沒有不准的，重則撤職，輕則查辦，視情況而定。由於蔡乃煌運動了銀子，這回出了新花樣，朝廷命兩江總督端方查辦，上諭中寫得很清楚：既查蔡乃煌，也查陳啟泰。老邁體弱的陳啟泰氣得直發抖，滿肚子牢騷卻又說不出來，只好吞下這枚苦果子，自認倒楣。

本以為事情這樣就完了，哪知蔡乃煌還有兩個後臺：一個是兩江總督端方，另一個是江蘇藩司瑞澂，一上一下，把陳啟泰平在中間。在公事上設置障礙，處處掣肘，搞得陳啟泰根本開展不了工作。不久，他給皇上寫了個請假條，回湖南老家去養病。因為這個死疙瘩鬱積在心，積憤成疾，病越養越重，竟闔目不醒，駕鶴西去了。時人稱陳啟泰是被蔡乃煌、端方、瑞澂三人聯手氣死的，王闓運挽聯云：「抗疏劾三公，晚傷鼷鼠千鈞弩；治生付諸弟，歸剩鵝洋二頃田」。

對於這麼一位清流派舊官僚，袁世凱還是頗為看重的，他將善於務實理財的六公子袁克桓挑出來去做陳啟泰的女婿，其中蘊含著讓這對翁婿互補的意思。

袁世凱的兒女親家中，有兩個人是清末民初頗富盛名的大教育家。張百熙（一八四七－一九〇七），字埜秋，湖南長沙人，同治進士，授編修，歷任禮部、戶部、郵傳部尚書。戊戌新政中，張百熙任京師大學堂第一任管學大臣，應該說是很被提倡維新變革的光緒皇帝所賞識的。奇怪的是，戊戌政變之後，慈禧太后重掌大印，廢除了光緒的若干維新舉措，唯獨保留下來的就是這所京師大學堂。由此也可以看出，慈禧對興辦教育也很重視，對張百熙是信得過的。

讓張百熙當管學大臣，負責清廷的教育工作，算是選對了人，他不僅愛才惜才，而且能辨才識才。有一個年輕人，向來為張百熙所看重，張的寵妾生了病，這個年輕人在家設香案祈禱，事後又來張百熙家裡大獻殷勤，把這件事說得滿城皆知。張百熙搖頭歎息：此人雖說有幾分才，德性操守卻太糟糕。此後遂漸漸疏遠了這個學生。易宗夔在《新世說》中專門記載了這件事，稱其「愛才如命，不喜善諂者」。

張百熙管大學堂，第一個問題是聘請總教習，他看中的是桐城派大家吳汝倫。放下架子上門懇請，吳汝倫拈著鬍鬚說：人老了，這個事恐怕不能答應。哪怕張百熙死乞白賴，吳老頭也不肯鬆口。弄急了，張百熙一膝跪在地上，不肯起來，吳汝倫只好答應了，但是有個條件：先到日本考察了再上任。結果，吳老頭拖著老邁的身子去了一趟日本，回國後就病倒在榻一命嗚呼了，張百熙的一跪也算是白跪了。不過，他「愛才如命」的名聲，從此更是遠播四海。

張百熙的女兒嫁給了袁家三公子克良。

袁世凱在世時，曾經罵這個老三是「土匪」，心底裡認定他成不了什麼大器。和袁家其他兒女比較起來，老三袁克良似乎真是個「莽夫」。曾經在大哥袁克定手下跑過腿，幹點偵緝隊之類的活計，抓個人綁個票，派他去最為合適。最典型的一個事例是怒砸三希堂法帖碑。袁世凱去世後，黎元洪繼任大總統，派副官唐中寅清點物品，有一天，唐中寅正在巡邏，忽然發現一隊小工抬著幾塊石碑往外走，唐副官上前追問，此時袁克良不請自到，大模大樣地叫小工繼續搬運，唐副官自然要阻攔，脾氣火爆的袁三公子搬起一塊石碑，狠狠朝地上一砸，石碑頓時碎成了幾塊，袁克良仍不解氣，又朝地上狠狠砸了幾塊，方才甘休，揮了揮手，帶著一干人馬揚長而去。只是可惜了那些三希堂法帖石碑，價值連城的寶物「玉碎」了。

陸寶忠（一八五〇—一九〇八），字伯葵，江蘇太倉人，光緒進士，官至禮部尚書。他擔任湖南學政時，闈場考風狼藉，有童生公然買通監考官幫忙作弊，陸寶忠留心訪查，懲辦數起，弊情有所減輕。有一年，陸寶忠到湖南衡陽監考，有個童生進考場大概是沒聽招呼，被當地縣官狠狠訓斥，童生頂撞幾句，又挨了縣官的一頓板子，這事把當地老百姓惹毛了，圍攻了縣衙門，搗毀了簽押房，還揚言要放火燒房子，縣官嚇得不敢出面。事情平息之後，縣官感到自己受了辱，提出要對那個童生處以極刑，陸寶忠經過一番調查後，認為這是個冤案，童生其實並無大錯，錯的反倒是縣官。經陸寶忠保全，結果未戮一人，在衡陽當地獲得了極高的評價。「愛才如命」四個字，送給陸寶忠也是很貼切的。

陸寶忠晚年有吸食鴉片的嗜好，朝廷下令嚴飭戒斷，他立即執行，光緒三十四年（一九〇八）

正月，他向朝廷報告戒掉了鴉片，結果到了四月，就死掉了。

袁世凱的五女兒季禎嫁到陸家兩年不到，就病故了；第十三女經禎續嫁陸家，成了填房夫人。

說到袁家先後嫁到陸家的這兩個女兒，兩家還有一段恩怨。五女季禎出嫁前，身體就很虛弱，對父親做主的婚事也不滿意，嫁到陸家後不久，就與夫君鬧彆扭，情緒鬱鬱寡歡，病倒在床上又不肯吃藥，結果年紀輕輕命喪黃泉。季禎去世後，陸家對袁家耿耿於懷，認為把這個身體不好又不大情願的女兒許配到陸家，是搞「假冒偽劣」，袁世凱為了表明心跡，又把十三女經禎許配給了陸家。不過，袁經禎嫁到陸家後，夫妻倆感情不錯。

盤根錯節的政治婚姻

在袁世凱兒女們的婚姻中，有一樁比較引人注目——袁家與黎家的聯姻。

黎家指黎元洪，武昌起義後臨時找到的一個都督。很多人瞧不起這尊「泥（黎）菩薩」，袁世凱不這麼認為。在清廷的舊官僚中，黎元洪清廉樸素，兩袖清風，也算難得。尤其是此人期望中國走改良漸變之路，不主張暴力革命，這一點更是與袁世凱的想法相近。在民國初年錯綜複雜的政治格局中，這尊菩薩像個不倒翁似的立在政壇上，自有其不同尋常之處。何況，袁世凱想在總統位置上坐得更穩當，還確實得爭取黎元洪這股政治勢力。

袁世凱對黎元洪採取的是「胡蘿蔔加大棒」政策，既拉攏利用，又百般防範，偶爾還使個暗絆子，在黎府安插個間諜什麼的。民國政府成立以後，黎元洪被袁世凱請到北京，做了民國副總統，卻像個傀儡木偶，成天哪裡也不能去，實際上形同政治囚徒。黎元洪的左右秘書郭泰祺、瞿瀛和湖北籍參議員劉成禺等人暗中策劃，試圖讓黎元洪逃離北京，到南方去重新組織政府。袁世凱似乎預料到了黎元洪會有這一手，事先打通關節，略施小計，花了兩萬元，就把最核心的機密情報搞到手了。

擔任「間諜」角色的是黎元洪的小妾黎本危。她原名危紅寶，是個妓女出身，晚清時大臣鐵良來湖北視察政務，文武官員按日接宴款待，這天同僚在漢口南城一家妓館征花侑酒，黎元洪多喝了幾杯，半醉半睡中獨佔花魁，竟夜宿在危紅寶室中。黎元洪是個生活作風嚴謹的人，怕擔心落個嫖妓的惡名，遂迎娶危紅寶為小妾。危紅寶此後改名黎本危，成為民國政壇上著名的一枝交際花。

黎本危跟隨副總統老公來到京城後，本以為能享受人間榮華富貴，殊不知卻被關進了政治牢籠，心情有點鬱悶。她擅長交際，京城卻人生地不熟，只能和一些湖北老鄉來往。在她交往的好友中有個「手帕姊妹」（意思是連手帕也能交換著用），黎本危與她無話不談。哪知這個「手帕姊妹」是個女特務，她的老公是湖北交涉員胡朝棟，而胡朝棟又與袁世凱的心腹幕僚楊士琦關係密切，一來二去，結交上了袁克定。有一天，「手帕姊妹」將價值兩萬元的一串珍珠項鍊送給黎本危，直接說明是袁府大公子袁克定的一點心意，黎本危警覺地問：「袁瘸子有什麼想法？」「手帕姊妹」搶白道：「人家能有什麼想法？他是關心你們黎家呢。」姊妹倆相視淺淺一笑，底下的話不言自明。

此事過了不久，就逢上黎元洪收拾細軟準備出逃，黎本危一來不想離開京城，二來也不知道政治鬥爭的複雜性和殘酷性，只想著收了人家的厚禮無以報答，就將黎元洪要出逃的消息告訴了「手帕姊妹」。情報很快到了袁世凱那兒，迅速派軍警包圍了黎副總統的府邸，進出人員一律嚴密盤查，黎元洪見此情景，顯然已經走漏風聲，出逃的計畫無奈破產。

民國三年（一九一四）春節剛過不久，袁世凱請黎元洪一家到袁府做客。幾句寒暄過後，袁世凱把家中兒女一個個叫出來見這位黎叔叔，當著兒女們的面，袁世凱說出了換親的想法：「我們兩家要交換，你給我一個女兒做兒媳婦，我也給你一個女兒。」事出意外，黎元洪臉上有點變色，略一沉吟後回答道：「我先給你一個吧。我有兩個女兒，你要哪一個？」袁世凱說：「不管哪一個，只要是你黎元洪的女兒就行。」說罷兩人對視而笑，氣氛寬鬆了許多。

就在此次袁、黎兩家的家庭會議上，定下了將黎家次女黎紹芳許配給袁家九公子袁克久的一門婚事，那年黎紹芳八歲，袁克久十一歲。

可是回到家裡，夫人吳敬君卻滿臉不高興，她的理由也正當：二女兒黎紹芳是自己親生的，百分之百正宗嫡出；可是袁家九公子聽說是五姨太所生，是偏房所出，這不明擺著讓黎家吃虧嗎？黎元洪勸慰說：「沒辦法，這是政治婚姻，不然老袁不會和我合作。」吳敬君是個傳統的婦道人家，很難理解這種政治婚姻的意義，對黎元洪大發河東獅吼：「不管什麼政治不政治，我女兒不能吃虧。」黎元洪沒辦法，只得苦著臉解釋，袁世凱正室夫人只生了一個兒子，叫袁克定，不僅已有老婆，還有姨太太，莫非叫女兒排隊去做姨太太？再說如今袁世凱是中國頂尖的大紅人，連慈禧太后都想過要同他結親呢，何況這次又是袁世凱主動提出來的婚姻。如此這般，說了一大堆理由，吳敬君不懂，也不想聽。

黎元洪畢竟是一家之主，既然答應了這門親事，肯定不能反悔，即使老婆和他鬧彆扭，夫妻間一個多月沒說話，黎元洪仍然堅持不能退婚。他選中袁克久，是因為這個九公子生得面重耳長，相書上說，有這種面相的人將來能成大事。

過了不久，袁家派言敦源送來袁克久的生辰八字，並索要黎紹芳的八字，黎元洪生平難得過問家務，只好去問妻子，吳敬君一聽怒火又上來了，指著黎元洪的鼻子又罵起來。老黎沒有辦法，四處打聽女兒的生辰八字，最後終於在黎紹芳的一個嬸母嘴裡問到了，不免喜出望外，將這個好不容易弄到手的生辰八字交給了袁世凱的高級幕僚言敦源。

正式訂婚的儀式中，袁家送來了聘禮，吃的東西居多，有幾匹綢緞，有一些銀首飾，但是，像翡翠、珍珠、鑽石之類貴重的聘禮幾乎沒有，這又惹得吳敬君發了一通脾氣。親朋好友全都到齊了，女方主婦卻不願意出面，後經許多人好言好語勸說，她才以大局為重，勉強出來應付了一下場面。

對於男女雙方來說，這樁婚姻從頭到尾始終是一個悲劇。訂婚時黎紹芳八歲，對愛情之類的東西一概不懂，聽說父親要把她許配給別人，嚇得躲在被子裡哭了大半夜。稍微長大以後，黎元洪夫婦把她送到天津南開學校上學，可是唯讀了一年就退學了，此時黎紹芳已有輕微的神經衰弱症，很難繼續完成學業。遠在美國留學的姐姐黎紹芬給她寫了一封信，勸她凡事想開點，閒暇時節也可以到美國去走走，散散心。黎紹芳把信撕掉，沒有理睬姐姐。她向父親提出要解除婚約，這輩子誰也不嫁，黎元洪狠狠把她罵了幾句，還砸碎了一個茶杯。一來二去，黎紹芳更加鬱鬱寡歡，病情加重，精神開始失常了。

袁世凱、黎元洪先後去世後，袁家曾派人來催娶。一九三〇年二月，黎元洪的妻子吳敬君病故，黎家長子黎紹基請黎元洪的秘書劉鐘秀向袁家講明情況：「紹芳精神已經不正常，是否還準備迎娶？」袁家那邊很快就回話了：「婚約是先父定下的，不能有變，婚後老九陪她玩玩就會好的。」袁克久自己也對黎家長女黎紹芬明確表態：「我是為了父親犧牲自己，才答應和令妹結婚的。」籌辦婚禮時，袁家老六克桓請黎元洪的秘書劉鐘秀給黎家代話：「我嫁個妹妹花了二十萬，叫他們黎家千萬別小氣啊！」到了舉辦婚禮時黎家也已經衰落，陪嫁的嫁妝並不豐厚，五姨太楊氏（克久生母）打開箱子過目，臉上呈不悅之色。

袁克久（一九〇三－一九七三），字鑄厚，幼時與其他幾個袁家子女一起赴美國留學，在美國待了十年，一九三〇年回國後在天津耀華玻璃總廠擔任英文秘書，後來又協助六哥袁克桓在啟新洋灰公司辦實業，出任過公司營業部主任。他對歷史有濃厚興趣，喜歡泡在故紙堆裡鑽研，然而在現實生活中他過得太不如意了。

婚後一年餘，黎紹芳病情加重，被送進了北京瘋人院，一九四九年病故。

袁克久後來又娶了一個妻子，生活過得比較平淡，無兒無女，兩位老人相依為命，直到一九七三年袁克久病逝。

曹錕（一八六二－一九三八），字仲珊，直隸天津人，幼年在家排行老三，曾讀過私塾，好習武，稍大即以販布為生。後入天津武備學堂學習，畢業後投奔天津小站的袁世凱，在新建陸軍中歷任幫帶、管帶、統領、統制、總兵等職。

這個人一生中最著名的事是賄選總統。民國初年，習慣了幾千年封建帝王制的中國人還未完成政治轉軌，民選意識仍在沉睡，選舉總統本身就帶有鬧劇色彩。不過公開用鈔票賄選總統的，他還是第一人。

袁世凱與曹錕的婚事，是袁家十四女祜禎嫁給了曹士岳。

曹錕一生有一妻三妾，曹士岳為二姨太陳寒蕊所生，是曹家的長子。生曹士岳那年曹錕已有五十七歲，才得頭生兒子，心頭喜悅難於言表，下令庭園內外張燈結綵，慶賀半月。大概是從小溺愛過分的緣故，曹士岳長大成人後完全是一副浪蕩公子的派頭。北洋元老言敦源為其說媒，介紹的女方是袁世凱第十四女袁祜禎，兩家門當戶對，都是民國總統的後代，曹、袁二人見面後彼此印象也不錯，於是在一九三七年底結了婚。

新婚燕爾，小夫妻倆感情還融洽，雙方談論各自父親過去的輝煌，大有「昔日帝王舊時花」之感慨，非常有共同語言。可是結婚後才四個月，他們發現生活並不是單純靠談情聊天就能夠打發的，還有柴米油鹽醬醋茶，樣樣都需要操心。起初是為一些家務瑣碎事爭吵，繼而發展到大鬧大罵。曹士岳從小養成了天不怕地不怕的性格，拿起掛在牆壁上的步槍威脅，情急之下扣動槍機，子彈打中了袁祜禎的右臂。

年過七旬的曹錕大為惱火，袁祜禎住進醫院的第二天，就派家中另一個兒媳送三千元到袁家，並轉達了他的歉意。聽說袁家要打官司，又派老部下吳毓麟去做工作，疏通兩家的關係。袁家主持家政的袁克定鬆口了，答應不再控告，給曹老三留面子，可是袁祜禎的生母八姨太郭寶仙不同意和解，一口認定曹家是欺負袁家無人才敢開槍，執意要與曹家對簿公堂，討個公道。袁克定去勸解，八姨太對他說：「以往袁家的事都是你做主，今天這個事我一定要做一回主！」袁克定陪著苦笑，也是無能為力。

最後還是袁祜禎自己站出來解圍，她說這樣的醜事鬧到公堂上，對袁、曹兩家都不利。在她的勸說下，生母八姨太總算收兵了。之後雙方簽訂了離婚協議，以後男婚女嫁各不相干，曹士岳賠償袁祜禎醫藥費、贍養費等合計六萬三千元，袁祜禎的陪嫁屬於婚前財產，應予無條件退還女方。一樁轟動津門的婚變案至此畫上了句號。

曹士岳離婚後情緒低落，經常拿著大把的金錢去青樓買笑，卻買不回失去的快樂。建國後精神狀態有所好轉，努力鑽研中醫，在天津辦了家曹氏針灸診所，一九八二年病故。

袁祜禎離婚後去了美國，再婚的丈夫是位聯合國官員，定居紐約，與同住紐約的袁家騮、吳健雄夫婦經常來往。二〇〇五年底，袁祜禎因病去世，享年九十歲，她是袁世凱三十二個子女中最後一個離開人世間的，至此袁家克字輩的子女全部謝世。

袁世凱與段祺瑞的關係人人都知道：段祺瑞是袁世凱在天津小站練兵時的心腹舊屬，段祺瑞在民國政壇上步步高升，離不開袁世凱的提攜。然而他們複雜的姻親關係，卻未必人人知道。

袁家兒女個個稱段祺瑞為「段姐夫」。袁世凱以「半子」之誼對待段祺瑞，段也始終將袁視做恩人。此中淵源，與段祺瑞的夫人張佩蘅關係極大。據曾在段公館做過事的王楚卿回憶：「張夫人名叫張佩蘅，張家和袁世凱是世交。袁世凱沒有閨女，就把張佩蘅認做義女。段祺瑞斷弦以後，便由袁世凱主婚，把張佩蘅嫁給了段祺瑞，從此袁段二人除了多年的袍澤關係外，無形中又成了親戚。這和袁世凱給馮國璋撮合婚姻一樣，都是他籠絡部屬的慣用手段。」這段回憶中說袁世凱沒有閨女，是說袁在收張佩蘅為義女之前沒有女兒。

關於張佩蘅，袁靜雪在《我的父親袁世凱》一文中曾有說明：「她是張芾的女兒。張芾死後，僅僅留下一妻一女，家境很貧寒。我父親看到他們這種無依無靠的情形，就把她們母女二人接到自己任上。當時，張的女兒還正在吃奶。從這以後，她們就始終住在我們家裡。我父親和我娘還把這個女兒認做自己的大女兒，後來我們也就把她叫做大姐。其後經我父親介紹，嫁給了段祺瑞。在她過門之後，雖然她的母親也跟了過去，但還是認我家為娘家，來往是極其密切的。她每次到了我們家，對我父親和我娘，仍然是爸爸、娘的叫得很親熱，我們也把段祺瑞叫做姐夫。」

張芾字小浦，陝西涇陽人，清道光年間進士，授編修，曾任江西巡撫、廣東巡撫。清同治年間，大西北回民起義，張沛奉命前往督辦陝西團練。上任後身先士卒，率領數騎到了渭南倉頭鎮，見到起事的回民，曉以利害，回眾很是感動。其中有個頭頭叫任老五，看到回眾軍心動搖，衝出陣來，照準張芾胸前就是一刀，張芾當場倒地，大罵不絕口，遂被肢解。接著任老五等回眾大開殺戒，跟隨張芾前往的五十多人全部遇難。事後有人前往尋覓遺駭，僅拾到幾塊骨頭。張沛死得極其悲慘，留下孤女無人照顧，袁世凱主動收留了她。

張佩蘅一生都對袁世凱心懷感激之情。老袁搞洪憲帝制，段祺瑞明裡不反對，暗中常玩小動作，每當張佩蘅聽到段有什麼對袁不利的風聲，回到家裡段便會受氣，妻子當著客人的面罵他「沒良心」，段祺瑞不敢反駁，賠著笑臉低聲說：「我對總統是愛莫能助呀！」

袁世凱的二女婿薛觀瀾曾經講述過這麼一件事：民國七年（一九一八），薛觀瀾帶著老婆孩子到段公館探親，薛跪在地上行了個大禮，段祺瑞還禮時膝蓋未著地，被夫人張佩蘅看到了，當場叫段重新還禮。段祺瑞叫薛觀瀾的名字，夫人又不依，非要段叫薛為二妹夫。這搞得段祺瑞很沒面子。當面不好發作，只得暗暗向薛觀瀾做鬼臉，其場面莊重而又滑稽。坐下來聊天，張佩蘅仍然念念不忘袁家的好處，她對薛觀瀾說道：「你大姐夫沒有禮貌，他是老糊塗了，我們住的這所房子，都是爸爸（指袁世凱）賞賜的，你們住在這，千萬不要客氣。」

袁世凱去世後，袁家聽到一個傳聞，說段祺瑞要帶兵來圍攻總統府，並且要殺死袁府全家，袁府內大為驚慌。袁克定、袁克文跑到段府要問個究竟，段姐夫一聽，鼻子又氣歪了，拍著胸口保證絕無此事，叫袁氏兄弟別相信流言蜚語。為了保證袁家的安全，派夫人張佩蘅帶著兒女到袁家一起守靈，讓他們住在袁府，段祺瑞自己也天天過來看望。由於這場虛驚，袁家人心裡更是留下了難以抹滅的陰影，但是他們對段姐夫對袁府的感情，從此深信不疑了。

認張佩蘅這義女這件事，後來還有一點延伸。張佩蘅嫁給段祺瑞後，生了三個女兒，其中大女兒嫁給了袁世廉的孫子袁家朗。

縱觀段祺瑞生平，其最景仰者袁世凱，最信任者徐樹錚，最深畏者夫人張佩蘅。他後期雖說反對帝制，但一生與袁世凱關係密切，一舉一動，無不模仿恩公袁氏，甚至平日在家所戴方頂小黑帽，也同袁世凱的帽子一個樣。袁世凱死後，段祺瑞以袁氏繼承人自居，但是北洋舊屬並不買他的賬，尤其馮國璋，後來成為他在政壇中強有力的競爭對手。

袁家與段家的二度聯姻，也曾是民國年間十分轟動的花邊新聞。

這事說來話長，後面將另辟章節講述，此處從略。

儘管袁世凱與段祺瑞的關係不錯，但是袁克定卻與段祺瑞的關係很糟糕。段祺瑞十分有個性，按照舊例，他要在袁世凱面前行跪拜禮，這他能接受。但是在洪憲帝制時期，還要在袁克定面前也行跪拜禮，段祺瑞不高興了。他心中十二萬分委曲，更憤懣的是袁克定竟端坐不動，受之泰然。跪拜完畢之後，段祺瑞怒衝衝地發火：「大少爺的架子比老頭子還要大！我們做了上一輩子的狗，還要做下一輩子的狗！」事後袁克定聽到了這話，不以為然，淡然地說：「這正是我希望看到的，他們都是老頭子養大的，現在尾大不掉，我偏要折折他們的驕氣。」

儘管段祺瑞對袁克定不買帳，但他對袁世凱一直十分尊重，袁世凱也視段祺瑞為鐵杆心腹。洪憲帝制取消之前，袁世凱日夜難眠，派人給段祺瑞送了一封密函，請段速到新華宮。那一天，袁世凱看著段祺瑞，情緒低沉地說：「你一定要幫我的忙啊！」看到自己跟隨了二十多年的恩公這副模樣，段祺瑞心情極其複雜，站起來說：「只要大總統取消帝制，一切善後事宜，當全力以赴。」

袁世凱死後，北京舉行盛大的政府公祭，段祺瑞以國務總理的身分主祭，當送柩的專車從前門火車站出發時，段祺瑞肅立在月臺上，目送著徐徐駛去的列車，聆聽著一聲聲漸漸消散的禮炮聲，內心裡的複雜感情難以言表，他的眼睛有些潮濕了。

袁世凱與馮國璋聯姻，用的是袁家的家庭教師周道如。

馮國璋的正室妻子名叫吳鳳，是未發跡時娶的「糟糠之妻」，生有三子一女，夫妻倆感情不錯。宣統二年（一九一〇），吳鳳在保定病逝，此時馮國璋已年過五十，暫時沒有考慮續弦之事。到了民國元年（一九一二），清皇室退位，民國建立，馮國璋的仗也打完了，回京述職期間，他想到了娶個如夫人。袁家五姨太楊氏最先知道了這件事，回家給老袁吹枕邊風，當花邊新聞說給袁世凱聽，老袁略作沉吟，問道：「你看周老師如何？」

袁世凱說的「周老師」名叫周砥，字道如，祖籍安徽合肥，生於江蘇宜興，在袁家當家庭教師，她也是名門之後，祖父是淮軍將領周盛傳。馮國璋早年當兵習武，最初投奔的正是周盛傳，依稀聽說過這個知書識禮的將門千金。如此說來，袁世凱要將周小姐介紹給馮國璋，還是有點緣分的。

周道如原來是天津女子師範的女學生，在校勤奮異常，為晚清女才子呂碧城看重，畢業後原想進身教育界。恰巧袁世凱正要請一個女教師，解決家中幾個姨太太的教育問題，聽說有個品學兼優的高材生，格外重視，特地派長子袁克定上門去請。周道如果然是個優秀女教師，不僅學問淵博，品行端正，而且態度嫻雅，頗有大家閨秀風範，和袁家幾個姨太太、大小姐關係相處很好。袁世凱罷官被黜，回到洹上村當「隱士」，周道如經不住眾多女眷慫恿，也隨同歸隱，其實袁家早已把她當做一家人了。

周道如小姐在袁家生活多年，只有一件事不如意，年齡已是三十開外，依然待字閨中，眼睜睜看著成了昨日黃花。袁世凱也曾想過替她物色佳婿，無奈他手下的北洋文武一個個都是妻妾成群，讓周小姐去做姨太太，等於是逼她跳江。周道如自己的態度呢，年輕時提到婚嫁之事，她不為所動；等到年齡漸大，有人再提到這事，她乾脆一口回絕，說自己這輩子不嫁人了。嘴裡說得挺硬，心裡卻經常發虛，聞知袁世凱要將她許配給馮國璋的消息，心思便有幾分活了。加上袁府姨太太們熱心撮合，馮國璋那邊很快回了話，不僅滿口同意，而且還將北上「親迎」。

這一場轟動南京的文明婚禮果然辦得隆重熱烈，盛況空前。袁世凱不僅派袁克定和三姨太做送親的儐相，還委託江蘇民政長韓國均代表自己為證婚人，並將袁府中一名能幹的女傭送給周小姐做陪嫁老媽子，與周家的一大幫親戚一起護送周道如到南京。袁府家眷和大小姐們聽說周老師要出嫁，有的送首飾，有的送珠寶，有的送綢緞，老袁本人也送了奩資五萬元作為新婚賀禮。袁家賀禮連同周家陪嫁物品，金銀首飾、珠寶玉器等足足有一百二十餘擔之多，讓一生愛財的馮國璋笑得眼睛合不攏縫。

老新郎倌馮國璋這邊也不敢怠慢，親率軍署人員過長江到下關迎親，周道如下轎時，軍艦上鳴響了二十一響禮炮致敬，規格相當於總統級別的待遇。周道如一行的汽車駛進公館，沿途軍樂隊吹吹打打，更點綴了喜慶氣氛。次日舉行婚禮儀式，北京、上海、蘇州等地遠道而來的政界要人不計其數，各界嘉賓高朋滿座，馮國璋穿起上將禮服，佩戴勳位勳章，雖說有點老邁，不過卻也還威風。

這雖然又是一樁政治婚姻，但是馮將軍和周小姐婚後的生活還算幸福。蜜月剛過完，馮國璋便陪周小姐去視察江蘇女校，此後馮國璋有意讓周道如參加與教育相關的社交活動，她曾擔任過江蘇教育會會長。在南京的幾年間，她熱心參加一些扶助教育的社會募捐，尤其重視對兒童的教育。

有人說周道如是袁世凱安插在馮國璋身邊的女特務，這實在有點冤枉袁世凱。據《馮國璋年譜》載，一九一四年五月四日，周道如偕江蘇名紳許星璧乘火車北上，曾在北京盤桓數日。其時周小姐結婚不到四個月，她赴京是面謝袁家夫人和姨太太的，一些作家將這件事演義成傳奇小說，完全是憑空想像出了一個女間諜，與事實相去甚遠。

馮國璋與袁世凱的關係後期雖說有裂隙，但總體說來私誼還是不錯。得知袁世凱的死訊後，馮國璋當場大放悲聲，嚎啕大哭一通後又轉笑臉，對家人說：這是件大喜事。事件的前後互相矛盾，正好是馮國璋內心矛盾心態的真實寫照。他是個講感情的人，袁世凱病亡周年，他請夫人周道如赴河南祭奠；直到一九一九年，袁世凱的原配夫人于氏去世，馮國璋仍派私人秘書惲寶慧和長子馮家遂前往弔唁。他和袁世凱之間的複雜關係，三言兩語說不完。

袁克堅是袁家第十子。母親白氏，是袁世凱所娶三個朝鮮女子中年齡最長的一個，因此她是袁世凱的二姨太。白氏生了四子二女：五子克權，七子克齊，十子克堅，十二子克度，長女伯禎，六女籙禎。

袁克堅的婚事，與民國史中的兩個大人物有關。

袁世凱在世時，袁、徐兩家定有婚約：袁克堅娶徐家次女徐緒根。按說這也是一樁門當戶對的婚姻，袁、徐大半生的政治聯盟，需要兒女用婚姻再加一個注腳。可是徐世昌不知從哪裡聽來了一個消息，說十公子袁克堅在美國哈佛大學留學攻讀政治經濟學期間追求過哈佛大學校長的女兒，據說還翻過美國閨女的院牆，被校長逮了個正著，給予他開除學籍的處分。這事傳來傳去，傳到徐世昌耳朵裡，成了一樁嚴重失實的桃色事件。

徐世昌堅持要退婚。袁克堅找未來的老岳父說理，誰知徐世昌根本不見這個準女婿，讓僕人將他攔在門外。好不容易見了面，徐世昌歎口氣佯裝為難：「如今時代變了，這事我也做不了主，女兒追求自由戀愛，她要嫁給中央銀行的許大純。」袁克堅去問徐緒根，徐小姐低著頭默默流淚，什麼話也不肯說。

經歷了退婚風波，袁克堅的情緒十分低落，對父親在官場裡的那些人際關係也看淡了。當時有不少同情袁家的北洋舊屬，大罵徐世昌是不搽粉的活曹操，這讓袁克堅感到了一絲溫暖，更有熱心人給袁克堅介紹對象，女方是陸建章的女兒——仍然沒有脫離北洋系的範圍。

陸建章（一八六二－一九一八），字朗齋，安徽蒙城人，北洋武備學堂畢業，歷任哨官、幫帶等職，民國二年（一九一三）任軍法執法處處長，殺人如麻，因此人們送他「陸屠夫」的稱號。這個人在殺人前，一般會表現得特別溫文爾雅，派部下送來一張請柬，約請在哪家酒樓共進晚餐，一番觥籌交錯後，送客時背後打一黑槍，「客人」應聲倒地，至死也不知道斃命的原因。時人將他送的請柬稱做「閻王票子」。

陸建章恐怕做夢也沒有想到，他經常用來對付「客人」的那套辦法，會被人照搬了來對付他。這個人叫徐樹錚（一八八〇～一九二五），字又錚，江蘇蕭山人，秀才出身，是段祺瑞的「小扇子軍師」，被認為是段祺瑞的靈魂。他在段祺瑞手下擔任過北洋政府秘書長，權勢薰天。

那天陸建章被衛兵帶到後花園時，心裡似乎明白了什麼，轉過身問了一句：「又錚要殺我？」徐樹錚臉上露出了一個奇怪的笑容。殺了陸建章後，徐樹錚給段祺瑞打了個電話，段祺瑞一聽陸建章被殺大驚失色，連連跺腳說道：「這個又錚，這個又錚，真是……」下邊的話誰也不明白是什麼意思。

徐樹錚殺陸建章，是幾乎所有人都沒有想到的，因為他們兩家的私人關係並不一般。徐樹錚和陸建章的兒子陸承武是同班同學，陸承武的太太和徐樹錚的太太也是同學，相互間走動得十分密切，經常在一起參加各種社交活動。為了政治利益，再親密的關係也要下毒手，使人不寒而慄。

民國十四年（一九二五），陸建章的內姪女婿馮玉祥發動北京政變，與陸建章之子陸承武秘謀暗殺徐樹錚。段祺瑞聽到風聲，告訴徐樹錚不要來京，小扇子軍師不以為然，進京第三天就被殺害。段祺瑞聞訊後失聲痛哭，親筆撰寫《故遠威上將軍徐君神道碑》，並在段氏祠堂裡供奉了徐樹錚的神位。

陸建章之死，死得不是時候；徐樹錚之死，死得又不是時候。這時候正是蒙古鬧獨立，徐樹錚奉命任西北籌邊使兼西北軍總司令，率領邊防軍進發庫倫，將長期謀反叛亂的王爺叛臣一網打盡，使百萬平方公里的國家主權重新回到了民國政府手中。在這樣的時候，馮玉祥殺有「愛國將領」美稱的徐樹錚，又是件讓人唏噓不已的事情。

徐樹錚死後，徐世昌送的一幅挽聯是：「道路傳聞遭兵劫，每謂時艱惜將才」。有意思的是，當年陸建章死時，徐世昌送的也是同樣一幅挽聯。

真實的歷史，確實比小說更有趣。

連結這幾個人關係的是袁家十公子袁克堅的婚事。袁克堅與陸建章的女兒陸毓秀結婚後，跟隨馮玉祥手下「五虎將」之一的宋哲元當過一段時間的英文翻譯。建國後在天津教書，一九六〇年去世。

袁克堅有二子一女：兒子袁家禧、袁家誠和女兒袁家文。長子袁家禧一九六四年因不堪政治高壓跳海河自殺，次子袁家誠是天津一家醫院的放射科專家。我曾與他有過多次接觸。聽他講述袁氏家族史以及他個人的曲折遭遇，心裡有種酸酸的感覺。為了避免這本書的枝節太過繁雜，這裡就不多敘了。

袁門家風與生活習俗

項城袁門家風良好，遺澤深長，代代相傳。袁氏家規素以嚴厲著稱。從袁世凱祖父那一輩起，叔祖父袁甲三的嚴厲人人皆知。前面舉過一個例子：袁世凱生父袁保中在袁寨主持家族事務，十分注重培植大族家風。有一次他接到弟弟袁保慶的一封信，信上說京城風傳一句話，項城官難做。袁保中讀信後十分警省，專門擬定了五條家規，張貼在袁寨的寨門口，如有違反者，嚴懲不貸。

袁寨地廣人多，且多為窮戶人家。袁家兒女常與窮孩子在一起玩，發生爭吵甚至打鬥的事便免不了。袁保中定下一條規矩：凡窮人家孩子找上門來，必定是人家受了欺負，不然不會主動找上門來。因此，袁保中總是吩咐門人先拿糖果、點心安慰那些孩子。等他們走了，再把袁家犯事的子弟叫進來，關起門，責令跪在一塊木板上，輕者罰跪，重者挨棍棒。袁保中說，在袁寨，他們都是下人，俺們是主人，沒有下人敢來告主人狀的道理，一定是你們欺負別人了。

到了袁世凱這一輩，嚴厲的家規並無半點衰減。袁克定偽造《順天時報》被其父知道後，暴跳如雷，令他罰跪，用皮鞭抽打，就是實例。那一年袁克定三十八歲，早已成家並有了孩子，是個能當家作主的成年人了。袁世凱對長子尚且如此嚴厲，對其他子女就更不用說了。袁克文有名士風範，像一隻逍遙的野鶴四處飛，完全是一副什麼都不怕的派頭。然而到了父親袁世凱面前，他總是低著頭，垂著兩條手臂，畢恭畢敬地站在那兒，連說話的聲音都不敢太大。

在家族內部妻妾的管理上，袁世凱制定的家規也是很嚴厲的。比如說，新進門的姨太太，一定要服從早進門的姨太太管束。一切家規禮儀、言談舉止、起居穿戴等，都由早先的姨太太定規矩，新來的不能有絲毫違反。前面提到過的朝鮮金氏遭受沈氏毒打，就是一個真實的例子。

有時候新姨太太被打得受不了，會來找袁世凱告狀。袁世凱看到被打傷的地方在流血，也會心疼，好言好語安慰幾句。但是最後還是皺起眉頭，讓姨太太守規矩，不要自討苦吃。在袁世凱心裡，家規是決不允許更改的。

袁世凱對女兒的管教比較寬鬆。袁靜雪在《我的父親袁世凱》中回憶，有一段時間，她和二姐曾經讓袁克文帶出去聽京劇名角王瑤卿、王惠芳等人的清唱，每天從袁府裡進進出出，黃包車就停在大門口，袁世凱自然知道。但是他卻佯裝不知道，什麼話也沒有說。

還有一件事，袁靜雪在教館裡頑皮，把石筆研成粉末撒在講臺上，來授課董文英老師當場滑倒。五姨太向袁世凱報告這一情況後，袁世凱只是把袁靜雪叫來輕描淡寫地說了幾句：「你不好好念書，以後不給你飯吃。」說完便不管了。相反，五姨太為這件事把袁靜雪關在屋子裡重重責打，被袁世凱知道了，板著臉對五姨太說：「下次你再敢這樣打她，我就照這樣打你！」

看起來，袁世凱很早就懂得女兒要富養的道理。

在家庭成員稱呼上，袁家有他們一套獨特的叫法。兒女們叫正室夫人于氏，統一都叫「娘」，對自己的生母叫「媽」，對其他姨太太就在「媽」的前邊冠上一個數目字，如五姨太太叫「五媽」，依此類推。沒有生育子女的姨太太，一律叫「姑娘」，並冠上她的本性。姓張叫「張姑娘」，姓劉叫「劉姑娘」。姨太太生了兒子，滿月時由夫人于氏發給大紅裙子和外褂。當三姨太金氏生袁克文時，由於袁世凱特別准許把袁克文過繼給二大姨太沈氏，所以沈氏和金氏同時都穿上了大紅裙和外褂。如果姨太太生的是女兒，就只能發給水紅色的裙子的外褂。

袁世凱對子女的教育歷來都十分重視。他早年寫給四姐袁讓的家書中，曾多次提到袁克定的讀書受教育事宜。其他子女長大成人後，袁世凱寫信也念念不忘叮囑他們好好讀書，並傳授他自己讀書的方法和經驗。

一九〇五年，袁世凱在天津創辦了北洋客籍學堂，專門招收順天、直隸兩省客籍官員及幕僚的子弟，校址在天津天緯路。學堂有四個班，設有地理、法政、理科、圖畫、英文、法文、算學、體操等新式課程。學堂監督叫蔡儒楷，其他教職人員有羅惇曧、方地山、張壽甫、張蔚西等。袁世凱以及袁家親屬的子弟都在這所學堂裡讀書。

袁世凱擔任直隸總督後，特地開設了女館，讓袁家到了年齡的女子全都入學，女館裡坐滿了年齡大小不等的姨太太和千金小姐們，蔚為大觀。搬進中南海後，又開設了男館，專門聘了名師講授課，如嚴修、方地山、董賓古、張肇松等。兩個專館的規模和課程安排，與一般學校沒有什麼差別，等於是在家庭裡開辦了兩所私人學校。男館設立在北海五龍亭北坡的一片房子裡，開設有國文、英文、算術、歷史、地理、體操等課程。除了嚴修等名師外，還聘請了洋人專門教英文。當時在男館讀書的有四、五、六、七、八、九、十等七個兒子，他們在同一個館裡上課，並且配有專門的廚子做飯菜，還配備了男傭人負責搖鈴、打掃教室以及館裡雜役，負責袁家子弟的起居飲食。

女館設立在中南海卍字廊後面假山上的一個院落裡。學生有袁世凱的二、三、五、六、七、八、九、十、十一等九個女兒，還有五、六、八、九等四個姨太太以及袁克定的兩個女兒。女館裡按照文化不同程度分成了三個班。每天要上八堂課，每堂課的時間是四十分鐘。女館裡的老師有周道如、楊蘊中、董文英、唐尹昭、陸紹儀等，教英文的是一位英國人蘇小姐。女館裡的考試制度分大考、小考兩種。小考在暑假前舉行，大考在年假前舉行，同樣記分數定名次，考試得第一名的有獎勵。二女兒和三女兒是各門功課最好的，每次都是她倆輪流得第一名。因此，袁世凱對這兩個女兒更喜歡。對幾個姨太太，在課堂上不好稱呼，袁世凱分別給她們取了學名：五姨太太叫志學，六姨太太叫勉學，八姨太太叫潛學，九姨太太叫勤學。

女館裡的女生平時不住館，每天上學由隨身的丫頭或老媽子護送來館。十一女當時還小，身邊還要帶個奶媽。她們坐在教室裡上課，女傭們就坐在教室外面的廊條上，隨時聽候女主人的叫喚。常常會出現這樣的情況：正上著課，一個姨太太忽然站起來報告：先生，我請假。說著便走出教室，問自己的丫頭：「總統吃的餃子煮好了沒有？」或者問一些其他的家務事。問完了再回教室聽講。

赴濟南上任山東巡撫，袁世凱帶著長子袁克定，有意對他進行培養和歷練。對次子袁克文，也是傾注了許多感情和精力。《袁世凱家書》中有一封「示次兒書」是專門寫給袁克文的，那時克文才十歲，袁世凱即對他進行嚴格要求：「近聞你行事喜效名士，此非具有真才實學者……安得將所讀之經史子集，盡記頭腦，以充腹笥，惟有勤動筆多思一法。於讀書時，將典故分門別類，摘錄於日記簿，積久匯成大觀。」

他還為袁克文擬定了一份立身課程：「早起：黎明即起，醒後勿貪戀衾裯；習字：早餐後習字五百，行楷各半；讀經：剛日讀經，一書未完，勿易他書；讀史：柔日讀史，日以十頁為限，見有典故及佳句，隨手分類摘出，以資引用；作文：以五十為作文期，以史論時務問命題，兼作詩詞；靜坐：每日須靜坐一小時，於薄暮時行之，兼養目力；慎言：言多必敗，慎言，即所以免禍；運動：早起臨睡，須行柔軟體操；省身：每日臨睡時須自省，一日做事可有過失，有則勿憚改，無則加勉；寫日記：逐日記載毋間斷，將每日自早至夜，所見所聞所作之事，一一記出。」課程表列得如此細緻，可見嚴父的一片慈愛之情。即使這樣他仍不放心，官位穩定之後，索性將袁克文接到濟南，放在身邊親自督促。

一九一三年，民國教育家嚴修從天津出發，赴歐美國家考察各國的教育狀況。臨行之前，袁世凱專門宴請嚴修，並託福給他一個任務：帶袁家三個公子袁克權、袁克恒、袁克齊去歐洲，找一個合適的地方讓他們留學讀書。這一行嚴修途經了俄羅斯、德國、比利時、英國、法國、瑞士、荷蘭等國，最後決定將袁家三個公子放在英國的切爾滕納姆鎮上留學。小鎮上有一所很有名的貴族學校叫，一、二戰期間培養過許多優秀軍官。如今那所學校還保存著袁家兄弟三人的學籍資料。前幾年，袁克權的後人專程赴英國尋訪到了那所學院，當年嚴修日記中記錄的情境沒有多大變化，林蔭道，鐘亭、校門裡的雕塑，尖頂和圓頂的房子，甚至當時乘坐的幾號公共汽車，如今仍然還是幾號。

時光彷彿回到了一百年前，他們追尋著祖父的身影，依稀並不遙遠。

據袁世凱第七子袁克齊回憶，袁世凱性情剛烈，態度嚴肅，寡言笑。他每天起床很早，上午辦公，午飯後睡一小時午覺再出來。他的記憶力很強，見過的人，雖隔數十年後，仍能說出其姓名、籍貫。袁世凱不好古玩，他經常掛在嘴邊上的一句話是：「古玩有什麼稀罕，將來我用的東西都是古玩。」這話顯示出了袁的大氣魄，倒也是事實。

袁世凱軍人出身，所以無論站著還是坐著，他都是挺直了腰杆，威風凜然，即使是坐在沙發上和人談話，也不改變這個習慣。他坐下的時候總是兩腿交叉，兩隻手經常放在膝蓋上，由於腿短，總是兩腿垂直，彷彿「蹲襠騎馬」的姿勢，從來沒有人看到他有架起二郎腿的時候。他說話的神情很嚴肅，語氣斬釘截鐵，從不絮絮叨叨。袁有一個口頭禪，每當和人談話告一段落時，都要問一句「嗯，你懂不懂？」其實這只是個習慣用語，表示他「重言以申明之」，使聽他說話的人不至於忽略他所談的內容。袁世凱嘴裡始終離不開一支雪茄煙，走路時也叼在嘴上，顯得挺神氣。

袁世凱經歷過諸多人生歷練，為人處世非常圓通，很少能見到他有生氣的時候。不過偶爾也會罵人。下屬或者僕人做錯了事，他認為忍無可忍，或者是心情不好，就會將臉色一板，隨口而出兩個字：「混蛋！」氣憤到了極點，就變成：「混蛋加三級！」袁世凱一直擔任高官，後來又身為大總統，無論是在家裡還在是下屬面前，權威性都極高，不怒自威，凡是同他接觸過的人，沒有一個對他不抱有畏懼心理的。

夜間休息，袁世凱並不是到各個姨太太房裡去，而是姨太太輪流前去「值宿」。輪到哪一個姨太太當值的時候，就由她本房的女傭人、丫頭們把她的臥具和零星用具搬到居仁堂樓上東間袁的臥室裡去。袁當總統時，大、二、三這三個姨太太已經不和他同居了，輪值的只有五、六、八、九四個姨太太。這四個人，每人輪流值日一個星期，其中九姨太年紀輕，有時候伺候得不如意，因而不到一星期，袁世凱就讓她搬回去，另行調換別的姨太太。

在前清做官時，袁世凱除了上朝要穿袍褂以外，到家就換上黑色制服。他這種愛穿短裝的習慣保持了若干年，在彰德隱居時是如此，後來住進中南海也未改變。他所戴的帽子，夏天是「巴拿馬」草帽，冬天是四周吊著貂皮、中間露出黑絨平頂的黑絨皮帽。帽子前面正中鑲著一塊寶石。他所穿的鞋，夏天是黑色皮鞋，冬天是黑色短筒皮靴，靴內襯有羊毛，兩旁嵌有兩塊馬蹄形的鬆緊帶。袁世凱是從來不穿綢衣服的。他的襯衣褲夏天是洋紗小褲褂，冬天除了小褲褂外，外穿厚駝絨坎肩一件，厚毛線對襟上衣一件，皮小襖一件，厚毛線褲一條。這時外面的黑呢制服也換成皮的了。

他喜歡纏足的女人，他所娶的太太和姨太太，除了朝鮮籍的三個是天足外，其餘都是纏足的。特別是他所喜愛的五姨太，其得寵的原因之一，就是她有一雙纏得很小的「金蓮」。朝鮮籍的三個姨太太原是天足，嫁到袁家後，也仿照從前京劇中花旦、武旦角色「踩寸子」的辦法，做出纏足的樣子來取悅袁世凱。後來她們離開「寸子」時，反而不會走路了。

他的起居飲食，一年四季都有一套刻板的規矩。早晨六點起床後，先吃一大大碗公雞絲麵湯，七點拄著藤皮手杖下樓，走到門口還會發出「哦」的一聲，像是咳嗽，又像是在提醒人們他的到來。上午半天是辦公和接待客人，十一點半吃午飯。他所用的碗、筷、碟等餐具，都比其他人的要稍大一些。所吃的菜，不僅花樣很少變化，就連擺放的位置也從不變換。比如說，袁世凱喜歡吃清蒸鴨子，每年入冬以後，必定有這個菜，位置也必定擺放在桌子中央。肉絲炒韭菜擺在東邊，紅燒肉擺在西邊，像護衛隊的兩個士兵，永遠站在那個位置上。他喜歡吃鴨肫、鴨肝和鴨皮，吃鴨皮的時候，用象牙筷子把鴨皮一掀，一轉兩轉，就能把鴨皮掀下一大塊來，手法異常熟練。袁世凱愛吃的菜有：高麗白菜、朝鮮薰魚、綠豆糊糊等，都是常見的菜肴，對於那些山珍海味，他沒有太大興趣。

第六章 傳說中的老六門

大哥大哥你好嗎——長門袁世昌

袁世凱兄弟六人，依次分別是袁世昌、袁世敦、袁世廉、袁世凱、袁世輔和袁世彤。他們的父親袁保中娶了一妻一妾，都姓劉。六兄弟中，袁世敦是正室夫人劉氏所生，其餘五人均為如夫人劉氏所生。對袁家六兄弟，外界習慣稱為「老六門」，袁家人自己也都愛這麼稱呼。

長門袁世昌，實際上在袁家沒有什麼地位。

沒有地位的原因，是因為他在家中雖然年齡最大，但卻是如夫人所生，不是嫡子。依照過去的老規矩，只有嫡子才能繼承家業，是整個家族下一任的接班人。嫡子在家族中權力極大，幾乎在所有方面都具有優先權，被稱之為家族正宗，至於其他子弟，都只能是別枝。

袁門六兄弟中，袁世敦是嫡子。因此家族中的霸主地位屬於他。

袁世昌一生沒做過官，一直在項城老家務農經商，算得上是個殷實人家。袁世凱在朝鮮任總理交涉通商大臣時，大哥袁世昌曾前往漢城探親。嘴巴裡說是探親，實際上是想謀個差事，混口飯吃。袁世凱是個不含糊的人，他辦事有原則，不允許家人和親屬參與自己的政事，一口回絕了袁世昌。袁世昌不甘心，提出要一筆錢。袁世凱問他要多少？袁世昌說要一八〇〇元。這不是一個小數目，袁世凱接著問，要那麼多錢做什麼？袁世昌回答，將來娶兒媳婦用。袁世凱一聽火了，大哥的大兒子也才七八歲，要結婚還早得很，哪有這麼早預備娶兒媳婦錢財的道理？當場狠狠說了大哥幾句。袁世昌沒多少文化，腦子裡塞滿了長幼尊卑的舊思想，如今見四弟說話口氣那麼凶巴巴的，心裡也沒有好氣，上來推了袁世凱一把。袁世凱是少年習過武的人，順勢還了一掌，袁世昌被推搡得坐到了地上。

這一場兄弟糾紛，也不是什麼大不了的事。後來為外人所知後大肆渲染，增添了許多演義成份。事實上，袁世凱對大哥袁世昌還是挺好的。天津小站練兵時期，各方面條件都還不錯，袁世凱專門請大哥到天津小站來住過一段時間。

袁世昌娶的妻子張氏，也是出生在一個名門之家。她的哥哥是張鎮芳，清朝時中過進士，曾擔任直隸總督，也是晚清、民國政壇上的一個知名人物。張鎮芳的兩個子女早飭，以胞弟張錦芳之子張伯駒為嗣子。

張鎮芳一生與袁世凱關係很好。民國初年，他在袁世凱手下擔任河南都督兼民政長。洪憲帝制，張是擁護派的積極分子，又是袁家的私人帳房，袁世凱遇事總愛與他商量。民國後張鎮芳在天津擔任過鹽業銀行董事長。

嗣子張伯駒（一八九八－一九八二），字家祺，他一生與袁克定、袁克文關係融洽，是莫逆之交。張伯駒還是民國四公子之一（其餘三位分別是袁克文、張學良以及溥儀的族兄溥侗）。張伯駒出入過軍界，從事過金融，最後揚名在文物收藏及詩詞上，所謂「詩詞歌賦，無所不曉，琴棋書畫，無所不精」，指的就是張伯駒這樣的人。

袁門六兄弟中，袁世昌過世最早。袁世昌留下了三個兒子：袁克明、袁克暄、袁克智。袁克明長年居住項城袁寨，守著祖業過日子，家境一般。他少年時愛習武，曾赴湖南衡陽拜一個叫龍佐才的人為師傅學習劍術。洪憲帝制時期，袁克明到了京城，住在表哥張伯駒家中，想從四叔父袁世凱那兒謀得個一官半職。然而袁世凱此時已是自身難保，沒能幫得上他，在京城住了一陣，他便回到老家項城去了。

袁世昌去世後，次子袁克暄一直跟隨在四叔父袁世凱身邊生活，被收為養子。袁世凱在天津興辦的北洋客籍學堂中，就能找到袁克暄的名字。他受袁世凱的影響也最大，一生從事外交事務，曾擔任駐美使館參贊，又曾擔任民國過外交部次長，在中國政治轉型的途中，隱隱約約能看見他的身影。

嫡出的兒子大過天——二門袁世敦

二哥袁世敦，字厚甫。因他是袁保中的正室夫人劉氏所生，所以雖非長子卻是袁氏家族長門。參加科舉考試不中，出錢捐了個「鹽大使」的虛銜，按清制是正八品官員。

要說起來，袁世凱對這位長門二哥並不薄。任山東巡撫期間，袁世凱疏通關係，給二哥謀了個實職，將袁世敦調到山東保奏為修補知府，兼管營務處事宜。山東鬧義和團，給朝廷出了個大難題。洋人抗議後，清廷又拿義和團開刀，並處置了一批官員。袁世敦也被撤職，並遭驅逐回籍。據清史專家駱寶善考證，袁世敦實在是「代弟受過」。皆因為袁世凱的政敵拿他沒辦法，就拿他二哥袁世敦開刀，安了個「縱勇擾民」的罪名趕回了老家。

袁世凱後來與袁世敦的關係鬧得極僵，以至於袁世凱指天發誓，死也不再回項城。兄弟之間那個解不開的死結，是因袁世凱的生母劉氏之死而起。

袁世凱在山東擔任巡撫後，將生母劉氏夫人、妻子于氏等家眷接到了濟南。當時山東義和團鬧得厲害，袁世凱怕母親大人受驚嚇，密令侍衛隊嚴加防守。他是個孝子，一日三次到母親房裡請安，有空便陪母親說話。母親生病了，袁世凱更是日夜守護在旁，親侍湯藥，盡心照顧。

不久母親病逝，袁世凱十分傷心，電奏朝廷要請假回籍守制。朝廷認為時局維艱，沒有批准，諭令照常上班，不過放寬了政策，准許他在巡撫衙門內穿孝服。袁世凱鬱悶萬分，胸中裝著個難解的心結：當年繼母牛氏夫人病逝後，他在朝鮮任欽差，未能回家處置後事，已成終身遺憾。如今親生母親去世，又不允許他回家安排，子欲養而親不在，他的心頭之痛再也無法隱忍。於是又向朝廷寫了一封信，再次懇請回項城安葬母親。不料朝廷還是沒有批准，只好將母親的棺材暫時移到濟南城外存放。

經過袁家幾個兄弟的反復協商，最後定在第二年秋天為母親厚葬。袁世凱又一次給朝廷打報告，奏請賞假兩個月。這一次朝廷恩准了，慈禧太后還專門下了道懿旨，賞予四十天喪假回籍葬母，並加恩賞給劉老夫人正一品封典，派河南巡撫專程前往項城致祭。

袁世凱感到特別有面子。這時候他已是直隸總督，官場上春風得意，又善交際，人緣好。為了讓母親的安葬儀式更加隆重，他親自帶著僕從、護衛兵以及大群地方官員數百人，浩浩蕩蕩開赴河南項城。衣錦還鄉，八面威風，本以為這趟回項城要風光一回，誰知事與願違，二哥袁世敦竭力反對這樁葬事，袁世凱氣急敗壞，與二哥大吵了一頓，鬧到最後兩個人差點動手。

袁世敦的理由貌似也很充足：有資格與父親袁保中同葬一個墓穴的，只有正室夫人劉氏。繼室劉氏，只能葬在旁邊，另砌一座小墳。為這件事，從京城前來參加葬儀的徐世昌以及河南陳夔龍都出面進行調解，無奈袁世敦硬是不聽，擺出一家之主的派頭說：「不要以為官大就能壓我，袁家的事，還是我說了算！」

那場窩囊的葬儀讓袁世凱刻骨銘心。他和其他三個同父同母的兄弟世廉、世輔、世彤商量，只好另擇墓地，安葬了生母劉氏夫人。

離開項城時袁世凱指天發誓，故鄉這個傷心地，他再也不會回來了。

劉氏夫人的墓地埋在紅塚窪。二〇〇九年冬天，我和電視臺的朋友一起前往拍攝時，老地名叫「紅塚窪」的那個地方已經很難找尋了。幸虧有袁氏後裔袁曉林先生帶路，附近又問了幾個鄉親，總算是找到了。地點在項城與沈丘交界的師寨橋南，可是墓地已不復存在，堤岸上一排柳樹，堤岸下是一片綠油油的麥苗，附近鄉親們大致指了一個方位，他們也不敢肯定：喏，差不多就在那兒。

我曾看過劉氏夫人墓地的一張老照片。那是用漢白玉建造的一座牌坊，柱石上有麒麟、獅子等動物浮雕，兩根立柱架起的橫石上懸掛著風鈴，當地老人說，遇到颳風時，那些鈴鐺發出的聲音清脆悠揚，在曠野上傳得很遠。

據《項城縣誌輿圖》記載：「清光緒二十八年（一九〇二），壬寅孟冬朔月十六日癸卯，太子少保直隸總督袁世凱親奉母親靈柩歸葬於此。苗園占地百餘畝，翠柏成行，氣勢宏偉。北建袁氏祠堂並有一兵營看守。苗園大門朝東，兩側立石獅高三米，大風吹來，呼呼作響，人稱『喝風虎』。石獅兩側各立石旗杆，上書『教子有方』四個大字。牌坊兩側，石碑林立。有兩湖總督南陂人張之洞撰《袁太母劉夫人墓表》、袁保純撰《劉太夫人碑記》、侍郎安徽人沈雲沛撰《袁母劉太夫人墓表》等，多屬頌德之詞。安葬之日，四方來觀禮者車以千計，絡繹咸集。」

從以上史料中能看出，袁世凱葬母時盛況空前，奢華至極。

站在麥苗地裡回望那段歷史，心中泛起一陣蒼涼。之後劉夫人的墓地被邱清泉的新五軍士兵扒過墓，盜走的東西誰也不清楚是什麼，聽說有金銀珠寶和一盞萬年燈。當地老人們說，士兵黑鴉鴉圍了一大片，站了幾道崗，老百姓誰也不能靠近，事後只見棺材板散落一地。

建國後劉夫人的墓地還在。六〇年代破「四舊」，公社革委會強扒了墓塚，扒出的磚塊和白灰整整裝了二〇〇多輛架子車，全部都倒在了谷河東側河堤旁。過了幾年，當地鄉親們在墓地原址用土堆了座小墳包，他們說，袁世凱母親那座墓很靈驗，堆個小墳包，就是想不能壞了當地風水。

二〇〇九年秋，我到河南項城參加袁氏家族第三次聯誼會。袁世凱去世快一百年了，袁氏家族後裔集中在一起祭祖、商討家族事務，這還是第一次。參加聯誼會的有來自美國、加拿大、臺灣、新加坡、北京、天津、成都、河南等地的袁氏後裔，有清史研究專家駱寶善，也有一兩家聞風而來的媒體記者。

在這次家族聯誼會上，袁氏後裔們要商討的一件大事是為劉氏夫人遷墓。結果這件事後來沒有下文。沒能遷墓的原因是：劉夫人的墓被扒這麼多年了，如今她的屍骨都找不到，要遷也是隨便找些屍骨放入墓穴，是對劉太夫人不恭敬。再說如今袁氏後代已從劫難中走出來，剛剛過上了還算幸福的生活，如果遷墓動土，破壞了風水，擔心對袁氏後人不利。

劉氏夫人的墓，終歸是沒有遷成。

其實，一百年袁家的滄桑變遷，遠遠不只是一座墓地的事。

小曲一闕〈哥倆好〉——三門袁世廉

袁家兄弟中，袁世凱與袁世廉的關係最好。

袁世廉少年時膽識過人，以素有才幹享譽鄉里。當地有個土匪頭子張天罕，橫行鄉里，搶劫殺人，官府多次通緝，都沒有辦法捉到。袁世廉得知後，帶著幾個團練去抓獲了張天罕，交給衙門。這事在項城曾轟動一時。

袁世凱赴朝鮮後，陳州府家中留下繼母牛氏等人，常年無人照顧，袁世廉從項城遷至陳州府，幫助四弟主持家務，侍奉飲食起居，像親生兒子一樣。袁世凱的繼母牛氏深受感動，又不放心在朝鮮的嗣子，便叫袁世廉前往朝鮮漢城去輔佐四弟。袁世廉初到漢城時，袁世凱並沒有給他安排什麼事，只是讓三哥幫他管家。後來幫他謀了個電報局總辦的職位，負責架設從漢城至釜山的電線，袁世廉風餐露宿，吃了不少苦。

袁世廉上任電報局幫辦沒幾天，就深切感受到了做實事的艱難。架設電線，需經受日曬夜露之苦，和工人們同吃同住，這些都還好說，關鍵是如果餉銀不能按時發放，還得忍受諸多辱罵——而餉銀是由上頭劃撥的，經常拖欠，一拖欠就是一兩個月。這讓袁世廉兩頭受氣，經常感歎自己裡外不是人。

幹了半年多，他深知虎口奪食不易，又請袁世凱幫他另謀差事，此時正好有湘人李興銳被任命為出使日本大臣，李興銳原是曾國藩的幕僚，委辦糧台事務，後來當過兩江總督，袁世凱通過周馥的關係說通了李興銳，讓袁世廉隨同去日本任領事。誰知事到臨頭風雲忽變，李興銳忽然患了一場大病，出任日本大臣的計畫被取消了，袁世廉當領事的美夢自然也泡了湯。他只好打起精神，硬撐著幹完了督修電線工程的苦差事。

在袁世廉任電報局幫辦期間，他的妻子攜帶小女來到了朝鮮，居住在袁世凱府中。誰知這件家務小事，卻差點引起了兄弟間的一場誤會。袁世廉從朝鮮辭官回到河南老家後，聽到一些莫名其妙的謠傳，說他指使妻子女兒赴漢城打秋風，讓袁世凱很感難堪，甚至有人說他是騙取了袁世凱的錢財後逃跑回了老家。這些謠傳使袁世廉十分傷心。他對天發誓，今生再也不到朝鮮去了。

袁世凱從二姐的來信中得知了這些情況，也相當難受。幾十年的兄弟情誼不能輕易毀於一旦。在給二姐的家書中，袁世凱詳盡剖白了自己的心跡，托二姐幫忙制止那些閒話，並親自給袁世廉寫信，讓他釋去心中的憤懣。

此後袁世凱與袁世廉哥倆的感情修好如舊。

庚子年間，山東義和團鬧騰得厲害，不巧母親劉氏夫人又在濟南病了，袁世廉得知消息後身著便衣潛行趕赴濟南，一方面照顧母親，一方面幫四弟袁世凱處置內外的一些雜事。袁世凱拿銀子幫三哥捐了一個知府官銜，在山東設立「減成捐局」，為袁世凱剿滅義和團籌集資金。

母親劉氏夫人去世後，袁世廉被河南巡撫委任為軍隊的翼長，正好趕上一個災年，開封一帶的民眾想開墾荒地，地方官要徵收租稅，這一舉動激怒了老百姓。災民們聯合起來抗拒，群情洶湧，差點釀成了一場大變。袁世廉出面調解，一方面說服官府緩徵、減免租稅，一方面說服災民，平息事態。

中日甲午戰爭後，袁世廉被調到武昌，辦理淮鹽總局的督銷事務。不久又奉命出任徐州府兵備道。誰知剛剛上任，還未來得及施展才能，老毛病風痹症又犯了，整天躺在病榻上不能動彈。他請辭養病，這時候正好袁世凱被罷官後到洹上村休養生息，袁世凱派袁克文專程赴徐州府，將三叔父袁世廉接到了洹上村。

在彰德洹上村，袁世廉的病情時好時壞。袁世凱特地花重金請了法國醫生梅尼為他治療。梅尼醫術精湛，在中國行醫十多年，屢次獲得清廷頒賞的寶星職銜。在梅尼極盡心力的治療下，袁世廉有所好轉。然而在梅尼赴哈爾濱防疫期間，袁世廉病情忽轉惡化，痰氣湧塞，呼吸困難。在袁世廉的彌留之際，袁世凱和次子袁克文日夜守護在他的病榻前，極盡手足之情。對袁世廉之死，袁世凱異常悲痛，他親自為三哥選定墳地，定於秋天下葬。後因辛亥革命爆發，等著要袁世凱辦的事極多，此事便再無下文。

袁世廉遺有兩子：長子袁克智，父親病逝時尚在讀書，後來情況不明；次子袁克成，民國時任河南軍事稽查，頂頭上司是趙倜。趙係河南汝陽人，北洋武備學堂畢業，曾被袁世凱封為德武將軍，長期任河南督軍兼省長。他對袁氏家族的這個後裔特別關注，打報告要將袁克成提拔破格為少將，後因未獲袁世凱批准而告作罷。趙倜又請授以二等勳章，袁世凱大筆一揮改成了三等。

匆匆並非煙雲——五門袁世輔

袁世輔是袁家老五，關於他的史料並不多見。

只知道袁世凱在朝鮮期間，袁世輔也曾前往漢城，並居住了一段時間。估計是臨走時想找四哥要錢，被袁世凱狠狠訓了幾句。袁世凱在給項城二姐袁讓的信中還在憤憤不平地說：「人既無兄弟之情，我何必有手足之誼。不相聞問可也，可恨，可恨！」

清朝末年，袁世輔通過納捐獲得了一個小官，不過並沒有上任，不久辛亥革命爆發，清朝換成民國，他便始終在項城老家賦閒，直到一九二七年去世。

袁世輔生前有一妻兩妾，只生了一個兒子叫袁克莊，據說年輕時才華過人，很有希望通過科舉考試進入仕途。正在他準備大展宏圖時，清廷垮臺了。袁克莊行走在京津兩地，通過四叔父袁世凱的關係認識了不少政壇要人，段祺瑞就是其中之一。

說起來是個長長的故事。

袁克莊認識段祺瑞後，兩人稱兄道弟，關係熱絡。當時袁克莊和段祺瑞的夫人各自都有了身孕，於是他們在一次酒宴上約定，如果生下的是一男一女，就結為夫妻。

不久，袁家生下了袁家鼐，段家生下了段式巽，按照約定，段式巽嫁到了河南項城袁府，兩家親上加親。

袁克莊死得很早，二十八歲那年就匆匆離開了人間。袁家鼐與段式巽結婚後，夫妻倆搬到了天津，住在日租界須磨街的段府大院裡。

段式巽從小被人嬌慣，養成了一副大小姐脾氣，什麼事都要依著她的個性辦。她沒有兒子，只生了個獨生女兒，叫袁迪新。若干年後，這個袁迪新也成了個傳奇色彩很濃的人物，後面再講。先說段式巽喜歡上了她大姐的兒子李家暉，便不肯放手，提出要「借回家玩幾天」。哪裡有借人玩玩的？大姐知道段式巽的火爆脾氣，也沒有多說什麼，眼睜睜地看著自己的兒子被妹妹「借」走了。過了段時間，大姐要來接回兒子，段式巽卻怎麼也不肯放手。她叉腰站在院子裡大聲說：「想把孩子抱回去，除非拿槍先把我打死！」大姐看著這樣的情景，也毫無辦法，最後只好把兒子讓給了段式巽。

這個李家暉，父親是李鴻章家族的後裔李國源，也是名人之後。李家暉被段式巽強要過來之後，為他改名叫袁緝輝。袁緝輝後來讀復旦大學，畢業後留校任教，退休後去了美國。前些年，年齡已過七旬的袁緝輝先生從美國給我打了好幾次電話，同我探討袁世凱家族的一些史實。袁緝輝的身世太富有傳奇色彩了，袁世凱、李鴻章、段祺瑞這麼三個豪門之家都在他身上找得到淵源。袁緝輝與妻子王愛珠還聯名出版了一本書，書名《同愛生輝》，講述他們夫妻倆的人生經歷和生活感悟。

袁家的故事就是這麼富有傳奇色彩。每個人都像一棵樹，那些紮在地底下的樹根，總是有千絲萬縷的聯繫。

段式巽年輕時身體瘦弱，人們都認為她活不了多大歲數，誰知道她卻活到了九十二歲高齡。她一九九三年病逝於上海。

現在來說說段式巽與袁家鼐的獨生女兒袁迪新。這個小女孩從小跟在外公段祺瑞身邊長大，天生麗質，冰雪聰明。段祺瑞執政北洋政府期間，北平學生抗議日本等八國的無理通牒，舉行「三一八」請願遊行。有士兵悍然開槍，引發一場慘案。段祺瑞聞訊後趕到廣場，低頭向學生下跪。這場風波的最後收場是段祺瑞下野，他從此隱居天津，成了個虔誠的佛教徒。

袁迪新說，外公每天早上起來，頭件事便是念經誦佛。等到吃過早飯，他的老部下王揖唐就過來了，幫外公整理歷年來的詩文，準備刊印一部《正道居集》。午睡過後，外公照例是下圍棋，晚上偶爾也搓搓麻將。

一九三六年，段祺瑞在上海病逝時，袁迪新只有十四歲。

隨著年齡增長，她漸漸出落得亭亭玉立，貌美如花，學習成績優異，英文尤佳，不少豪門子弟都傾心於她。

一九四六年下半年，袁迪新來到了北平，在國共停戰談判的「軍調處北平執行處」下屬的新聞處當翻譯。「軍調處」由國共兩黨和美國代表三方面的人員組成（各方代表分別是周恩來、張治中和馬歇爾將軍），主要任務是調解國共關係。袁迪新從小受過良好的教育，英語基礎非常好，周圍又都是耀眼的政壇人物，於是她也順理成章成了一顆矚目的明星。

建國後，袁迪新當了幾十年的中學英語教師，直到一九七九年退休了，仍然被聘請到上海大學、上海財經大學、中華職業學校等院校教授英語。

真隱士自風流——六門袁世彤

項城袁氏家族「世」字輩的六兄弟中，最小的是袁世彤。

袁世彤，字孟昂，年輕時曾在袁甲三愛將周文炳幕下供職，深得周的器重。一八九三年十月，龔照瑗出任英、法、美、比大臣，袁世彤隨行為參贊。三年期滿，他隨龔返國，被奏以道員保用。但是不知什麼原因，袁世彤後來並沒有去當官，而是在老家河南項城住下來，栽花種竹，寫詩畫畫，以此為樂，大半輩子沒有再離開。在河南項城，袁世彤有不錯的口碑。他不以貴顯子弟自居，無論對何種身分之人，總是那麼和氣。

袁世凱全盛之時，許多項城人紛紛跑到北京去活動關係，謀得一官半職。袁世彤不為心動，依然在老家過寧靜的隱士生活，不做輜重京闕之想。即使有事必須去京城辦理，也是來去匆匆，決不停留。

袁世彤平時最喜歡的事是繪畫和書法。臺灣作家高拜石評價他畫的作品：「向無師承，唯撫摹南田草衣的花卉，兼用著色勾勒，和沒骨、渲染二法。」袁世彤繪畫只為自娛自樂，從來不輕易示人，所以很少為外人所知。但是他的畫作，頗有神氣，至今仍在臺灣故宮博物館裡有收藏。

有一則傳說波及很廣。說的是袁世凱洪憲稱帝期間，五弟袁世彤和妹妹袁張氏公開登報聲明，要與袁世凱斷絕關係。

這則傳說確有其事，卻並不是事情的全貌。話說袁世凱洪憲稱帝，反對的人不計其數，立場不同，角度不同，反對的理由也不同。有人反對，是因為中國好不容易走上了共和之路，復辟帝制無異於開歷史倒車，當然要反對；還有人反對，是因為他們忠誠於清朝，是晚清遺老遺少。袁世彤和袁張氏屬於後者。

袁的家人對袁世凱「帝制自為」的看法，代表了晚清遺民的一種認識水準，並沒有什麼新意，本來不足為訓。但是許多歷史研究者據此得出結論，認為袁世凱稱帝連他的家人都反對。實際上是小看了袁世凱稱帝這件事的複雜性。

袁世彤不僅口頭上反對四哥稱帝，還扯起旗幟，招募軍隊，自任為討袁軍大統領，羅列袁世凱罪狀二十四款，印成傳單四處散發。時河南都督為張鎮芳（袁家老大世昌的妻弟）得到這個情報，也不大敢過問，於是密電袁世凱請示如何處置。袁世凱哈哈大笑：「老六與我鬧家庭革命了，無怪乎老張束手無策。」袁略作沉思後複電張鎮芳，讓其派兵勒令解散，如敢違抗格殺勿論。張鎮芳捧著袁世凱的手諭，讓袁世彤看了，袁世彤冷笑一聲反問：「張都督將如何處置我呢？」張鎮芳說：「你總不能讓我為難。」過了幾天，袁世彤率領所募軍士數百人離開河南進入陝西，後為陝西都督陸建章所遣散。

關於袁世彤之死有多種說法，一般認為他老年病故於河南項城，也有說他在陝西死於陸建章刀下的，據說陸建章是遵從袁世凱的密囑，此說證據不足，難以為信。

袁世彤有四個兒子：袁克正、袁克倫、袁克艮、袁克靈。

其中第三子袁克艮，字叔武，生於一八九八年，畢業於燕京大學。

袁克艮一生好善樂施，每逢饑荒年境，他必在袁寨設置粥棚，賑濟災民。逢年過節，為了不使受助人尷尬，常差人於夜半時分塞錢於窮人門縫裡。鄉鄰有難，他也經常慷慨解囊相助。袁克艮的善舉，在河南項城傳為佳話。

袁克艮重教育，終生致力於辦學，不僅使項城袁氏子女學有所成，也惠及四周鄉鄰。

袁克艮先後娶妻三人。髮妻單氏病故後娶豆氏，與豆氏離異後娶付氏。三個妻子共生育有五子八女。

其中第三子是袁家琤。一九四五年秋，袁家琤與祖籍浙江紹興的徐淑貞結婚。建國後在河南開封、項城等地教書。袁家琤喜歡打籃球、乒乓球。一九六五年的「四清」運動中，因管理學校食堂糧票錯帳四十六斤，被開除公職，回袁寨勞動。十一屆三中全會後平反，分配到項城某校任教，一九八七年病故。

袁家琤有二子三女，其中次子袁曉林，原為項城縣政協副主席。正是因為他的這一雙重身分，近三十年來，袁曉林成了項城官方、項城故里與散居在世界各地的項城袁氏後人聯繫的一根紐帶。袁家騮回國探親訪友期間，袁曉林是袁家騮與袁氏後裔牽線的主要連絡人；前幾年成立項城袁氏家族聯誼會，袁曉林也是重要牽頭人之一。他對袁氏家族的往昔熟悉，也親眼見證並親身經歷了其中的某段歷史，面對那些支離破碎的家族史碎片，他覺得自己應該做點什麼。

最近幾年，袁曉林先後撰寫、編輯了不少與袁氏家族史有關的文字和畫冊。他編輯的《袁氏家族影像志》，搜集了大量珍貴的家族圖片，如今坊間已難以找到了；他編輯的另一本《淡出豪門的逝水流年》，搜集了大量袁氏後人的回憶文章，如今也已成為研究項城袁氏家族史不可或缺的寶貴史料。

關於他自己的人生，其實也是一本書。袁曉林曾寫過一篇文章《兵團歲月》，回憶他那逝去了的青春歲月，他在文章中說：「人生是一種大寫的記憶。因了記憶，生命才充滿喜怒哀樂，才顯得色彩絢麗。歲月像一條流淌的河，無論多麼坎坷的經歷，無論多麼辛酸的淚水，經過三十年的沉澱，河水也會清澈見底，舒緩從容。」

袁曉林原來不叫這個名字，他的原名叫袁啟義。那時候他還是學生，有人說，你取這個名字，難道是想造反起義不成？袁啟義聽了這話，嚇得不行，第二天就改了名字，從此叫袁曉林至今。

那樣的家庭背景，他求學無門，感到前途迷茫。一九六四年，父親袁家琤因管理學校食堂的糧票出了差錯，被貶職還鄉，從開封到了項城。袁曉林和三個妹妹一起，也跟隨父母回到了項城。

回到項城後的第二年，袁曉林身上發生了三件事，使他傷心和迷茫，決定告別項城，遠走他鄉。

第一件事：一九六四年十一月，項城縣民政局分配他到項城國營農場上班。說是林場，其實不過是培育苗圃的一個小單位。工作之餘，袁曉林報考了北京林學院函授生院，被順利錄取。這樣一來，他的情緒由苦悶變得愉快，工作也帶勁。可是有一天，他幫農場一位老大爺牽一頭牛，路上碰見農場的一位領導，隨口答了幾句腔。誰知道那位農場領導事後編派他的瞎話，到處宣傳「袁曉林牽牛打滾」，並且說，牛不打滾那個青年學生急得直哭。這事傳到袁曉林的耳朵裡，氣得臉紅脖子粗。那時候他還年輕，就嘗到了被人冤枉的滋味，心裡特別不好受。

第二件事：在農場勞動期間，袁曉林積極要求進步，參加了共青團。三個多月後，人民公社的一位女團幹部找他談話，問道：「你家在袁寨？」袁曉林點點頭。那位女團幹部說：「你入團的事就算了吧，只當沒入過。」袁曉林不理解，申辯道：「咋的啦？我都填了表，宣了誓，交了團費，你一句只當沒入過，就一筆勾銷啦？」女團幹部輕聲輕氣地勸他：「好啦好啦，這事你也別生氣，算了就算了，只當沒入過，這事你也不要對外人說，啊？」與公社女團幹部談話後，袁曉林回到宿舍裡蒙頭大睡了一天，情緒大受影響。

第三件事：因為出身袁氏家族，袁曉林一直想找個貧下中農做乾爹。聽母親說，他生下來後奶不夠吃，找了個奶媽，吃了她一個多月的奶，認了乾娘。那麼自然而然，乾娘的丈夫就成了乾爹。

有一天，袁曉林抽空去看望乾爹乾娘。他們家住的是兩間舊草房，屋裡光線昏暗。老兩口見袁曉林提著禮品來看望，顯得手足無措。他們坐下來聊天，老兩口說話吞吞吐吐，看上去像是有什麼心事。袁曉林一問，才明白了事情的原委。乾爹說，土改那年，他才二十多歲，家庭出身好，當上了民兵，背支漢陽造步槍，挺神氣的。一天，鄉政府派他押送一個人到縣城，他二話沒說，背著漢陽造就上了路。剛走了幾里路，老天就下起了瓢潑大雨，兩個人都淋成了落湯雞。兩隻鞋粘著兩大坨泥巴，甩都甩不掉。乾爹累得氣喘吁吁，一氣之下幹下了糊塗事。乾爹舉起槍，將他押送的那個人一槍擱到了泥地裡。事情還沒有完。過了幾天，縣城裡見押送的人始終沒有來，不知發生了什麼事，到鄉下來一問，大為驚訝。縣城裡的人說，「那人是個地下黨員，你們怎麼草菅人命？」於是乾爹被關押起來，後來雖被釋放，還是戴上了壞份子的帽子，一輩子接受貧下中農的監督。而對於袁曉林來說，本來是想拜個貧下中農乾爹幫助自己減輕「罪孽」的，乾爹也成了壞份子，對社會的失望又增加了一分。

有了這麼三件傷心事，袁曉林心灰意冷，下決心要離開河南項城。

正好那幾天報紙上大張旗鼓在宣傳周恩來到新疆兵團看望上海支邊青年，號召青年人到廣闊天地施展才華。袁曉林馬上到縣民勞科報名，要求去新疆建設兵團支邊。

和袁曉林一起去縣民勞科報名的還有一個人。這個人叫薛斌，項城李寨人，革命烈士子弟，父親在淮海戰役中犧牲了。薛斌當過兵，從部隊轉業後分配到項城林場。袁曉林記得他報到的那一天，左手拿著個半導體收音機，右手拿著本《毛選》，身後背著個方方正正的背包，黑悠悠的臉上流淌著喜氣。但是沒過多久，薛斌就與林場場長鬧翻了。場長叫張春枝，也是部隊轉業幹部。薛斌自認為他與張場長都是從部隊轉業的，應該有共同語言。於是給張場長建議，林場要像部隊那樣，每週集中一次時間讓全場幹部職工學習《毛選》。張場長當時嘴上沒說什麼，心裡卻十分不耐煩，在一次學習結束後，張場長講話了，他說：「什麼這個主義哪個思想，有些年輕人成天空想，幹活靠出勁，種田靠上糞，沒有了勁，沒有了糞，屁都不管用！」這一席話說出後，薛斌臉上掛不住了，當場與張場長大吵一頓。這件事過後，薛斌心裡越想越不對勁，他跑到縣委監察委員會去告狀，說場長反對學習毛主席著作，監察委員會的同志作了記錄，但是事情過了很久，也沒見到有任何處理。薛斌心裡有點後怕，他擔心官官相護，說不定縣委監察委員會的人將情報捅給林場場長，合夥來整他。於是，三十六計走為上，他跑到縣民勞科報了名，堅持要求去新疆農場。

一九六五年九月，袁曉林和恭斌揣著項城縣政府民勞科的介紹信，來到新疆烏魯木齊兵團司令部。換了介紹信，去農六師報到。

就這樣，袁曉林在新疆建設兵團農六師幹了幾年，結識了一些戰友。到了文革後期，一九七二年六月，建設兵團師直屬單位中的「黑五類子女」以及「站錯隊的人」，被一紙命令發配到遙遠的大山深處——大黃山煤礦。

袁曉林是這批人員中的一員。被發配的原因，是因為河南項城政府發來了一份公函：袁曉林係袁世凱的孫子，其母親對抗群眾運動，投井自殺未遂，云云。事後袁曉林弄清楚了，那份公函是他母親所在學校的造反派頭頭偽造的，公章是用胡蘿蔔雕刻的。但是在那個特殊的年代，建設兵團接到了這麼一份公函，必須得嚴肅對待。

袁曉林坐在大卡車上，咣當咣當去了大黃山煤礦。在煤礦上幹了幾年，終於有一位政策水準高、又有憐憫之心的領導提議，讓袁曉林當教師。袁曉林在大黃山煤礦一直幹到一九八〇年，河南項城老家那邊為他父母落實了政策，父母多次捎信讓袁曉林回項城，他這才離開了新疆，回到了項城老家。

袁曉林回項城後，歷任中學教員、教導主任、校長等。一九八四年進入政府部門工作，曾任項城政協副主席。如前所述，他不僅整理、撰寫了許多袁氏家族的文字、圖片和書籍，還是袁氏家族內外聯繫的一個牽線人。

第七章　一言難盡袁克定

在歷練中成長

人們印象中的袁克定不苟言笑，為人處世端莊嚴肅，其實並不完全如此。

年輕時的袁克定也有過風花雪月的光陰。好友張伯駒回憶，「克定有斷袖癖，左右侍童，皆韶齡姣好。辛亥，先父（張鎮芳）在彰德總辦後路糧台，居室與克定室隔壁，有童向克定撒嬌。克定曰：『勿高聲，隔壁五大人聽見不好。』……但先父已聞之矣。」張伯駒為此還戲題一絕句：「斷袖分桃事果真，後庭花唱隔江春。撒嬌慎勿高聲語，隔壁須防張大人。」

張伯駒與袁克定從小是玩伴，他對大公子知根知底，應該不會有假。

人年輕時誰沒有做過幾件荒唐事兒？袁克定在京城風月場上最讓人咋舌的一件事，是在天仙戲院與李蓮英的親侄子大城李搶風頭。大城李名叫李福堃，見袁克定在天仙戲院常年備包廂，每次進戲院都是人前人後吆五喝六，心裡不服氣，藉故找岔子滋事，抓住袁克定手下一個跟班裝大爺為理由，大打出手，從口角爭執演變成一場轟動京城的群毆。

消息傳到袁府，袁世凱得知後大發雷霆，吩咐人將袁克定叫來，提著鞭子狠狠抽打了他一頓。又派人拿著袁世凱的名片去請大城李，袁世凱低下架子，一口一個賢侄叫得親熱，當庭叫袁克定給大城李陪禮道歉，奉大城李為上賓，擺酒設宴，好魚好肉招待。此後不久，又讓袁克定與大城李磕頭燒香，結拜兄弟。經過這麼幾個來回，大城李心中的怨氣早已煙消雲散，逢人便說袁世凱了不起，肚子裡能撐船，是做大事的人物。

父親袁世凱治人的手腕，讓袁克定佩服得五體投地。大約在此前後，袁氏父子間有過幾次推心置腹的談話，對袁克定人生觀的改變起了舉足輕重的作用。袁世凱曾經也是心性浮躁一少年，當年多虧叔父袁保恒、袁保齡栽培，接到京城身邊潛心讀書，方成正果。如今，袁世凱用叔父袁保恒、袁保齡教導過他的那一套方法，因人施教，循循善誘，激發調動袁家長子內心裡蟄伏的另一種激情——對政治和權力的欲望。這一招果然奏效，袁克定收拾起玩興，告別花花世界，一門心思投入到權力遊戲的漩渦之中，成了他父親袁世凱的得力助手。

二十世紀初，經歷了義和團、甲午海戰、日俄戰爭等一系列災難，清廷統治搖搖欲墜，朝野上下呼籲立憲的聲浪日益高漲。隨著清末新政改革的漸趨推進，晚清官員出國遊歷考察形成風氣，考察外國政治（尤其是考察憲政）也被提上了議事日程。

最著名的是五大臣出洋，詔書一下，朝野震動。這次清廷派出考察的大臣十分慎重，人選幾經變動，最初人選是慶親王奕劻之子載振、軍機大臣榮慶、戶部尚書張百熙、湖南巡撫端方，後因榮慶、張百熙有事推託，改派軍機大臣瞿鴻禨和戶部大臣戴鴻慈。又因載振、瞿鴻禨公務在身，不能出洋，改派鎮國公載澤、軍機大臣徐世昌，不久又追加商部右丞紹英。

五大臣出洋考察還選調了大批隨員，其中不乏政壇和外交界的風雲人物，包括部分京官、如御史、內閣中書、翰林院編修、各部郎中、員外郎、主事等，也有地方官，如道員、知府、知縣，海陸軍官如參將、都司，以及地方督撫調派來的隨員和留學生，有的是精通外語、熟悉歐美國情的歸國精英。這批隨員中，有後來名聲鵲起的熊希齡、陸宗輿、章宗祥、施肇基等人，正有待冉冉升起的政治新星袁克定也名列其中。

一九〇五年九月二十四日，北京舉行了一場隆重的歡送儀式，祭拜了祖先之後，五大臣（載澤、徐世昌、紹英、戴鴻慈、端方）在社會各界人士的簇擁下，在洋鼓洋號震天響的喧囂聲中，如同即將踏上征程的英雄，在北京正陽門火車站登車出發，大批隨員也尾隨其後。

火車還沒有開動，忽然聽見前邊車廂傳來了爆炸聲，一時間人聲喧嚷，不知道那邊車廂發生了什麼事。

這次事件史稱「吳樾刺殺五大臣案」，是清末的一個著名案件。

吳樾這年春天寫了一本書《暗殺時代》，書名頗有象徵意義。二十世紀初，無數熱血青年發誓救國，卻又不知道這個國該從何處救起。迷茫中，有希望實現的憲政擦身而過，革命和暗殺成了主旋律，一個鐵血時代瀰漫著血與火。許多仁人志士壯烈殉國，既驚心動魄、可歌可泣，又成了後世人們心頭的傷痛，為之遺憾、婉惜、扼腕長歎。

那次爆炸案，吳樾當場被炸身亡，五大臣中紹英受傷最重，載澤、徐世昌略受輕傷。這一意外事件使得清廷不得不改變出洋人選和延緩出洋考察時間。直到這年年底，出洋考察的大臣才重新啟程，人選則再次更換，他們是載澤、李盛鐸、尚其亨、戴鴻慈和端方。

這次五大臣出洋考察的隨員名單中沒有袁克定。具體什麼原因？不得而知。從史料中考據，一九〇六年的袁世凱十分忙碌，這一年他仍在天津小站練兵，一九〇五年和一九〇六年，北洋新軍連續兩年舉行了大規模的軍事會操，袁世凱是清廷欽定的閱兵大臣，長子袁克定被他倚為左右手。

一九〇六年，清廷將工部和商部合併，成立農工商部，這是清廷為促進發展實業而專門設立的中央機構，掌管全國農工商、森林、水產、河防、水利、商標、專利諸事。原商部右丞紹英在吳樾爆炸案中受重傷，空缺出的位置正好由袁克定頂上。

農工商部尚書是慶親王奕劻之子載振。熟悉近代史的人應該都知道，袁世凱與慶親王奕劻的關係非同一般，袁家與慶親王府的家眷之間相互經常走動，關係也熱絡非凡。後來，袁克定還和貝勒載振結拜成了兄弟，此是後話。

袁克定先後結拜的異性兄弟有載振、汪精衛、蔡鍔、楊度等人，從這份名單可以看出，涉及到的人物在晚清及民國初年無不佔有舉足輕重的關鍵位置，有的甚至直接影響到近代史的方向和進程。由此也透露出袁克定在近代史中的重要性。遺憾的是，我們的近代史上一直把他當作一個簡單的反面角色符號對待，要還原一個活生生的有血有肉的袁克定，路還遠，行路難！

自從經過父親的教誨後，袁克定變得志向高遠，處處學其父。然而無論是在觀察大局上還是在為人處事上，他的胸襟、識見以及謀略，都比父親袁世凱差得太遠。

這裡舉兩個例子就能一目了然。

其一：

袁世凱遭遇貶職罷官，跪接詔書後心驚肉跳，回到袁府，喘口氣，喝口茶，調息靜心坐定，這件事想想仍是後怕。如果詔書內容是賜死，這會兒腦袋恐怕已經搬家了。當時袁府中，心腹幕僚張一麐等人藉故逃避，其他男女僕從也張惶失措作鳥獸散，風聲鶴唳，處處驚惶，不知道還有什麼大禍將要從天而降。

據史料載，袁世凱當天乘坐火車至天津。一位正好同車的英國目擊者海魯目睹了這一幕，他回憶道：袁世凱穿一身素衣，神情嚴肅，目光炯炯有神，在幾個隨從的簇擁下進入頭等車廂，從京城到天津的兩個多小時，袁世凱沒有說一句話，隨從小心翼翼給他倒茶，也未見他吭聲。下午四點三十分，火車到達老龍頭車站，袁世凱在隨從們的護送下乘一輛馬車西行而去。

袁世凱到天津後，住進了一家德國飯店。吩咐隨從給其舊屬、代理他出任直隸總督的楊士驤傳信，然後靜靜等候楊士驤的到來。誰知一直等到晚上十點多鐘，還是沒見楊士驤的影子。第二天上午，德國飯店裡來了一個人，是楊士驤的兒子楊梧川，他悄悄溜進了袁世凱的房間，遞上一張支票，臉上神情有幾分不自然。不需要多說，識人無數的袁世凱已經明白了是怎麼回事。果然，楊梧川吞吞吐吐說他父親有難處，乞求世伯鑒諒。袁世凱一拍桌案，想罵一句「混蛋」，又一想還是忍下了。世態炎涼，落水的鳳凰不如雞，當年一手保薦的心腹親信楊士驤尚且如此，遑論他者？

心灰意冷的袁世凱當機立斷，回到京城！值此緊急特殊時刻，不能指望任何一個人幫自己。

——有知情者透露，當時建議袁世凱去天津找楊士驤尋求政治避難的，就是大公子袁克定。按照袁克定的建議，先去天津躲一陣，萬一形勢不妙，可從天津乘海輪逃往日本。

其二：

袁世凱在洹上村垂釣當隱士期間，武昌起義爆發，身居京城的袁克定在第一時間內得到消息，乘車匆匆趕赴安陽，將這個消息報告給父親。聽過情況彙報，袁世凱表情依然沉穩，袁克定耐不住了，幾番欲言又止，想表達個人看法。袁世凱見狀小聲問道：你什麼意見？袁克定果斷地表達了他鮮明的觀點：當年清廷欲置父親於死地，如今報仇的機會來了，清廷氣數已盡，趁此機會樹起旗幟與清廷分庭抗禮，聯合革命黨人打進京城，掀翻太和殿裡的那張龍椅。

袁世凱鼻孔裡哼了一聲，沒有再搭理大公子袁克定。

武昌起義後的第三天，清廷派陸軍大臣蔭昌統率北洋軍兩鎮南下討伐。幾乎與上述命令發出的同時，洹上村來了個祕密客人。此人是袁的舊屬馮國璋，也是被清廷派往南下作戰的北洋軍首要統領。馮國璋是來向袁世凱請示機宜的，袁世凱沒有正面回答，用手指頭蘸著一碗水，在桌上寫了六個字：「慢慢走，等等看。」這六個字道出了袁世凱內心裡的韜略。

直到慶親王奕劻、軍機大臣徐世昌說服了清廷，建議起用袁世凱「討伐叛軍」，並表示「要收拾這個混亂的局面，非袁不可！」清廷無奈，任命袁世凱為湖廣總督兼辦剿撫叛軍事宜。奕劻、徐世昌代表清廷來到洹上村當說客，袁世凱提出了他複出的條件，一共六條：明年召開國會，組織責任內閣，開放黨禁，寬容武漢起義人物，授予指揮前言軍事的全權，保證糧餉充分供給。

此時清政府已成騎虎之勢，繼武昌起義後，湖南、陝西、山西、雲南、上海、浙江、安徽、廣東、福建、廣西等省紛紛扯旗響應，宣佈脫離清廷獨立。南下征討的北洋軍，全部停留在信陽與孝感之間，兵車阻塞不通，蔭昌下達的軍令常常被莫名其妙地推諉不執行。革命黨乘虛而入，在漢口發動了新一輪攻勢，兵力推進到三道橋，勢不可擋。清廷高層終於知道那句「非袁不可」的含義了，趕忙下令解除蔭昌總指揮的職務，任命袁世凱為欽差大臣，節制馮國璋的第一軍、段祺瑞的第二軍以及水陸各軍。

命令下達的當天，北洋軍露了一手，奉袁世凱的祕密指示向漢口革命軍發動了猛烈進攻，打了個大勝仗。北洋軍沒有乘勝追擊，袁世凱的謀略是「養敵自重」，一方面給革命軍一點顏色，一方面給清政府一點甜頭，就這樣打打停停，進進退退，袁世凱於不動聲色中慢慢動搖了大清王朝的根基。

袁世凱把他這套方法比喻是「拔大樹」。在一次同手下幕僚楊度的談話中他說：「專用猛力去拔，是無法把樹根拔出來的。過分去扭，樹一定會折斷。只有一個辦法，就是左右搖撼不已，才能把樹根上的泥土鬆動，不必用大力一拔而起。清朝是棵大樹，還是三百多年的老樹，要想拔起這棵又大又老的樹，不是一件容易的事。鬧革命，都是些年輕人，有力氣卻不懂得拔樹，鬧君主立憲的人懂得拔樹，卻又沒有力氣。我今天的忽進忽退就是在搖撼大樹，現在泥土已經鬆動，大樹不久也就會拔出來。」袁世凱這番夫子自道，即使在今天看來也充滿了哲學辯證的味道。能說出這番話，說明袁世凱在政治的磨礪中已經非常成熟和老練。到後來兵不血刃逼迫清宮退位，從而結束了清廷三百多年的統治，也從形式上結束了中國幾千年的帝制，袁世凱的政治手腕更是發揮得淋漓盡致。

而與此同時，袁克定的頭等大事仍是報仇。他預謀在北洋軍內部發動武裝政變，私下與北洋軍中的革命黨人吳祿貞密謀，準備趁亂打進紫禁城，推翻清廷，活捉攝政王載灃。袁克定還和四川的幾個革命黨人聯手，弄了一批炸彈，計畫放進清廷宮殿裡。

這兩件事，其胞弟袁克文在晚清民國掌故集《辛丙秘苑》中均有記載。

袁克文在《大兄釀禍》一節中如實描述了當時的情景：

> 辛亥八月廿日，家中正為先父袁世凱祝壽，京津的親故們咸集洹上村，第二天準備繼續演戲，武昌起義的電報傳到了，座上客人相顧失色。袁世凱咕噥，這次起義非洪楊起義可比。過了幾天，命袁世凱督師南下的軍令下達，袁世凱準備行裝，召集部屬，臨行前，將張士鈺、袁乃寬、袁克定、袁克文四人叫來，一一吩咐。對袁克定說：「你跟我去出征。」又對袁克文說：「你留守，如果我和你大兄以身許國，家事你便作主。」接著吩咐：「士鈺統守兵，乃寬掌軍需，助克文守護洹上村。各敬職守，我方能心安於外。」

先父袁世凱為什麼會要袁克定跟他去出征？袁克文繪聲繪色敘述道，武昌起義後，袁克定曾遊說先父趁亂反戈北指，推翻清廷，遭致先父叱責。此時暗藏的革命黨人吳祿貞新被清廷任命為山西巡撫，袁克定知其有異志，拜為兄弟，每夜吳祿貞以巨幅覆首，輕車過錫拉胡同，直抵袁克定寓宅，深室密談。舊僕田鴻恩感覺此中形跡可疑，於是潛在暗處偷聽，當他聽到「奪彰德，斷後路」等語，大驚失色，急忙將消息報告給了袁克文。當袁世凱從袁克文處知道這一消息後，並不聲張，表面上風平浪靜，揮師南下時讓袁克定跟隨身邊，如同另一種形式的軟禁，實為高妙之舉。

關於炸彈放進清廷宮殿一事，袁克文是這樣敘述的：

> 大兄袁克定採納某川人獻計，廣招亡命之徒，購置炸彈，擬擲入清宮。恰逢先父袁世凱拜總理內閣之詔，袁克定力阻袁世凱北上，日與唐天喜（袁世凱的親信衛兵）及某川人密議克日舉事。又邀來袁世凱舊屬倪嗣沖，告訴他說：「已招炸彈隊數百人，以唐天喜統之，約定明日之夜行動。」袁克定交給倪嗣沖的任務是保護主座袁世凱，一旦爆炸事成後，袁世凱在天津即位。倪嗣沖聽完袁克定這番話後，預感到事態嚴重，急忙找到段祺瑞，一起去見徐世昌。時夜色已深，徐世昌已入睡，倪、段告知事情緊急，務請徐中堂賜見。徐世昌聽倪、段講完事情經過，深夜去袁府叩門。睡眼惺忪的袁世凱擁衾而坐，聽聞大公子袁克定將有如此舉動，臉上並不動聲色。
>
> 次日一早，袁克定來見袁世凱，袁世凱說，你母親病了，病中想念你，你速回彰德去看看她。」袁克定支吾說，今日有事，明日再歸。袁世凱說，不可！車已備好，在門口等你。袁克定探頭一看，果然袁府門前停著一輛摩托車，他不敢違抗父親的意旨，只得悵悵而行。袁克定走後，袁世凱叫來唐天喜，厲聲詢問今夜將有何事？唐天喜伏地不敢仰視，再問，唐

天喜跪下磕頭不止，說，大爺之命，天喜焉敢違拒。袁世凱說，他叫你去死，你死不死？既然你不敢違抗，為何不來告訴我？停了一會又說，今天免你一死，速以資遣散所招徒眾，炸彈立即銷毀。此事若對外走漏半點風聲，斬頭！

袁克文講述的兩則掌故都事涉袁克定干政。事實上，自從袁世凱赴朝鮮率兵作戰，袁克定就始終跟隨在父親身邊歷練。要說袁克定介入他父親的政治，從那個時候就開始了。

有個故事很能說明袁克定在袁世凱政治棋局中的作用。

馮國璋被清廷封為一等男爵的重賞後，意欲一鼓作氣，渡過長江拿下武漢三鎮，袁世凱急電馮國璋切勿打過長江。馮國璋莫名其妙，搞不懂袁世凱葫蘆裡賣的什麼藥。有一天，一個不明身分的人從武昌渡江北上，被前沿哨所截獲，以為是革命黨的間諜，要拉去槍決。那人急忙稱自己名叫朱芾煌，是奉袁克定的密令來與黎元洪接洽和談的，並從內褲裡摸出了一張龍票，上頭果然有「欽差大臣袁」五個字。馮國璋致電袁世凱詢問此事，很快老袁的回電來了：「此事須問克定。」不久，袁克定的電報也來了，電文中稱：「朱即是我，我即是朱，若對朱加以危害，願來漢與之拼命」。馮國璋只好放人。袁克定玩政治還是嫩了點，字裡行間透露出的霸道，讓馮國璋感到很不舒服。

在袁世凱的政治棋局中，袁克定始終是一枚重要的棋子。這枚棋子後來一步走錯，導致棋局滿盤皆輸，這是誰也沒有想到的。

袁大公子挖了個巨坑

袁克文在談到兄長袁克定時，有一句中肯的評語：「大兄因驕致敗」。縱觀袁大公子一生，這句評語確實很到位，他一日三餐，正襟危坐，不苟言笑，無論見到誰都一本正經，即使到了晚年，家庭境況潦倒至極，仍然不減當年的自負，這個人的派頭實在是太大了。

在北洋舊屬中，他最討厭的人是徐世昌，稱徐為「活曹操」。對馮國璋，他打心眼裡瞧不起，認為那人是草包一個。和段祺瑞的關係鬧得也很僵，雖經袁世凱一再調合，仍然隔閡太深，袁大舅和段姐夫互不買帳。北洋將領中，只有一個王士珍是他所尊重的。無奈王士珍心中只裝著個大清遺民情結，無論是對袁世凱當大總統的民國，還是對袁世凱當皇帝的洪憲，都沒有什麼興趣，他看破宦途，歸隱還鄉當遺老，也幫不了袁大公子什麼忙。

袁克定要在政治上站穩腳跟，必須培植自己的親信。

籌畫成立「模範團」，實際上等於是辦了個軍官短訓班，抽調北洋各師下級軍官為士兵，中高級軍官為模範團下級軍官，擬定每期半年，培訓出兩個師的軍官。第二期，由袁克定親任團長，他挑選出的團副陳光遠和陸錦雖說是很聽話的跟屁蟲，指揮起隊伍來卻是兩個草包。陳光遠不學無術，斂財致富倒是一把好手，此人後來成了北洋系著名的富翁。陸錦是個看風使舵的人，袁世凱上天壇祀天，原來安排親自走上天壇的，下轎後陸錦搶上前，攙扶即將登基的袁皇帝走上臺階，在場官員為之側目。對這麼兩個廢物袁克定感到失望，不過要他挑選駕馭優秀人才，還真是件難事。比起袁世凱來，大公子實在差得太多了。

洪憲帝制時期，袁克定是最忙碌的一個人，除了偽造《順天時報》欺騙父親外，他的主要精力都用在了網羅人才上。一九一四年七月，袁克定以養病的名義移居湯山，抽調了京畿拱衛軍的三個分隊擔任警衛，此後楊度也遷到那裡，於是湯山成了洪憲帝制的重要策源地。袁克定曾經打過立憲派首領梁啟超的主意，約梁任公至湯山赴宴，大談共和體制不適合中國國情，言下之意是探詢梁啟超的口風。梁啟超也是政治老手，無論袁克定說什麼他始終是一臉微笑，安靜聆聽，自己不發表任何意見。梁啟超在政海浮沉多年，深知玩政治的厲害性，弄不好會有殺頭之憂的，從湯山回到北京第二天，梁啟超率領全家悄悄搬到天津，溜掉了。事後梁啟超回憶道：「先是去年正月，袁克定忽招余宴。至則楊度先生在焉。曆詆共和之缺點，隱露變更國體求我贊同之意。余為陳內部及外交上之危險，語既格格不入，余知禍將作，乃移家至天津。」

袁克定物色的另一個人物是蔡鍔（一八八二－一九一六），此人字松坡，湖南邵陽人，從小家庭貧寒，父親是個鐵匠。十六歲時，蔡鍔進入長沙時務學堂讀書，老師是大名鼎鼎的梁啟超。此後留學日本士官學校，一九〇四年畢業回國，在江西、湖南軍事學堂任教官。一九一一年調雲南任新軍三七協協統（相當於旅長），回應辛亥起義，被推為總指揮，後任雲南都督。袁克定看了這樣一份幹部履歷表，自然心動，心動不如行動，經請示父親袁世凱，要將蔡將軍調進京城提拔重用。

電報發到雲南，蔡鍔深感疑惑：雲南是塊好地方，昆明四季如春，風景如畫，在這裡當都督山高皇帝遠，連北洋政府的勢力也鞭長莫及。如今袁世凱調他入京，莫非是官場上常用的「明升暗降」之手段？這麼一想，蔡將軍心裡老大不願意，但是又怕不答應，會成為袁世凱對雲南用兵動武的理由，在一種矛盾的心態中，蔡將軍依依不捨地離滇，取道越南河內，搭乘海輪到上海，袁世凱派出的代表范熙績早已在上海恭迎。

蔡鍔到京後，立馬被袁世凱任命為陸軍部編譯處副總裁，總裁是段祺瑞。到了第二年，北京參政院成立，蔡被委任參政院參政，不久又被授予昭威將軍。顯然，無論是袁世凱還是袁克定，對蔡鍔都是極其重視的，但是蔡鍔畢竟不是北洋嫡系，以前和袁氏父子也沒有任何瓜葛，這樣的人再有才幹，如果政治上不可靠也是白搭。

這時候三公子袁克良派上用場了，他所管轄的偵緝隊日夜出動，又是監視又是跟蹤，偏偏又不注意保密，動作做得很大，鬧得蔡將軍心情很是不爽。有一天，棉花胡同六六號門前人聲嘈雜，蔡將軍剛起床，就聽見有個天津口音的人在外邊大聲咋呼，看門人提醒：「這是蔡將軍的公館，你們是不是弄錯了？」天津口音大著嗓門說：「什麼菜將軍飯將軍，我們奉上頭命令，兄弟們，進去搜！」揮揮手，一群軍人一擁而入，在每個房間裡翻箱倒櫃搜了一通。當然所謂的違禁品是沒有的，蔡將軍是玩政治的人，不會這麼大意。

事後蔡鍔憤憤不平，打電話給袁克定詢問情況，袁克定的回答是：純屬誤會。據袁克定的解釋，這個案子關係到袁家的一樁家務糾紛：原來，蔡所住的棉花胡同六六號，是袁世凱的兒女親家、天津大鹽商何仲璟的舊宅。宣統三年（一九一一），何仲璟在天津欠下外國商人一筆鉅款，幾乎傾家蕩產，何的姨太太曾派人攜帶珠寶細軟到北京，將貴重物品寄存在這所舊宅內。事隔多年，何仲璟死了，何的姨太太也不知去向，只剩下當年攜帶珠寶細軟來此寄存的人，此人即為那個天津口音，如今的身分是「劉排長」。劉排長並不知道舊宅易主，現在住的是蔡鍔將軍，魯莽闖入其內，上演了一出鬧劇。袁克定告訴蔡鍔，這個「劉排長」因強闖蔡公館，已被綁赴西郊土地廟軍法處置了。

袁氏父子把蔡鍔當做座上賓，可是在於蔡鍔看來，自己好像是被軟禁了，沒有行動自由，思想更是不敢輕易流露。無奈之下，蔡將軍只好開始演戲，和楊度等人在八大胡同征歌逐舞，詩酒風流。楊度也是湖南人，又曾留學日本，和蔡鍔私交相當好，二人在一起很談得來。蔡鍔被袁氏父子看中，楊度起了穿針引線的作用。但是現在，楊度是袁世凱洪憲帝制的設計師，蔡鍔感到他和昔日這位同學老鄉之間，隔起了一堵無形的牆壁。

蔡鍔出身寒門，生活上吃苦耐勞，也懂得自律，平生從未沾染風流韻事。八歲時訂了一樁婚事，女方是湖南武岡縣劉家，叫劉俠貞，後成為蔡的正室夫人。在雲南擔任都督期間，蔡鍔剛過而立之年，經人撮合，在昆明娶了一位姨太太潘氏。此次北上京城，他就帶著這位姓潘的如夫人。思來想去，蔡將軍只好得罪一下潘姨太了。

蔡鍔要導演一齣戲，由他出演男一號，女一號是雲吉班的當紅妓女小鳳仙。這個風塵女子不尋常，原是江南大才子曾朴花八十兩銀子買的一個婢女，見其秀色可餐，來了個近水樓臺先得月，將她梳櫳入懷，湊成了一樁風流事。不料被特愛吃醋的妻子張彩鸞發現，大鬧河東獅吼，曾樸只好贈送銀子，讓她離開曾家另尋出路，於是小鳳仙流落花界，成了京都妓館的一顆明星。小鳳仙不懂政治，也沒有傳說中的那麼矢志不渝，在她看來，總統和皇帝並無什麼區別，推翻不推翻干卿何事？他對蔡將軍的感情，也並不像電影中那樣美妙。

事實上蔡鍔初識小鳳仙，也是緣於一次狎妓活動。小鳳仙垂著眉睫，柔聲問道：客官做什麼的？蔡鍔悶著頭撒了一個謊：皮貨商人。其實一切都瞞不過小鳳仙那雙眼睛，客官氣度不凡，外歡內鬱，絕不是來買笑的商人。小鳳仙也想過脫離妓籍，但她要找的是一個牢靠的男人。蔡鍔用意何在，識人無數的小鳳仙心裡有譜，她並不想把自己當做人家政治棋盤上的一枚棋子，因此當蔡鍔急吼吼地同妻子鬧離婚，又急吼吼地要納她為妾時，小鳳仙輕言細語對蔡將軍回答道：「落花有主，小女子不能耽擱大人的前程。」言下之意是：在一起玩玩可以，婚配之事免談。

蔡鍔將軍從北京逃脫出走，是極生動而又富有戲劇色彩的一幕。故事版本有多種，大同小異，但都與小鳳仙有關。因蔡鍔本人沒有這方面的記錄留存，傳說中的情景都是尤其他當事人事後回憶的。在此汲取一種，以窺一斑：這天，雲吉班中有人擺酒做生日，小鳳仙遂叫了蔡將軍在房中飲酒，大衣皮帽掛在衣架上，拉開窗簾，讓監視蔡鍔的人可洞察室內。等到開往天津的火車將啟程時，蔡鍔不取衣帽，假裝去洗手間，卻趁院中人多雜亂之際，徑直去了火車站，直奔天津。

一切都在朝對袁氏父子不利的方向發展，袁克定本想將蔡鍔結為政治盟友，期望這位俊逸之才為奧援，結果卻是挖了一個巨坑，斷送了袁氏父子的「錦繡前程」，最終還斷送了老袁的性命。好比下圍棋沒留眼，必定成死棋。

蔡鍔離開天津前，對他的恩師梁啟超說了一席話，很是慷慨激昂：「此次維護國體，大任落在老師和我身上。成功呢，什麼地位都不要，回頭做我們的學問；失敗呢，就成仁，無論如何不跑租界，不跑外國。」

所謂哀兵必勝，蔡鍔將軍懷了這麼一種背水一戰的心態，其成功也在情理中——何況袁氏父子搞洪憲帝制早已鬧得眾叛親離了。蔡將軍回到雲南舉義旗時他的兵馬並不多，起事之初只有三千多人，但是袁氏江山像是一副多米諾骨牌，輕輕一推，接二連三就倒塌了。

最難消遣是黃昏

袁世凱病故後，袁克定開始了他一生中最難熬的幾年。

由於黎元洪、段祺瑞等人的庇護，懲辦帝制禍首的風波沒有殃及到他，但是內心的抑鬱灰暗是可想而知的。太子夢斷，腦袋僥倖保住，應該算是幸運，然而接踵而來一個個的家庭戰爭，給他這隻破船又劈頭澆了幾盆水。

袁克定的正室妻子是吳大澂的女兒吳本嫻，按照風水八字，袁克定屬虎，吳本嫻小他兩歲，屬龍，夫妻龍虎鬥，不是好事，要找個屬雞的來牽一牽。婚後第二年，袁克定又娶了個小妾叫馬彩雲。正室妻子吳本嫻雖說是名臣之後，可惜耳朵有點聾，袁克定很難和她勾通；馬彩雲出生在小戶人家，長得又不好看，處處謹小慎微只想討老公喜歡，袁克定懶得正眼瞧她。好在袁克定熱心政治，婚姻生活幸福與否，他並不是太在意。

袁克定在京劇髦兒戲班裡相中了一個女坤角，此女名叫章真隨，模樣長得漂亮，身段看著也舒服，但是天下美女都有一樣毛病：脾氣大。袁克定見多識廣，樂於接受這個美女姨太太的大脾氣，包括章真隨偷吸鴉片，袁克定也予以寬容。哪知道這樣一來，章真隨恃寵而驕，脾氣也變得越來越大，動不動在家裡摔臉盆鏡子，鬧得袁克定心情很鬱悶。

袁世凱去世後，袁氏家族在袁克定主持下分了家，袁克定帶著一妻兩妾以及兒女、傭工僕人搬遷到天津德租界威爾遜路，本想過幾天清靜日子，沒想到章真隨卻天天喊頭痛，只好請了個西醫大夫，隔三差五來袁家醫治。過了一段時間，袁克定慢慢看出癥結：章真隨喊頭痛是假，搞婚外情是真，她和那個西醫大夫眉來眼去，媚眼丟得滿天飛，甚至在袁府裡幹出了苟合之事，被袁克定在床上抓了個正著。

丈夫戴了綠帽子，還不能對外聲張，想看袁大公子笑話的人太多了。只好坐下來和章真隨談判，請她搬出袁府，暫時不辦離婚手續，每月付她點生活費。章真隨眼淚汪汪的，含情脈脈看著袁克定：「我錯了，我可以改。」袁克定搖搖頭：「已經晚了。」章真隨搬出袁府以後並沒能一刀兩斷，她不斷地給袁克定寫信，訴苦求援，袁克定也時常給她一些接濟，這樣斷斷續續堅持了七八年。

有一天，袁克定聽到個消息，章真隨打著他的招牌竟然暗張豔幟，且聽說上門的「主顧」有北洋舊屬，袁克定氣急敗壞，叫來老管家袁乃寬一商量，讓人把章真隨送往河南輝縣的舊宅中，生活費用在該縣的地租中按月支付，這叫做眼不見心不煩。

剛把二姨太章真隨的問題解決，又出現了一系列新情況。

袁克端是袁氏家族第四子，其生母是朝鮮籍三姨太吳氏，在袁世凱任直隸總督時病故。彌留之際，吳氏將袁克定叫到跟前，噙著眼淚將親子克端及女兒祺禎託付於克定，請他代為撫管。長兄為父，此後袁克定盡心盡力，對克端全家生活照顧達三十年之久，並將祺禎嫁給清廷陸軍大臣蔭昌之子蔭鐵閣為妻，親自操辦婚事，饋贈了豐厚的奩妝。

可是自命不凡的袁克端，對這位跛足大哥並無什麼感激之情，反倒是滿肚子怨氣，經常在袁克定耳邊念叨，父親（袁世凱）死後分家時，他應得的一份沒有得足，言下之意是有的財產被袁克定侵吞了。袁克定板起面孔訓了他一頓，說道：「老四，人要知足，你從小到大是我帶大的，哪有虧待你？分家產時每人一份，你的二十萬當初在我手上不假，可是後來全被你一次次拿去抽了大煙，怪誰？」袁克端悶著頭在心裡盤算了一下，算來算去似乎並沒有從袁克定手上拿齊二十萬。過了幾天，他向法院遞了份狀紙，將袁克定告上了法庭。這時候新中國剛成立，審案那天，袁克定準時出庭，袁克端卻不知為何未去，法院以原告無故不出庭，判決袁克端敗訴。官司雖然贏了，袁克定仍然感到十分窩囊。

袁世凱的六姨太葉氏，原是江南蘇州釣魚巷的妓女出身，被次子袁克文介紹給其父為妾之後，尚能循規蹈矩，袁世凱一去世，袁克定聽到有傳聞，有人說在天津舞場上看見了葉氏的身影。袁克定心裡窩著一把火，怨葉氏辱沒門楣，要將她逐出袁府。繼而又想，如果將她逐出家門，肯定是特大號新聞，報紙將要大炒特炒，鬧得滿世界都知道袁世凱的遺孀不守婦道，這樣反而不好。兩害相權取其輕，袁克定放棄了先前的想法。

袁世凱的九姨太劉氏，娶進袁家時間最晚，又一生信奉佛教，搬到袁府外邊另住，到民國十六年（一九二七）悄然辭世時，其子克藩、女經禎都才十二三歲，袁克定將年幼的弟妹接到他家一起過日子。誰知才幾個月時間，袁克藩得了一場大病，不幸身亡。到分家時，袁克定沒將這個夭折的十六弟計算在內，已經出嫁到蘇州陸家的袁經禎大為不服，跑到上海法院起訴，要為死去的胞弟克藩爭這份財產。接到上海方面的傳票，袁克定十分傷感，親生骨肉鬧成這樣子，使這個在政治上觸黴頭的人更加鬱悶。他給袁經禎寫了一封信，聲稱要與她斷絕兄妹關係，袁經禎未予回復，此事後來不了了之。

後院起火的原因，表面上看起來都與家庭財產有關，暗地裡隱含著袁家子弟對袁大公子的不滿。在他們看來，如果不是袁克定一意孤行想做太子，慫恿袁世凱搞洪憲帝制，袁家並不會像後來這麼慘。庶母和兄妹們的怨氣，細想之下還真是很有道理。

袁克定有一子二女：子家融；長女家錦，次女家第。

袁家融（一九〇四～一九九六），十六歲時，父親袁克定給他弄到了留學美國的內部名額，隨幾個叔叔克久、克堅、克安等乘海船飄洋過海，先到麻塞諸塞州私立中學讀書，後轉入賓夕法尼亞與新澤西交界處的拉法葉學院，專業是地質學。袁家融從小對石頭興趣濃厚，學習很是用功，後來又拿到了哥倫比亞大學的地質學博士學位。但是他沒有留在美國，原因一是當時正值美國經濟大蕭條，華人求職很難；二是聽從父母媒妁之言，奉命回國成親。

袁家融的妻子，是民國時期湖北都督王占元的姪女王慧。她自幼父母雙亡，由王占元帶大，情同父女。王慧長得白白胖胖，一看就是富態相，進袁府後果然立下汗馬功勞，一連不歇菜生了五女二男七個子女，其中老六袁緝燕是加拿大的一個畫家，後邊章節另敘。

一九三〇年，袁家融回國後先是到開灤煤礦當工程師，這當然是袁克定的特意安排，想讓他歷練一番。袁克定這時已經很倒楣了，大概是不願意跟隨父親背負罵名，袁家融很快跳槽自立門戶，到北京大學去任教。到了四〇年代後期，國民經濟飛流直瀉三千尺，大學裡工資發不出來了，妻子王慧又一直沒有工作，眼看著一大群孩子餓得嗷嗷叫，袁家融也不得不為五斗米折腰，到袁家參股的啟新洋灰公司當了個副經理。但此人對做生意興趣不大，幹了不到兩年，在華北物資交流大會是認識了綏遠省長董其武，董省長知道袁家融的學業經歷後，請他去綏遠主持地質勘探。建國後，袁家融參加了包鋼的地質勘探工作，在白雲鄂博、大青山等地發現鐵礦礦苗，為國家建設作出了貢獻。後來調到武漢地質學校、貴陽工學院先後任教，直到一九六四年退休。

袁克定、袁家融的父子關係，後來相處得並不大融洽。四〇年代後期，在北京大學發不出工資、袁家融一家生活無著落之時，他的父親袁克定經濟上也極度拮据。賣掉天津特一區的一幢住宅所得八十五萬元，被貼身傭人白鐘章偷走了，京津兩地所有的古董，又被另一個傭人中天柱以開古玩店為名，全部騙去不見蹤影。袁克定手中僅有的一點股票，本來是用做養老的，袁家融百般懇求，要拿去投資天津新懋交易行，為袁家融換個副經理的位置。

長女袁家錦嫁北洋舊屬雷震春之子。次女袁家第多才多藝，能書善畫，袁克定甚為喜歡，後嫁給江南費樹蔚之子費鞏為妻。

袁克定的晚年有點落魄，也有點淒涼。袁世凱臨死前那句「他害了我」，像一根鞭子懸在他頭上，使他的靈魂難以安寧。他的太子夢禍國誤父，害人害己，也使袁氏家族半個多世紀以來始終與黑暗相隨，很難走出那道陰影。

據晚年與袁克定在一起生活的張伯駒回憶：「到了抗戰時期，克定的家境就每況愈下，手頭拮据。那時他還想通過關係，請求蔣介石返還他被沒收的袁氏在河南的家產。老蔣沒答應，克定只好以典當財物為生。華北淪陷，有一次曹汝霖勸克定把彰德洹上村花園賣給日本人。袁家的親戚聽說這個消息，也都議論紛紛。贊同的、慫恿的頗多，其目的無非是每個人借機能多分得些金條罷了。克定堅決不同意，說這是先人發祥地，為子孫者不可出售。」

一九三七年前後，袁克定表現出的民族氣節經常被人稱道。當時佔領華北的日本陸軍長官土肥原賢二，以前與袁世凱熟悉，想拉攏袁氏之後，尤其是長子克定。如果袁克定能在華北偽政權任職，恐怕對北洋舊部還能施加些影響。袁克定以年邁多病為由婉言謝絕。過了幾天，《新民報》上登出《擁護東亞新秩序》的聲明，簽名者中赫然地列著袁克定的名字。袁克定提筆給《新民報》及各個報館分別寫信，澄清他不在聯名之列，可是所有報館均不敢刊登。他又輾轉托人，得到了一個親華的日本人野崎誠近的幫助，才將他的這則聲明登在了報紙上。原文大意是：本人身體多病，任何事情不聞不問，並拒見賓客；擁護東亞新秩序的聲明未經本人同意，署名不予承認。

袁克定畢竟是個名人，通過一些關係，也多少能享受到日本人的優惠待遇。比如說，有一次他從市內回頤和園住地，途經西直門偽憲警哨所，被勒令下車檢查，還強行搜了他的身。袁克定哪裡受過這種污辱，氣得全身發抖，回家後便大病了一場，到醫院住了多日。曹汝霖來探望他，給他弄了張特別通行證，後來才免除了日本兵的檢查盤問。

他六十歲的壽辰，張伯駒前來祝賀，親筆書寫了一幅壽聯：「桑海幾風雲，英雄龍虎皆門下；蓬壺多歲月，家國河山半夢中。」並贈壽儀二百金。那天袁克定情緒本來還不錯，見了這幅壽聯，臉上頓時黯然失色，當場退還了張伯駒的壽儀，變成了一個沉默的人。張伯駒事後為此懊惱不已，說道：「我不該送這樣的壽聯，勾起了他往日的懷念，以至他數夜未能安穩入睡。」

到建國前夕，袁克定的生活已經窮困潦倒了，家裡的所有傭人已全部辭退，只剩下了個忠心耿耿的劉姓老僕人，說什麼也不願意離開他。實在揭不開鍋蓋了，這位老僕人就會上街去轉悠，想方設法弄點吃的東西回來。即使到了這個地步，袁克定依然保持著「太子」遺風，進餐時胸戴餐巾，正襟危坐，用刀叉將窩頭切成薄片，蘸著鹹菜就餐。後來老僕人也去世了，只剩下袁克定和馬彩雲相依為命，消磨生命最後的時光。

一九四九年以後，北京文史館館長章士釗得知袁克定的情況後，聘他為北京文史館館員，每月領取薪水六十元，掛空銜不坐班。不久有人提議，像袁克定這種思想反動的人，怎麼還能讓他坐享其成？於是薪水停發了，生活實在沒有著落，就到街道辦事處每月領二十元救濟金。據張伯駒的女兒張傳彩回憶：夏天時經常看見他在空闊的大門樓子裡納涼，總是一個人孤單單地坐在那兒，透過樹林望著天邊的晚霞，像一尊陳舊的雕像。「袁克定不愛說話，給人感覺脾氣有些怪，沒事時他愛鑽進書房裡看書，他看的是那種線裝書，他的另一個愛好是看棋譜。」

一九五八年，袁克定病逝在張伯駒家中，終年八十歲。

第八章　風塵遊子斷腸人

名士出自王公貴族之家

袁世凱在朝鮮娶的三個姨太太中，金氏生了袁克文。

關於他的出生有一個傳說。那天中午袁世凱正在睡午覺，恍惚之間，看見朝鮮國王牽著頭金錢豹笑眯眯地走來，那只金錢豹的頸脖上套著個金黃色的項圈，一邊走一邊朝四處張望。快走到門口，金錢豹忽地向空中一躍，猛力掙脫了項圈直奔內室而來。袁世凱從夢中醒過來時，室內傳來了嬰兒的啼哭聲，接生的老媽子跪在地上報喜：恭喜老爺添了二公子。

因為這個夢，袁克文被父親賜字「豹岑」。

袁克文出生後不久，被大姨太沈氏收為養子。按袁家規矩，後進門的姨太太歸先進門的姨太太管，沈氏是袁世凱患難之中結識的夫妻，感情深厚，袁對沈十分寵愛，在五姨太楊氏未娶進袁家之前，三個朝鮮姨太太都交歸沈氏管束。

沈氏沒有生育，十分喜歡孩子，收了袁克文為養子後，更是百般疼愛。嬌寵的結果是讓袁克文有了個無憂無慮的幸福童年。但從另一層意義上來說，過分的溺愛也害了袁克文，使這只長著漂亮羽毛的鳥兒總是飛不高。

出身青樓的沈氏是個多才多藝的女子。袁克文從小在她身邊生活，受環境的薰陶和影響，對琴棋書畫、詩詞歌賦興致濃厚，及至稍長大後，他終日的生活終日無非是彈琴、弈棋、品酒、吟詩、作畫、賞花而已，極盡風雅。這個極富才情的風流才子，一生俠義多情，充滿靈性，用今天的話說叫情商高。

袁克文從小聰慧過人，讀書具有過目不忘的本事。平時沒見他比別人多用功，但是詩詞文賦樣樣精通，沒見他正經練過書法，寫在紙上的字卻別具一格。說袁克文是神童並不過分。然而這個小神童，待人行事的風格卻與袁家其他人格格不入，他身上有名士氣。袁世凱大概是看出了這一點，告誡他說：名士派頭要不得，此非具有真才實學者所為。袁克文洗耳恭聽，畢恭畢敬地點頭，避開了父親之後依然我行我素，人間處處逍遙遊。

袁世凱任直隸總督時，在天津創辦了北洋客籍學堂，招收順天、直隸兩省客籍官員及幕僚的子弟，袁家弟子更是該學堂裡的主角。聘請的一批老師中，有名噪津門的方地山、董賓古、張壽甫等人。袁克文在這所學堂裡讀書，進步神速，深得老師們的喜愛。方地山尤其欣賞他的才華，教導他說：「五經、二十一史藏十二部，句句都讀便是書呆子；漢、魏六朝三唐二宋詩人，家家都學便是蠢才。」袁克文心領神會，懂得了讀書也有深學問，分寸掌握得當，方是真才學。

縱觀袁克文的一生，除了喝酒吟詩、醉臥花叢、當名士四處雲遊、過閒雲野鶴似的逍遙日子外，好像並沒有做過什麼正事。其實在他年輕的時候，還是有過從政的念頭的。在一次與父親袁世凱的談心時，袁克文流露出了他的心事。袁世凱感到奇怪，說道：如今你有做官的想法了，真是太陽從西邊出來。你這個名士也想躋身高位，殊不知時也命也，做官也需要有好運，這個好運現在輪不到你頭上。你父親我得到榮祿、李鴻章兩位朝中大佬的賞識，又得到太后寵遇，始有今日。然而一個人地位愈高，傾跌愈危。前月在政務處與醇親王發生衝突，幾乎想飲彈自殺。宦海風波瞬息萬變，我手握兵權，身居要職，尚且朝不保暮，岌岌可危，屢次想激流勇退。無奈太后倚重，懿旨難違。一旦冰山傾倒，太后不在了，你父親我就辭職歸隱。你今日無知，也想投入政治漩渦之中，不知有沒有認真想過結果？我不指望子孫高官厚祿，但願能儉樸持家，詩禮家聲歷代相傳，就心滿意足了。

話雖然是這麼說，袁世凱還是在官場上為袁克文謀了個職位：法部員外郎。所謂「員外郎」，是指正員以外的官員，類似於虛職的掛職幹部。儘管是虛職，正常上班那是必須的。普通人都能做到的事情，對於袁克文卻是難事。他上班遲到，進了衙門也不好好辦事，別人刑事偵破，他抱一本書靠在座椅上翻閱。法部主管刑事犯罪，經常要外出偵查，調查案情，不是屍體橫陳，就是鮮血淋漓，太過驚險刺激了。袁克文說他神經衰弱，碰到那樣的場面他會睡不著覺，即使睡著了也是噩夢連綿。因此，遇到辦案的差事他總是推三阻四，找藉口逃避。有一次，部裡指定袁克文去京城東華門大街會同驗屍，他心裡一百二十個不願意，當著上司的面又不好直說，只好勉強去了，用墨汁將眼鏡片塗成黑色，匆匆忙忙走了個過場，回家後用肥皂將雙手洗了七八遍，仍有種想要嘔吐的感覺。

思來想去，法部員外郎這份差事他幹不了，於是辭退了工作。袁克文的第一次（也是他唯一的一次）仕途生涯，就這麼草草結束了。

俄羅斯文學長廊中有種「多餘人」的形象典型，那些出身貴族、生活在優裕的環境中、受過良好的文化教育的青年人，他們雖然有高尚的理想卻遠離人民群眾，雖然不滿現實卻缺少行動，既不願意站在政府一邊同流合污，又不能同人民群眾站在一起反對農奴專制。

袁克文同俄羅斯上流社會的「多餘人」相類似。他對長兄袁克定的那套做法反感，對政治提不起興趣，於是回到風月場上，如魚得水。詩詞歌賦，琴棋書畫，樣樣都精通；吃喝玩樂，賭博嫖妓抽大煙，也是老本行。中國醬缸文化為失意文人創造了獨特的生存方式，「多餘人」的痛苦和煩惱，在中國知識份子身上往往被轉化成玩世不恭。

十二 紅樓成小住

野史中的故事是這樣的：有一天，袁世凱來到頤和園覲見慈禧太后，彙報完正經事，慈禧拉起了家常，問袁世凱有幾個兒女，如今多大了？袁世凱回答說：長子克定，已經完婚，親家是江蘇吳大澂。慈禧問，次子呢？袁世凱答，次子克文，年方十七。慈禧太后一聽，興致上來了，說道，我有個姪女侍字閨中，論年紀倒蠻相配，要不撮合撮合？袁世凱沉穩回答：回老佛爺的話，此子駑駘之軀，能與金枝玉葉婚配求之不得。只不過小兒已經訂親了。慈禧太后「哦」了一聲，結束了這個話題。

袁克文的正室妻子是劉梅真，是新、舊式婚姻結合的產物。溫文爾雅的劉小姐出生在天津鹽商劉家，祖父劉瑞芬，安徽貴池人，是晚清外交英才，曾擔任過英、俄、法、意、比等國公使，為淮軍辦理軍火事宜建功累累，後任廣東巡撫。父親劉尚文另闢蹊徑，將人生戰場從政壇轉移到商海，迅速躥紅成為一名成功的商界精英。這個人是一名儒商，生意做得好，詩文也研究精深，還是個有名的碑版鑒賞家。家有小女初長成，尤為注意早期智力開發，富商人家捨得智力投資，不惜花重金請家庭教師執教。小女子也爭氣，不僅模樣長得靚，填詞賦詩、寫字繪畫，樣樣能來，尤其是彈得一手好箏，讓無數青年才俊暗暗豔羨。

這種才貌雙全的美女，很難逃過袁克文的眼睛，即使用挑剔的目光看，也覺得劉梅真是做妻子的合適人選。正好袁世凱從宮中回家，說到太后有意成全的事，袁克文大膽說出了自己的求婚願望，袁世凱略作沉吟，即表示全力支持，祕密安排媒人前往津門劉家提親。很快，劉梅真的庚貼送進袁府，經過課算，八字相合，隨庚貼附來的還有劉小姐親筆寫的詩詞和字畫，驗證為真才女無疑。於是袁府送去聘禮，選擇吉日，用花轎將劉小姐抬到督署府的後花園，大擺筵席，完成了一樁婚姻大事。

郎才女貌，夫唱婦隨，袁克定、劉梅真婚後的夫妻生活有過一個短暫的甜蜜時期。劉梅真善吟詠，是個才華橫溢的女子，著有《倦繡詞》。有人將她比做李清照，她淺淺一笑，不置一詞。那麼，袁克文自然就是趙明誠了。一對才情鴛鴦，心心相映，志趣相投，所有的人都祝福他們白頭偕老，演繹出世界上最浪漫的故事，但那對於從小在溫柔鄉裡長大的袁克文來說，卻根本是不可能的。

這個愛情故事從一開始就是一齣悲劇。劉梅真沒有想到，性情率真的才子袁克文，竟會移情別戀，而且像倒下的多米諾骨牌，會有那麼多紅顏知己。劉梅真大哭大鬧，眼睛紅腫得像顆桃子，向公公袁世凱訴苦。袁世凱壓根不把這個當做一回事，擺擺手對她說：「有作為的人才三妻四妾，女人吃醋是不對的。」劉梅真目瞪口呆，說不出一句話。後來袁克文納妾多了，她終於見怪不怪，任憑袁克文走馬燈式地將一個個新姨太太娶進門，只是在財務上管得緊了些，不想再拿家中的銀子讓名士老公去打水漂。

袁府對袁克文納妾的方式有個形象的說法：「有子去母」。具體說，就是納一個新姨太太進門，就將前邊的姨太太想方設法弄出去。因此，袁克文雖說納妾無數，家庭裡供他日常使用的姨太太只有一個。名士畢竟是名士，無愧為花間高手，即使從經濟學的角度看，也是相當划算的，且可以最大限度減輕妻妾間的摩擦，減少家庭戰爭。

袁克文一生究竟納妾多少？這恐怕是一筆糊塗賬，很難算得清楚。據不完全統計，他的侍妾計有薛麗清、小桃紅、棲瓊、小鶯鶯、眉雲、無塵、溫雪、雪裡青、蘇台春、琴韻樓、高齊雲、花小樓、唐志君、于佩文等。至於沒有小妾名分的臨時二奶，更是數不勝數。袁克文就像是人世間的一名匆匆過客，始終在追求什麼，也始終在逃避什麼，那些女人對他而言，精神渴求的意義遠大於肉體佔有的意義。在解釋和她們分手的原因時，袁克文無奈地說：「或不甘居妾媵，或不甘處澹泊，或過縱而不羈，或過驕而無禮，故皆不能永以為好焉。」把責任全部推到那些女性身上，倒也輕鬆省事。

薛麗清，藝名雪麗清，克文親昵地稱之為「雪姬」。那句為袁克文惹下彌天大禍的詩「莫到瓊樓最高層」，就是他在「乙卯秋，偕雪姬遊頤和園，泛舟昆池」為雪姬所出的兩首詩中的名句。

薛麗清天生麗質，冰雪聰明，是天地間難得一遇的尤物。這個女子姿色並不出眾，但是皮膚白裡透紅，與眾不同，性情溫柔嫻雅，談吐舉止高貴，袁克文一見傾心，引為知己，將雪姬帶進新華宮，藏進高牆深鎖的院府。遺憾的是，雪姬是一隻在野林子裡飛慣了的金絲鳥，靈魂每個角落裡充塞著自由的天性，對袁克文的自作多情並不買帳，不久便勞燕分飛，跑到漢口去重張豔幟，她所寓居的福昌旅館，成為狗仔隊關注的焦點。

在回憶錄《漢南春柳錄》中，薛麗清對這段往事記述如下：「予之從寒雲，也不過一時高興，欲往宮中一窺其高貴。寒雲酸氣太重，知有筆墨不知有金玉，知有清歌不知有華筵，且宮中規矩甚大，一入侯門，均成陌路，終日泛舟遊園，淺斟低唱，毫無生趣，幾令人悶死。一日同我泛舟，做詩兩首，不知如何觸大公子之怒，幾遭不測。我隨寒雲，雖無樂趣，其父為天子，我亦可為皇子妃。與彼此禍患，將來打入冷宮，永無天日，前後三思大可不必。遂下決心，出宮自去。克定未做皇太子，威福尚且如此，將來豈能同葬火坑，不如三十六計，走為上著之為妙也。袁家規矩太大，亦非我等慣習自由者所能忍受。一日家祭，天未明，即梳洗恭聽已畢，候駕行禮，此等早起，尚未做過。又聞其父亦有太太十餘人，各守一房，靜候傳呼，不敢出房，形同坐監。又聞各公子少奶奶，每日清晨，先向長輩問安，我居外宮，尚輪不到也。總之，寧可做胡同先生（妓女的別稱），不願再做皇帝家中人也。」

如此奇女子，也是一絕。在她眼裡，什麼皇宮嬪妃，高官厚祿，都如糞土般不值一提，唯有放縱自我的情色生活才是生命的終極追求。

薛麗清離開新華宮時，是個風情萬種的少婦，她剛剛生下孩子不久，竟毅然訣別老公和孩子，確實需要勇氣，值得佩服。然而她遺棄的這個孩子，卻給袁克文出了道難題。此時是民國四年（一九一五）年九月，正逢上袁世凱的生日，袁家男女老少按輩分分班拜跪，祝老爺子壽比南山。孫輩行中，有一老嫗格外刺眼，只見她懷抱嬰兒，侷促不安，袁世凱疑惑地問道：「這是哪來的一個孩子？」老嫗趨前答道：「二爺又添新少孫，恭喜恭喜。」袁世凱看了看繦褓中的嬰兒，問道：「他母親呢？」老嫗神色慌亂，不知如何回答，旁邊有人幫腔說：「其母現居府外，因未奉旨，不敢入宮。」袁世凱眉頭緊鎖：「母子分離，豈有此理，即刻令兒母遷居新華宮，候我傳見。」

袁世凱要傳見的這個人，此時正在漢口做皮肉生意，讓袁克文哪裡去找？急難之中，他去同府中老臣袁乃寬、江朝宗等人商量，袁、江也無計可施，有人提醒說：「現在只好找人代替了，二爺在京城可有舊相好？」袁克文一拍腦袋，天大的難題迎刃而解。當天夜晚，江朝宗派兵包圍了石頭胡同清吟小班，將蘇州籍妓女小桃紅活捉入宮。八大胡同佳麗也不知發生了什麼事，受此驚嚇，紛紛逃避，大大影響了妓館營業額。事後手帕姐妹們知道了事情的原由，羨慕小桃紅好福氣，不僅進宮當皇子妃，還白撿了個兒子。

小桃紅在袁府中陪伴袁克文度過了一段艱難的歲月，在被囚禁中南海的日子裡，除了正室妻子劉梅真外，身邊的女性只有這位俏佳人。然而三年之後，小桃紅還是和袁名士分手了，易名秀英，去天津妓寮落籍。袁克文與小桃紅是協議離婚，分手後彼此關係依然不錯，經常邀約一起看看電影，興致所至偶爾也到包廂小酌，頗有文明社會的情調。直到民國十五年（一九二六），他們分開時間已有七八年了，袁克文還不忘舊情，為小桃紅填詞兩首：「提起小名兒，昔夢已非，新歡又隊。漫言桃葉渡，春風依舊，人面誰家？」「薄幸真成小玉悲，折柳分釵，空尋斷夢。舊心漫與桃花說，愁紅泣綠，不似當年。」無盡的惆悵與憂傷瀰漫紙上，讓人嗟歎。

袁克文的諸多小妾中，與他在家庭生活上最為默契的是唐志君。她是浙江平湖人，善理家政，對老公的伺候也很到位。克文是位癮君子，平時愛躺在床上吞雲吐霧，古董書籍，堆砌枕旁，會客或者寫文章，僅只欠一下身子，安排照應一概由唐志君打點。唐志君也是才女，寫的文章經袁克文潤色後，曾在上海《晶報》發表過，計有《陶瘋子》、《白骨黃金》、《永壽室筆記》等篇。

袁克文對唐志君殷勤有加，曾陪伴她一起回浙江娘家，寫有《平湖好》、《平湖燈影》、《平湖瑣唱》等文章，為同赴平湖紀事。其弟唐采之，長期是袁克文的管家，掌管袁家經濟大權。唐志君有一妹，名叫唐志英，年紀輕輕不幸得肺病去世了，志君悲痛欲絕，別出心裁，提出要以克文所珍藏的價值連城的寶物玉盞貯酒酹祭其妹，克文滿口答應，由此可見袁克文對唐女士的器重程度。

與袁克文離異後，唐志君去了上海，生活無著落，只好撿起原來幹過的老本行：看相算命。江湖女術士的生意並不怎麼好，有人給她建議，在報紙上刊登一則廣告，就憑洪憲皇帝袁世凱兒媳婦的名頭，足以招攬諸多顧客。唐志君搖搖頭，她的心裡仍然裝著袁克文，不願意那麼做去傷落魄名士的心。後來克文逝世，消息傳到上海，唐志君親臨《晶報》報館詢問詳情，聲稱要為夫君袁克文寫一小傳。

袁克文這位花帥，似乎從來就沒有停歇的時候。民國十三年（一九二四），他與小鶯鶯邂逅相遇，一見鍾情，迅速跌入又一場情場的旋渦，瘋狂程度絲毫不減。小鶯鶯，本名朱月真，也是滬上妓家的當紅明星，克文為其撰寫《鶯徵記》、《憐渠記》，又作《春痕》詩十首，以清宮舊制玉版箋四幀，畫朱絲欄，精楷寫贈小鶯鶯。不久在北京飯店舉辦婚禮，在鮮魚口租房金屋藏嬌。這樁桃色花邊新聞在當時頗為轟動，曾有娛樂記者撰寫八卦文章《寒鶯夜話》在報紙上炒作，紅遍了京城半個天。

過了段時間，忽然發生了一場政變，京津兩地的火車阻隔不通，克文和小鶯鶯遂成為牛郎織女，望天長歎。既而袁克文別有新歡，思念之情漸漸被新歡替代。此時小鶯鶯已有身孕，不久生下一女，名為三毛，貌酷似其父，極聰慧。幾年後袁克文聽說了這個消息，托人到上海與小鶯鶯相商，希望能破鏡重圓。小鶯鶯答應了，正準備帶三毛赴京與小女生父重晤，不料袁克文病逝，小鶯鶯聞知音訊，甚為悲痛。

在袁克文走馬燈似的所納小妾中，唯獨有一個女子為正室妻子劉梅真所喜愛。此女姓蘇，名棲瓊，江蘇華墅人，長得乖巧，嘴巴也甜蜜，為了幫她脫籍離開妓館，劉梅真從私房錢中拿出了銀元三千。常常偕同往光明社看電影，或赴共和春、百花村等酒家宴飲，三人結伴而行，也是津門一道獨特的街景。袁克文殘存的詩中，有首是紀念他帶棲瓊同登天羊樓的：「荒寒向夜漫，海天轉蕭沉。入市孤懷倦，登樓百感深。東風舒道柳，朔月黯郊林。何處歌聲咽，愁聞變徵音。」

袁克文有四子三女，長子袁家嘏，次子袁家璋，三子袁家騮，四子袁家楫；長女袁家頤，次女袁家華，三女袁家祉。

忍對無邊風月，如此江山

對於身處政治權力旋渦中心的袁克文來說，即便他想躲避，也難以擺脫政治權力的糾纏。最明顯的例子，是洪憲帝制時期他與「皇太子」袁克定之間日益尖銳的矛盾。

袁克文本質上是一介文人，他不擅長也不熱衷於權力鬥爭，帝制再熱鬧，也與他這個袁家次子沒多大關係。因此仍然成天泡在花叢之中，寫詩作畫玩女人。有一天，一幫文人詩友聚會，喝了幾盅酒後有點感傷，詩興闌珊中寫了一首詩：「乍著微棉強自勝，陰晴向晚未分明。南回塞雁掩孤月，西去驕風動幾城。駒隙留身爭一瞬，蛩聲吹夢欲三更。絕憐高處多風雨，莫到瓊樓最上層。」袁克文作詩向來不留底稿，隨寫隨扔，也並不怎麼放在心上。他沒有料到因為這首詩，差點惹出了性命攸關的一場大禍。

當時在場的名士們見了這首對帝制不滿的詩，紛紛為袁克文喝彩，他有個朋友叫易順鼎，人稱易瘋子，將這首詩略作修改，然後拿到社會上到處傳抄，後來又在上海的報紙上發表，遂被反對帝制的政治勢力和輿論利用，當做反對袁世凱稱帝的重磅炸彈，一時間鬧得沸沸揚揚。後世評論依據這首詩稱袁克文「極力反對帝制」，實在是對歷史的一種誤會。其實袁克文只不過表達了他厭惡政治的一種情緒，他並不會反對他的父親。然而，他隨手寫下的這首詩，已轉化成了政治鬥爭的工具，與他的初衷相去甚遠。

面對袁克文的這般做法，袁克定極為惱怒。袁家老大和老二之間關係向來不和，經常是這個住在京城，另一個就去了彰德，二人像捉迷藏似的，參差避面，互不往還。聽說袁克文寫了這麼首歪詩，且被反袁勢力利用，袁克定氣急敗壞，抽一個機會講給袁世凱聽了，乘機煽風點火，說了一大通袁克文名士派頭誤事的壞話。袁世凱聽後很生氣，下令將袁克文軟禁於中南海，再也不准他與那幫名士相互往來。

袁克文成為一個不明不白的囚徒，被關在中南海享受政治犯待遇，每天和寵妾小桃紅詩文唱和，打發時光。小桃紅雖是女流之輩，卻有頭腦，提醒說：你不怕袁府鬧血滴子事件？這麼一提醒，袁克文如同醍醐灌頂，猛然想起歷史書上那些流血的宮廷鬥爭，不寒而慄。

恰好此時，不知從哪裡傳出風聲，說袁世凱將「傳賢不傳長」，大公子袁克定並不一定是袁世凱的接班人，老二袁克文、老五袁克權，都是皇位強有力的競爭對手。據袁靜雪《我的父親袁世凱》一文中回憶，那段時期袁克定曾到處揚言：「如果大爺（袁世凱）要立二弟（袁克文），我就把二弟殺了！」

即使不介入政治，仍然可能會有性命之憂，袁克文現在對「不幸生在帝王家」那句話有了深切的理解。他去找父親求救，如此這般說了一通，袁世凱微微一笑：「既然你沒有那份心思，何必庸人自擾？」看見袁克文孤獨無援的模樣，袁世凱暗暗搖頭，覺得這個怯懦的名士兒子真是可憐，叫人給他刻制了一枚「皇二子」的印章，叮囑他快快使用，可以避禍。從此，袁克文拿著這枚「皇二子」的印章到處顯擺，在藏書上、字畫上、扇面上到處都留下「皇二子」的印鐫，此舉無異於告訴袁克定：袁老二並無爭當太子之心。

袁克文喜歡唱昆曲，這是一門比京劇更為古老的高雅藝術，問津者極少，然而袁名士偏偏就好這一口。洪憲帝制時，袁大公子忙於組織人進京城請願「勸進」，各省請願代表列隊流行至新華門前，高呼萬歲，完畢，每人各贈路費百元，遠道者二百元。各位代表請求增加費用，不增加就狂罵，後來每人各增加二百元，這事才算了結。袁克文對這類政治滑稽戲沒有興趣，他也在忙，卻是忙於和一幫票友演唱昆曲。據他的好友張伯駒在《春遊記夢‧洪憲紀事詩補注》中說：「乙卯年北京鬧洪憲熱，人櫜集都下，爭尚戲迷……克文亦粉墨登場，采串《千忠戮》昆曲一闋。」

一年後，袁世凱駕鶴西去，帝制也幡然成了歷史，袁克文再演唱昆曲，心情大不相同。張伯駒在《春遊記夢‧洪憲紀事詩補注》中說，當時袁克文演唱的劇碼仍然是《慘睹》。劇中建文帝剃度為僧，逃竄在外，一路上看到被殺群臣，以及遭受牽連的臣子和宦門女眷押解進京時的各種慘狀，不忍目睹，因而悲憤萬分，唱出了《千忠戮》這最有名的一折：「收拾起大地山河一擔裝，四大皆空相。歷盡了渺渺程途，漠漠平林，壘壘高山，滾滾長江。但見那寒山慘霧和愁織，受不盡的淒風苦雨帶怨長。雄城壯，看江山無恙，誰識我，一瓢一笠到襄陽。」

袁克文「演唱此劇，悲歌蒼涼，似作先皇之哭」。真情演出使袁克文成為票友中的耀眼明星，也成了當時圈子裡議論的話題。這位滿肚子不合時宜的名士，內心裡豐富複雜的情感偶爾流露一二，常常讓人唏噓不已。

倚欄看，落紅繽紛……

袁克文一生著述無數，但大多是隨寫隨扔，有的也散見於京滬兩地的報紙雜誌。他的另一個特點是做事首尾兩端，寫文章虎頭蛇尾，甚至有頭無尾，為這個緣故，還與老友張丹翁一度關係鬧得很僵。

不過畢竟是名士，他的詩詞文章一出手，就會引起文壇的陣陣喝彩。

《辛丙秘苑》是他最負盛名的代表作，袁克文是為紀念父親袁世凱而寫這部書稿的，書中人物故事多是他的親歷親見，有為袁世凱洗刷塗抹的意味。因此寫稿時態度慎重，反復修改，請人謄錄，按期刊登在《晶報》上，使得報紙發行量迅速激增。然而連載到第十六期，稿件供應嘎然而止，《晶報》主持人余大雄大為惶急，關鍵時刻掉了鏈子，讀者還等著往下看呢！余大雄綽號叫「腳編輯」，意思是腿杆子跑得勤，和作者聯繫密切，三天兩頭登門求索，哪知袁克文卻提出了一個條件：想得到張丹翁的匋瓶為酬謝，否則沒有興味續寫。

怪才張丹翁是《晶報》主編，平素與克文關係不錯，張恨水曾將「丹翁」二字翻譯成白話文：通紅老頭子。克文為此戲作聯詩一首：「極目通明紅樹老，舉頭此子碧雲殘。」張丹翁的匋瓶，是他在做陝西總督幕僚期間，在西安古玩市場上淘到的幾件寶物，其中以漢朝熹平元年的一隻匋瓶最為珍貴，且有銘文一〇一字，其文韻而古，簡而趣，書作草隸，飛騰具龍虎象。

「腳編輯」余大雄將袁克文的苛刻條件吞吞吐吐說了，張丹翁一聽哈哈大笑：「寒雲拿文稿要脅『通紅老頭子』了！」答應是答應了，不過也有條件，克文為《晶報》必須寫足十萬字的《辛丙秘苑》，稿酬抵給張丹翁。為防止袁克文有頭無尾，不守諾言，書稿完成之前先將克文的三代玉盞、漢曹整印、宋蘇軾石鼓硯、漢玉核桃串這四件寶貝質押在張丹翁處，期以一百天完稿。

袁克文得到了匋瓶，非常高興，稿件自然要接著往下寫。誰知連載到第二十八期，又一次中斷了，原因是他的姨妹唐志英病故，袁克文助理喪事，事務極其繁忙，無暇執筆。姨太太唐志君又反復催促，要袁克文取回質押的三代玉盞，斟酒祭悼她的妹妹。袁克文去找張丹翁索取，丹翁搖頭說，文章沒完稿，怎能取回？袁克文的理由已經想好了：「《辛丙秘苑》已寫了一萬字，現在取回一件，並不違約。」張丹翁態度也堅決：「稿件僅交十分之一，三代玉盞不能歸還。」雙方各走極端，爭執不下，袁克文大發公子脾氣，拍拍屁股走人，臨走時丟下一句話：稿子我不寫了，愛咋咋的。

這樣拖延著，《辛丙秘苑》不續寫，三代玉盞也不歸還，讀者天天催報館，張丹翁給袁克文寫了封信，措辭很不客氣。克文看信大怒，寫了篇《山塘墜李記》，揭發丹翁的隱私。丹翁也不示弱，寫了篇《韓狗傳》，回罵克文。克文又用洹上村人的筆名寫了篇《裸體跳舞》，談霜月家醜事，以霜月影射丹翁。丹翁第二天即以霜月的名字給袁克文寫了封信：「……小說絕妙，僕之逸事，得椽筆寫生，且感且快。僕顏之厚，不減先生；而逸事之多，恐先生不減僕也，一笑。草草布頌上村人撰安，霜月頓首。」袁克文寫了封信：「不佞以道聽塗說，偶衍成篇，但覺事之有趣，而不論所指為誰，假拈霜月二字以名之，竟有自承者，奇矣。而自承者又為我好友丹斧，尤奇。迷離惝怳，吾知罪矣。寒。」

文字遊戲，筆墨官司，二人在那裡打來打去，急壞了「腳編輯」余大雄，居間調和，兩頭說好話，好不容易總算有了轉圜的餘地：袁克文同意續寫，唯以必得玉盞為先。在丹翁方面，只有一句話：能取回匋瓶，什麼都不再說了。余大雄找了個富商，投資一筆錢，將質押在張丹翁處的四樣珍寶贖回，除玉盞歸還克文外，其他寶物暫放在富商處，等克文的書稿完成後再歸還。至於稿酬則轉為富商領取。至此筆戰告一段落，《辛丙秘苑》接著再往下寫，寫了數則，袁克文再次停筆，從此不再續寫，《辛丙秘苑》最終還是成了斷尾巴工程。而克文和丹翁的友誼，久久不復。恰巧丹翁獲得了漢趙飛燕玉環，克文豔羨得不得了，結果丹翁與之再易古物，二人方才言歸於好。

除了這個未完成的《辛丙秘苑》外，袁克文的重要作品還有《洹上私乘》，最初刊載於《半月》，後由大東書局印成單行本行世。該書分七卷，分別為先公紀、先嫡母傳、慈母傳、先生母傳、庶母傳、大兄傳、諸弟傳、諸姊妹傳、養壽園志等，並附袁氏家族世系表，是研究袁氏家族必備的一本書。繼《洹上私乘》而作的有《新華私乘》，那是為糾正坊間流行的《新華宮秘史》、《洪憲宮闈秘史》等虛構謬誤書籍而寫的，應是袁氏一家之言，可惜他太善於搞爛尾樓工程，《新華私乘》只寫了三四篇，也不明不白地輟筆了。

克文擅長詩詞，曾刊印有《寒雲詩集》，由易實甫選定，共收詩作一百餘首，分上中下三卷。詩集當時印數不多，流傳也不廣，過了幾年，連袁克文自己手上也一部都不剩了。他曾在《半月》雜誌上刊登過幾篇小說：《枕》，白話短篇小說，以一位豆蔻年華少女的枕頭為故事主角，寫少女難嫁意中人的憂愁和煩惱；《夷雉》，文言短篇小說，是翩翩公子落入桃色陷阱的故事；《俠隱豪飛記》，文言短篇小說，是一則類似唐傳奇聶隱娘的故事；《萬丈魔》，白話短篇小說，上海某市區經常失竊，居民不安，名探明查暗訪，層層推理，抽絲剝繭，最後成功破案，頗有福爾摩斯偵探小說的味道。這幾篇小說後來由大東書局合印為《袁寒雲說集》一冊，印數極少。

其他較長的作品有《三十年聞見行錄》，題目何其大，卻也是興之所至，興盡即止，最後仍然逃脫不掉不了了之的結局。另有雜作《戊戌定變記》，也是子為親諱的作品；《瓶盦瑣記》，記端方入川前往彰德，宿養壽園三夕事；《美藝雜言》為書話雜憶，記敘民國初年藝術家的作品以及點評；還有《聽朱荇青彈琵琶記》、《聞聲對酒譚》、《思舊記》、《春明十日記》、《賓筵隨筆》、《婉轉詞》、《豔雲嘉耦記》、《新年之回顧》、《團圓樂》、《惜秋華》等。

袁克文輯錄的有《圭塘倡和詩》，收錄有袁世凱、沈祖憲、凌福彭、史濟道、權靜泉、陳夔龍、費樹蔚、丁象震、閔葆之、吳保初等人詩詞，是研究袁世凱在彰德做「隱士」的重要史料。他輯錄的作品集還有《冢尾集》，收錄有其妻子劉梅真、小妾唐志君、三子袁家騮以及好友步林屋、劉山農、周南陔、周瘦鵑等人作品。此外袁克文還有大量贈與妓女的詩詞聯語，像遺落散失在民間的珍珠，儘管曾經閃爍過綠色光芒，如今卻已不為人知了。

袁克文的書法有三樣絕活：一是懸書，寫字時宣紙並不平鋪在桌面，而是讓兩個丫鬟各提宣紙一角，袁克定懸腕飛龍走蛇，筆力剛健遒勁，宣紙卻不汙不破；二是巨書，將宣紙鋪在地上，拿出一杆如同掃帚般的巨筆，站在紙上自如揮灑；三是仰書，這與名士的懶散有關，躺在床上，一手拿紙一手握筆，居然能寫出清秀工整的蠅頭小楷，令觀者莫不稱奇。據說，袁克文的日記就是這樣躺在床上寫出來的。

懸書、巨書和仰書，被時人稱做「袁氏三絕」，袁家二公子後半生落魄了，就靠這個「袁氏三絕」給他換了不少貼補生活的碎銀子，才不至於餓肚皮。那十幾冊《寒雲日記》，曾有少量幾冊落入另一個民國公子張學良的手中，後來也不幸失散，如今存世的是其四子袁家楫保存下來的丙寅、丁卯日記，僅僅是袁克文日記中一小部分。

窮愁潦倒，賣文買粥，袁克文經常在報紙上刊登「賣字價目表」，以廣告形式招徠顧客。一九二六年十二月一日，他刊登的價格是：「榜書，每字五元，一尺以外，每加一尺加五元，篆書倍之；堂幅，每尺五元，行書；屏條，每尺二元，行書；直幅，每尺四元，楷篆倍之；橫幅卷冊，每方尺四元，楷篆倍之；聯帖，四尺，每幅八元，每加一尺加二元，篆書倍之；扇，每柄五元，小楷、篆書倍之。其他書件面議，惡紙不書，泥金箋，綾絹倍例，磨墨費加一，代擬文字別議，壽挽各件撰書別議。」廣告打出去了，生意還是不怎麼好，過了幾個月，袁克文再次刊登「賣字啟事」：「三月南遊，羈遲海上；一樓寂處，囊橐蕭然，已笑典裘，更愁易米。」即使到了窮愁潦倒的境況，仍然丟不掉名士派頭，真名士也。

袁克文還是民國時期的大收藏家，他的收藏範圍十分廣泛，涉獵古玩、金石、字畫、藏書、錢幣、集郵等諸多領域，甚至在《晶報》上刊登廣告：收集女子裸體照片和名牌小獅子巴兒狗。袁克文捨得花重金，是收藏界的一條「大鱷」，但是袁克文的收藏癖也同其他愛好一樣，其聚也速，其散也快，來去匆匆，過眼雲煙，是類似於猴子掰包谷的行為藝術，掰一個丟一個，最後留在手上的「包谷」並不多。

到了晚年，迫於生計，一次次清倉大拍賣，那些曾視若性命的寶貝杳無蹤跡，唯其藏書被一大藏書家收購，歸諸一處，即廣東人潘宗周的寶禮堂。

他的弟子俞逸芬撰文《寒雲小事》記敘：「搜羅之廣博，考證之精審，皆足以自成一系統。」袁克文收藏古籍時間不長，但因實力雄厚，捨得投資，迅速躍紅為藏書界一顆新星，所藏宋版古籍二百種，為自家藏書樓取名「皕宋書藏」，坐擁百城，世人矚目，尤其是宋代巾箱本《周易》、《尚書》等八部經書，字畫細如髮絲，精麗無比，克文特辟「八經閣」以貯之，秘不示人。他收藏的宋刻本《魚玄機集》，為清人黃丕烈舊藏，跋識累累，且有曹墨琴、張佩珊、玉井道人三人所題，甚是難得，後亦因生活窘迫，轉讓給了老友傅增湘。此書現存於北京市圖書館。

古泉收藏一直是袁克文的至愛。如王莽布泉、鉛泉、銀泉、金錯刀、宣和元寶銀小平泉等珍稀錢幣皆收囊中。從董康經處淘得一枚元承華普慶泉，銀質，為元小泉中所僅見，克文甚為喜愛。不料有一天換衣服，忘記拿出，被洗衣婦竊去，他非常痛惜，出高價二百元索求，不得。洗衣婦知道，從袁名士手中出來的寶貝何止價值二百？過了幾年，袁克文在淘寶市場上閒逛，忽然看見有人出售此枚古泉，當場掏腰包買下。失而復得，他大感慶倖，次日辦了一桌酒席，接來一幫大玩家同慶同樂。對於古錢幣，他不僅是收藏家，還是眼力獨到的鑒賞家、研究者，著有《錢簡》、《古逸幣志》、《古泉雜詩》、《貨腋》、《還泉記》等作品，曾在民國報刊上連載。

郵票也是他集藏的一部分。他於一九二六年初開始集郵，經天津郵商張維廉介紹，以銀元一千元的價格從德國僑民蘇爾芝手中購得福州、漢口「臨時中立」時的正式發行票十二種，引起了他搜羅珍郵的興趣，從此一發不可收拾。一九二七年，軍閥張宗昌交給袁克文一個任務，讓他攜帶三萬銀元赴上海辦報紙，克文到上海後，卻拿這三萬銀元用做集郵，每遇珍品郵票不惜重金競購，上海集郵界爭相議論，郵市隨之上漲，不少人因此大賺了一票，袁克文也一躍而為滬上集郵大亨。他所搜集的清末庫倫寄北京的郵函，是蒙古初設郵政第一次寄出，印文「蒙古庫倫已酉臘月初四」，該日即為蒙古郵政局成立日，價值不菲。另有函背貼海關大龍文券五，函面貼法蘭西券二十五生丁一枚，西元一千八百八十六年自天津寄往德意志者，等等，皆為罕見珍品。他曾在《晶報》上開闢專欄，以《說郵》為題，逐期刊載，記敘他的集郵情況和他對郵品的評論。張宗昌知道袁克文拿了他的錢不辦報紙，而是投資到那些花花綠綠的郵票上，大為惱怒，發了一道通輯令，要緝拿郵票大王。袁克文聞訊後廉價拋售了部分郵品，匆匆離開滬上，結束了短暫而愉快的集郵生涯。

袁克文集藏成癖，佔有欲無限膨脹，見到珍愛之物便想據為己有。有一天，在老朋友畢倚虹家中做客，見到一枚牙笏（古代君臣在朝廷上相見時手中所拿的狹長板子，一般用做記事），經考證，是唐代段太尉用以擊朱泚的笏，有殷紅斑斕，作紫褐色，如出土的漢玉。克文喜不自禁，拿出珍藏的寶貝貞觀通寶相交換。牙笏到手，將其置於床頭，每晚摩挲數遍，愛不釋手。忽有一日，牙笏上沾染了一些鴉片煙的污垢，擦拭不掉，即用水沖洗，不料牙笏忽然軟化，再加沖洗，竟成了一團黃紙，隱約還有穢氣。袁克文心生疑竇，湊近眼前一看，原來是折疊而成的幾張手紙，外邊塗抹了一層油漆。袁克文去問畢倚虹，畢倚虹捂嘴大笑。袁克文便向畢倚虹討還貞觀通寶，畢倚虹居然賴帳，笑著說道：「我細看那枚貞觀通寶也不像是真的，已拿去換了酒錢。」袁克文苦笑，誰讓他擔了個名士的頭銜呢，名士是不應該為區區小事計較的，因此只能吃個啞巴虧了事。

四海之內皆兄弟也

袁克文喜歡結拜金蘭契友，他的結拜兄弟有著名辮帥張勳，號稱天王老子的張樹聲，內廷供奉老鄉親孫菊仙，龍陽才子易實甫，林屋山人步翔棻，綱師園舊主人張今頗，書法家劉山農，著述家周南陔、周瘦鵑等，都通過譜。

在上海逗留期間，他牽頭成立了中國文藝協會，開成立大會那天，到會者六十餘人，均為滬上名流。推舉袁克文為主席，余大雄、周南陔為書記，包天笑、周瘦鵑、陳栩園等九人為審查，嚴獨鶴、錢芥塵、丁慕琴等二十人為幹事。不過這個民間文藝團體並沒有開展什麼活動，後來袁克文北上，該組織即陷入癱瘓狀態，無人問津。

他還與步林屋、徐小麟等發起了全國伶選大會，這是一場大規模的全國選美，參加者皆是國內演藝圈的名角，比當今的超級女聲厲害無數倍。袁克文任會長，專門聘請了評委、顧問若干，結果也是有組織無行動，轟轟烈烈開場，無聲無息流產，袁名士做事向來就是這麼有頭無尾，許多有創意的想法做不到頭，等於什麼想法也沒有。

帶有黑社會性質的青幫組織，袁名士也要去攪一趟渾水。他拜的是青幫頭子張善亭為師傅，位列大字輩，在組織內輩分很高。上海的大字輩，黃金榮、張嘯林、杜月笙等，皆是名頭極響亮的人物，都與袁克文經常往來聚會。張善亭死後，袁克文單獨開香堂，收弟子若干，此事一時成為爆炸性新聞，外間傳得沸沸揚揚，有不少人冒附在他名下，魚龍混雜。袁克文為此專門登報聲明，排列了他門下的十六個弟子：沈通三、沈恂齋、邱青山、金碧豔、孔通茂、朱通元、溫廷華、李智、董鴻綬、莊仁鈺、周天海、唐敦聘、戚承基、徐鵬、金玨屏、陳通海。除此之外均為冒認者，與他無關。

既然收了徒弟，袁克文還是認真負責的，十六人中有金碧豔、金玨屏弟兄二人因行為不檢，克文要清理門戶，將他們逐出組織，還特意寫了篇文章《小子鳴鼓而攻之》，拿到《晶報》上刊登。後來王瑤卿來當說客，為金家弟兄求情，克文又寫了篇文章《勖碧豔》，大有留在組織裡觀察，以觀後效的意味。

一九三一年春節期間，袁克文長女家頤去世，白頭人送黑頭人，他十分傷心。來到老友方地山家中喝悶酒，並與地山師商議葬女之地，擬將愛女葬在以桃花出名的江蘇西沽義地，席間袁克文莫名其妙地冒出一句：「何不多購些地？」方地山不解，問他：「多購些地做什麼？」克文沉默不語，不再回答。

方地山感覺此非吉兆，果然不過月餘，袁克文因患猩紅熱，發著高燒，醫生打針退了燒，他又跑到長期包租的國民飯店四號房間，和一個名叫小阿五的妓女顛鸞倒鳳，玩了一場瘋狂的性愛遊戲，這成了他最後的瘋狂，回家後過了兩天就去世了，享年四十二歲。

性情中人袁克文，一生交友無數，死後他的喪事也稱得上風光旖旎，據他生前好友唐魯孫說：「靈堂裡挽聯挽詩，層層疊疊，多到無法懸掛。」他的後事由平生契友方地山和大徒弟楊子祥主持，楊子祥按照幫規，給克文披麻戴孝，四千徒子徒孫跪滿一地，哭聲響成一片。前來送行的人群中，最為醒目的是數百妓女，平時穿紅戴綠的紅粉知己們清一色素裝，頭上插一朵小白花，眼角掛著淚痕，默默地為袁克文送上最後一程。張伯駒為他寫了幅挽聯：「天涯落拓，故國荒涼，有酒且有歌，誰憐舊日王孫，新亭涕淚；芳草淒迷，斜陽黯淡，逢春複傷逝，忍對無邊風月，如此江山。」

第九章　劫後餘生，家風依然

每過空堂淚滿襟

端方是滿族官員中的革新派。他先後擔任過湖廣、兩江、閩浙和直隸總督，一生歷任南北，總督一方，思想開明，行為正派，是晚清政壇上一個舉足輕重的人物。

有這麼一則掌故：慈禧太后召見端方，一席談話後，太后問端方：「一切新政都在施行，朝廷該辦的都辦了吧？」端方沉吟片刻，答道：「還有一事，尚未立憲。」太后問：「立憲又能如何？」端方說：「朝廷如果施行立憲，則皇上可世襲罔替。」這句話讓慈禧太后沉思良久。過後不久，清廷一改以往抱定祖宗之法決不更改的頑固作派，將立憲提上議事日程。一九〇五年，清廷派五大臣前往日本、英國、德國、比利時、瑞士等國考察憲政，瑞方名列其中，對西方各國政治進行了第一次近距離的觀察。

端方歸國後，對立憲的熱情溢於言表。他經常對知己說，歐美立憲，官民一體，毫無隔閡。無論君主、大總統，還是普通平民，都是平起平坐，一視同仁。平民想和大總統照相，也不會被拒絕。真乃法制精神也。中國今後要是也能這樣做，國家就有希望了。

晚清政壇表面上看起來風平浪靜，實際上處處是刀光劍影。滿腦子新思想的端方幾面受敵。儘管革命黨認為他是「假維新」，對他刻毒地攻擊詆毀，甚至幾次想派人暗殺他；清廷內部的頑固派則認為他太喜歡追逐新潮，老祖宗的家業不能交到這種人手上。

於是便出現了如下一幕：為慈禧太后舉行葬禮時，端方安排人砍掉了路邊幾棵礙事的老槐樹，又從天津請來一流攝影師，給葬禮場面拍了一組照片。結果他因這兩件事遭到彈劾。理由貌似很充足，砍樹是破壞了陵園風水，照相更是攝取了皇室的魂靈，大逆不道，居心叵測。隆裕太后把案子交部奏議，幾經折騰，端方被罷官。

相對於他後來慘死的悲劇來說，罷官只是一個開始。

一九一一年，鐵路風潮驟起，清廷任命端方為粵漢、川漢鐵路大臣。出京南下赴任途中，經過河南彰德，端方專門下火車去拜訪了老朋友袁世凱。這時候袁世凱已在洹上村隱居三年，對端方的到來十分高興，專程讓人從京城送來了電影拷貝，安排了一場電影——這在那個年代十分稀罕。二人這次見面，談論最多的是時局和對策，此外兩家還訂立了兩門親事：一是袁世凱的五子袁克權娶端方的獨生女兒陶雍，另一是袁世凱的二女兒袁仲禎嫁給端方侄子。（袁世凱死後，袁仲禎堅決要求解除這樁婚約，後來她嫁給了晚清大臣薛福成的孫子薛觀瀾。）

端方到了南方，四川保路運動風波興起，他被清廷當作救火隊長，緊急派往四川撲火。行至四川資陽，已是風聲鶴唳，武昌城頭響起了槍聲，革命軍佔領了湖北，四川趙爾豐也已被保路同志軍折磨得痛不欲生，政權保不住不說，腦袋也有可能保不住。端方手下無兵，赴四川時湖廣總督瑞澂撥出兩個標的士兵為他保駕護送。端方敏銳地覺察到，這兩個標的官兵中，到處都潛伏著革命黨的身影。

事實確實如此。一九一一年，革命已是那個時代的主要思潮，暗殺和暴動成了當時最時髦的話語，革命黨也遲續呈現出風起雲湧之勢。瑞澂撥給他的兩個標的隊伍中，江國光、單道康、邱鴻均、梁維亞等數十人皆是革命黨激進分子。當隊伍行至宜昌時，他們就曾有過殺端方祭旗起義的想法。有人說，武昌起義尚在準備中，貿然殺了端方，會過早暴露目標，對將來的武昌起義不利。這樣端方才暫時沒有被殺掉。

隊伍越往長江上游走，端方的情緒越是緊張。他周圍的氣氛十分詭異，瀰漫著仇恨、惡毒、恐懼、血腥和殺戮，這種冷冰冰的感覺一直像陰影一樣潛伏在他身旁，儘管季節是秋天，端方卻覺得寒徹入骨。

眼看殺機已動，端方決定連夜逃跑。十月初七凌晨，端方密備了兩乘小轎，將行李箱繫在轎子後面，要和弟弟端錦趁黑夜逃遁。才走出數十步，突有數十個提搶的軍人衝出，將小轎團團圍住。

「你們這是幹嘛？」端方聲音發抖地問。

「請大帥升天！」隊官劉鳳怡大聲說。

連推帶搡，眾刀齊下，砍了六刀之後，端老四一顆血淋淋的腦袋滾落到了地上。弟弟端錦見此慘景，萬分悲痛，大喊一聲「四哥——」轉回身來，又大罵那幫兵丁「混帳王八蛋」，有個叫賈志剛的兵丁衝上來，照準端錦的脖頸就是一刀。端家兄弟的首級割下後，被當做戰利品裝入鉛箱，放入石灰，沿途示眾，最後拿到武昌去報了功。據說，黎元洪見了這兩顆人頭，不由得連聲歎息，讓人暫存在武昌洪山禪寺。

端方兄弟的無頭屍體，被端方的幕僚夏壽田（這個人後來成了袁世凱的重要幕僚）收殮後放入棺木，一路護送北歸，輾轉回到京城。端方被清廷贈以「太子太保」，予諡「忠敏」。

第二年，袁世凱當了民國大總統，派人把端方兄弟的頭顱從洪山禪寺取出，與屍身連接起來，予以厚葬。據說埋葬端方的地方是在安陽洹上村一帶，袁世凱擔心端方被害後再有人鬧墳，因此安葬在他能夠保護的地方，也體現了好友之間的一份生死情誼。

據袁世凱家人回憶，端方兄弟被殺身亡後，他們在京城的家眷嚇得六神無主，最先想到的主心骨還是袁世凱。他們脫下滿服，改扮成漢人裝束，乘火車來到彰德洹上村避難。因為來得太匆忙，沒有合適的大宅屋供他們住，就暫時擠在各房裡，度過了最為艱難的一段歲月。

袁克權（一八九八—一九四一），字規庵，號百衲，是朝鮮二姨太白氏所生，為袁門第五子。洪憲帝制時，袁世凱曾讓他和長子袁克定、次子袁克文同穿太子服，由此可見袁對這個五兒子的器重。袁克權確實也聰明過人，他從小最佩服的人是嚴修，一九一三年，他和袁家幾個兄弟袁克桓、袁克齊一起跟隨嚴修出遊歐洲各國，就讀於英國切爾滕納姆學院，一年後歸國。一九一六年，袁克權剛滿十八歲，驟然遭受喪父失怙之痛，袁氏家族也從權力的巔峰跌落到九層地獄，其心靈的創傷是不言而喻的。

末世王孫的出路在哪？他年紀輕輕，深深陷入困頓與疑惑。仕途是再也不能指望了，沉淪又於心不甘，唯一能供他選擇的恐怕只有「隱逸」二字。好在新婚妻子陶雍能理解他，他也十分同情命運相似的妻子陶雍，同樣遭受了家破父喪的巨痛，這對苦命夫妻相惜相憐，相互攙扶著往前走。

端方生前是聞名遐邇的大收藏家，家中古玩珍品不計其數，其中毛公鼎更是中國青銅器中的扛鼎之作。袁克權、陶雍訂親之時，端方誇下海口，要將此鼎作為女兒的陪嫁品。誰知天不作美，竟在四川死於非命。這個毛公鼎後來被其後裔抵押到天津華俄道勝銀行，無力贖回，遂流落於民間，現收藏於臺北故宮。不過陶雍的陪嫁依然不薄，完婚之日，端方家以百衲本《史記》、仇十洲的名畫《臘梅水仙》和陳鶴的名畫《紫雲出沙浴圖》等三件稀世珍寶饋贈，也算得上是價值連城了。

有岳父的收藏珍寶墊底，袁克權夫妻的隱逸生活也還過得不錯。有相當長的一段時間，他們靠典當家產過日子。袁克權經常和嚴修、方地山、張伯駒等人詩酒唱和，也與報館文人混得很熟，張恨水創作小說《金粉世家》，很多故事就是從袁克權那兒聽來的。

袁克權流傳後世的詩集有《百衲詩選》和《懺昔樓詩存》二種，詩風淡雅，感情濃郁，一任憂深似海，於無法言說處洩露隱情，常能令人反復吟誦，韻味無窮，因此有不少擁躉。袁克權的詩作中有不少敘述家史的，對父親袁世凱，他的感情複雜而又奇特，他有一首詩題為《故園接葉亭前梨樹》，詩前小序中寫道：「故園接葉亭前梨樹，先君已酉退居時手植也。每當清暇，輒扶依嘯傲，流連竟日。丙辰遘變，先君棄養，而斯樹亦枯萎同謝。因為短章以志感雲爾。」詩雲：「星坼龍飛直到今，畫亭春暖不成陰。孤鸞別向蓬池遠，雙檜看依魏闕深。只為遙憐辭廟日，可堪重少濟時心。當年畫錦籌觥在，每過空堂淚滿襟。」這類懷舊傷懷的詩，傳達出人是物非的蒼涼，叫人不忍卒讀。

袁克權的妻子陶雍也是才女，不僅能紅袖添香，文采也頗佳，夫妻二人感情篤深，袁克權一生未納妾，育有四男四女，分別是子家詡、家說、家譽、家譚；女家訓、家詵、家誾、家詒。袁克權死於一九四一年，時年僅四十五歲。

苦甜參半的追憶

袁克權有個孫女兒叫袁欣，為人沉穩低調，生活態度樂觀開朗。前些年生了一場大病，似乎被一根神奇的魔杖點化了，她在博客中說自己過了那一關後，就活得更加灑脫了。這些年，她每年都要與丈夫楊大寧先生出外旅遊，英國、美國、加拿大、日本以及國內的雲南、海南、廣東、江蘇、浙江等地都留下了他們的足跡。屐痕處處，美麗的生命得到了寫意的延伸。袁欣還喜歡看電影、聽音樂、看京劇、讀書、折紙等等，她說她喜歡一切美好的事物，坐在躺椅上，面對著大海，不用去吸收書的內容，它們就自己溜進你的腦海。

我在天津採訪她和楊大寧先生時，袁欣說她也想寫寫天津袁家大院最後的時光，寫寫那些人和事，小時候她是在那裡長大的，熟悉那裡的一切景物，包括若干生活細節，還包括各種難以被人覺察到的聲音和氣味。她說，所以想寫，是因為看了一些寫袁家後人的書，不大滿意，有許多與史實不符，「與其讓別人說錯，不如我自己來說」。

袁家大院是袁世凱生前在天津的主要住所，據傳有一九六間，誰知道呢？袁欣說，她知道的是二姨太白氏夫人所生的四個兒子袁克權、袁克齊、袁克堅、袁克度，每個人有二十多間。袁克權從英國留學歸來後，自己又設計了一幢樓房，取名為「南樓」，英國式的建築風格，高貴優雅，又不失輕逸的靈性。袁克權帶著他的八個兒女住在南樓裡，度過了他生命中最後的一段時光。

袁克權死於一九四一年。袁欣聽上輩人講，祖父人到中年之後精神有些憂鬱，去世前一個多星期，他不吃不喝，家裡人抓來中草藥，煎好了端到他面前，他也搖頭示意拿開。就像出家人打坐一樣，袁克權木然地坐在那把雕花靠椅上，將王孫貴族的悲劇命運演繹得纖毫動人。

袁克權出殯，陶雍賣掉了家藏的古玩，不夠又添上自己的金銀首飾，購買了金絲楠木棺材，傾其所有為丈夫厚葬。袁欣說，祖父死後，祖母也不想活了。家裡的傭人們跪在地上求她，請她多少吃點兒，祖母神情堅毅，什麼話也不說，她是抱定了死的決心，要去和祖父在忘川河對岸相會。

這樣的愛情故事讓人唏噓不已。身為名門貴胄的袁克權，一生沒有納妾，只與命運孤苦的妻子陶雍相依為命。而妻子陶雍對落難公子袁克權的那份愛，也讓天地為之動容。民間有個說法，有些相親相愛、依戀過重的夫妻，會在同一年內相繼離開人間。他們夫妻正是這樣，袁克權病故後不到一年，妻子陶雍也在天津袁家大院南樓裡咽下了最後一口氣。

一九一三年，袁家三兄弟跟隨他們的老師嚴修一起赴英國留學，那一年袁克權才十五歲。次年留學回國後，他遵從父輩之約與陶雍結婚。她和袁克權的婚姻雖說是父母之命，卻也是一對情投意合的小兒女，陶雍是個冰雪聰明的才女，袁克權有許多愛情詩都是獻給她的。楊大寧說，《袁克權詩集》中凡是標名為「無題」的，大多與陶雍的感情有關。兩小無猜，青梅竹馬，那是袁克權一生中最快樂的時光，他留下的許多小詩，甜蜜溫馨，清新飄逸，不像後來的詩作那麼悲苦。

《袁克權詩集》是袁欣和楊大寧為祖父整理的一本詩集，已經由天津古籍出版社出版。楊大寧先生是個舊學修養深厚的人，他介紹說，一九一六年，袁克權剛剛滿十八歲，忽然喪父失怙，家國俱驟遭巨變，不難想像他的心情。袁克權的第一本詩集《弄潮集》是一九一八年自印的，次年出「百納詩存」，再次年出「讖昔樓詩存」，三本詩集是他十九歲至二十三歲的詩作。這幾本詩集國內已不見蹤跡，流落到日本一家圖書館，袁欣、楊大寧夫妻是請朋友幫忙從日本複印過來的。

袁世凱一生最痛恨日本，他的幾個兒子留學德國、英國、美國，就是沒有留學日本的。何以袁克權的詩集會流落到日本？在影本中他們找到了答案。詩集封面上有杭州名士廉泉先生的手書，內容寫的是袁克權的生平。據此推斷，袁克權詩集是廉泉先生帶到日本去的。楊大寧謙遜地說，他在整理袁克權詩集過程中有個感受：袁克權才情茂盛，家學淵源深厚，當時還不到二十歲的袁克權的詩作，讓年近花甲的大寧先生欽佩有加。

袁欣告訴我，祖父袁克權去英國留學那件事，以前她只隱約聽說過，具體是什麼情況並不清楚。一九九〇年她第一次去英國時，父親袁家說希望女兒能找到那段歷史的真相。但是袁欣到英國後打聽了，卻毫無線索。將近一百年的歷史了，當時的人早已離開了人世。袁欣站在倫敦霓虹燈閃爍的街頭，想要在時光隧道裡回溯祖父的音容笑貌，她失望了，心裡裝滿了蕭瑟和茫然。

直到有一天，她從天津《城市快報》上讀到一則消息。有一位名叫葉從德的民間收藏家，無意中買到了一個舊冊子，二〇〇多張民國早年的明信片精心插放在收藏冊中，讓他大吃一驚。那些色彩斑斕的明信片來自不同的國家，分別有俄羅斯、德國、法國、英國、比利時、瑞士、荷蘭，明信片上的風光是當時各國的一些標誌性建築以及著名風景區，如英國的造幣廠、義大利的角鬥場、瑞士的雪山、美國的林肯塑像、俄羅斯的葉尼塞河等等，包羅萬象。更重要的是，那批明信片的寄信人是著名教育家嚴修。

袁欣讀到報紙上那則消息時，呼吸變得急促，甚至有一點點幸福的眩暈。嚴修寄出那批明信片的時間和路線圖，正是他赴歐美等國考察教育的一九一三年。那次西行他還帶有一個重要任務，為大總統袁世凱的三個兒子尋找一所理想的留學學校。報紙上的消息也明確無誤地寫著：那些明信片，分別是嚴修、卞傚成（嚴修女婿）以及袁世凱的三個兒子郵寄回來的。

順著這條線索，袁欣和楊大寧又一次開始了他們艱難而又愉悅的追尋之旅。

袁欣想方設法弄來了《嚴修日記》，祖父一九一三年的身影，在那本豎版繁體字的日記中清晰地浮現出來。嚴修在日記中對那次西行考察的記錄十分詳細：一行十二個人在俄羅斯酒館裡的一頓飯錢一四五盧布；柏林街市新修建的樓房皆五層，路則瑩潔如鏡，人影可鑒；凱旋門左近買物，余買織畫一張，畫耶穌母子，將以贈哲甫表叔；由使館轉來袁大總統電告國內大局漸平息；三袁兄弟往裁縫店試衣服，餘與曠生、毓生、聖章、二卞遊油畫館，人像之外，兼有寫生者，種種佳絕，固不待言。嚴修還對西洋油畫與中國國畫進行了對比，他認為在某些細節的處理上油畫更逼真，尤其是夜景的寫實讓人驚歎，其中一幅老翁在月光下讀書圖，月光透過窗紙照射在書的左側，老翁就著月光讀書，神態可掬，十分迷人。諸如此類，事無巨細，西行沿途的見聞、軼事、風景、時尚、民俗以及考察教育的諸多細節，一一收入他的日記中。

嚴修日記中多處提到袁克權和袁家三兄弟，「晨規庵來談」，「規庵以所攜《香山詩》借與餘，為途中遣日之助」，「飯後三袁兄弟去看電影」，「飯後遊花園，袁權乘船，克桓、克齊乘飛車」等等。

七月三十一日，嚴修一行乘火車離開比利時。中午十一點，在荷蘭阿姆斯特丹港口登上輪船前往英倫三島。下午三點鐘抵達英國。英國之行是嚴修歐洲遊歷的重要一站，在這裡他要為袁家三兄弟物色留學的學校。

袁欣讀到這裡，目光不由得更加專注起來。

嚴修在八月三日的日記中記錄了這麼一件事：倫敦北山下有一片森林，常常有英國人坐在林中歇息，他們一行也去觀光遊覽。歸途中，克權、克桓兄弟掉在後面，想另外找一條沒有走過的路，結果迷路了，耽擱了時間。其他人在森林入口處久候，遲遲不見克權、克桓的人影。本來當天晚上嚴修安排了就近看電影的，因為這件事取消了此議，以示儆戒。從嚴修這天的日記中，袁欣讀到了祖父當年的調皮與貪玩，嘴角微微一笑。轉瞬想起祖父後來的悲慘遭遇和淒涼心境，無邊的愁緒又像霧一樣悄悄在心頭瀰漫開來。

嚴修的日記中還透露了一個細節。袁世凱對三個兒子的留學，採取了一種開明自由的態度。袁世凱讓嚴修徵求三個兒子的意見，如果願意在國外讀書就留下來，如果不願意則回國。曾祖父袁世凱在子女的教育上如此開明，是袁欣過去所沒有想到的。

通過閱讀嚴修日記，袁欣理清了一段被埋沒了的史實。當年祖父袁克權等人到達英國倫敦後，找到了民國駐英公使劉玉麟，據劉玉麟講，他已經找好了一所學校——位於切爾滕納姆鎮的切爾滕納姆學院，劉公使曾經在那裡讀過書，小鎮距離倫敦不遠，乘火車三個鐘頭的路程。

切爾滕納姆鎮以溫泉而聞名，這座古老小鎮的格言是「健康與教育」。滕納姆學院是維多利亞時代開辦的一所公共學院，培養過不少優秀軍官，一、二戰期間的歐洲許多高級將領都出自於這所學院。劉公使去找學院院長，院長聽說民國總統的三個公子要來留學，馬上流露出極大的熱忱，他說他對古老神祕的中國一直有極濃厚的興趣，那個出產精緻瓷器的東方古國，大總統之子，OK！院長翹起大拇指，爽朗的笑聲從一百年前傳來，袁欣說她聽得真真切切。

二〇〇七年秋天，袁欣、大寧夫婦一起再次啟程去了英國。他們沿著祖父當年的足跡，從倫敦來到了切爾滕納姆鎮。同行的一位老先生是在倫敦認識的，老先生自豪地自我介紹，他也是從切爾滕納姆學院畢業的。老先生問袁欣、大寧夫婦，你們找切爾滕納姆學院，是來看孩子的？袁欣搖頭微笑，回答說，不，我們是來看祖父的。當老先生瞭解到事情的原委，沉默下來，車廂裡十分安靜，只聽見火車行進時的咣當咣當聲。

一百年了，一切似乎都還沒有變。他們搭乘的那列火車，據那位老先生說，還是一百年前的火車；他們到達的切爾滕納姆火車站，也還是一百年前的老模樣；沿途的公園、建築、教堂、雕塑、噴泉、鐘樓等等，也和一百年前沒有多大變化，甚至當年祖父乘坐的二號線、五號線公共汽車，如今仍然還是二號線、五號線。老先生邊走邊向他們介紹，如數家珍的神情溢於言表，英國人優雅舒適的慢生活讓袁欣夫婦感歎不已。

切爾滕納姆學院是一所真正意義上的英國貴族學校。它不僅僅只是燕尾服、白襯衫、馬術、棍球與賽艇的彙集之地，踱步於學院的每一個角落，你都能強烈感受到高貴的精神在空氣中瀰漫；哪怕是最不經意的某個細節，也都無不在含蓄雅致中流露出貴族的氣息。

切爾騰納姆學院的院長熱忱接待了他們。第二天，院長臉上帶著愉悅的表情來通知：很慶倖，找到了當年的資料。院長介紹說，當年袁家三兄弟來切爾滕納姆學院留學，就住在老院長的家裡。老院長對他們像對待自己的孩子一樣，袁家三兄弟對老院長也十分尊重。他還帶袁欣夫婦去看了老院長的小洋樓，百葉窗呼吸著新鮮的空氣，尖尖的閣樓頂在太陽下閃光。從英國回到天津後，袁欣、大寧夫婦專門查找了袁克權詩集，果然有幾首詩是懷念英國老院長的。

後來，在圖書管理員的協助下，袁欣、大寧夫婦在一大摞發黃的老檔案中找到了袁家三兄弟的入學登記表，落款處的簽字人是嚴修。袁欣說，嚴修是當年袁氏三兄弟的監護人。在另一摞檔案中，袁欣、大寧夫婦還找到了幾張老照片，袁家三兄弟正在參加學校裡的運動會，他們紅撲撲的臉龐上掛著汗珠，雖然隔著一百年的時光，照片依然清晰生動，彷彿觸手可及。照片下方有一行說明文字：中華民國大總統之子參加運動會。

看到這句話，袁欣、大寧夫婦對視一眼，默默無言。

清風拂心，詩文傳承

有一天，我收到了袁欣從天津寄來的快件。拆開一看，是兩冊詩集。一為《仲圭詩集》，一為《袁家詵詩集》，均為豎式排版的自印本，裝幀風格古樸素雅，從外到裡透著一種大氣，讓人情不自禁地喜歡。

袁欣在快遞中附了一封短信，簡略講述了她編印兩冊詩集的緣由以及小注等。仲圭是袁欣父親袁家說的字，袁家詵是她二姑，一九四八年去了臺灣，前些年聽說已經去世了。

袁克權有四子四女，大概是受家風影響吧，這幾個子女都愛寫詩，尤其以二子袁家說、二女袁家詵為出色。

袁欣說，她的父親袁家說一生都很普通，故事也平淡，都是些陳芝麻爛穀子的事情，還是不講了吧？

雖然袁世凱去世後，袁氏家族經歷了大起大落，袁家的許多後代在波峰浪谷間幾經顛簸沉浮，曲折悲慘的命運固然值得一書；然而更多的是普通平常者，他們像袁家說一樣默默地生活在社會底層，也曾試圖想改造自己，可是烙在他們身上的袁氏烙印卻怎麼也抹不掉。從這個角度來說，袁家說的故事，不是具有另一種特殊的意義嗎？

好吧，那就讓故事開始吧。

上世紀四〇年代天津有個達人學院，商科專業，從那所學院畢業的學生後來大多從事與經濟有關的職業。袁家說當時是達人學院的學生，他穿一身藍色的中山制服，上衣口袋裡插著一支鋼筆，一幅標準的建國初期青年人的裝扮。那時候，袁家說一心努力想跟上時代的步子，從骨子裡想重新做人，為建設新中國貢獻自己的一份力量。

袁家說有個同學叫古敏求，出身於天津的平民之家。奇怪的是，別的同學對落魄公子袁家說的態度，要麼冷漠，甚或欺負，偏偏這個古敏求不僅不歧視，反而與袁家說關係十分親密。大營門袁家大院的大門口，每天都準時出現古敏求瘦高的個子站在那兒喊：袁家說，袁家說——！不一會兒，袁家說從院子時快步跑出來，兩人站在那兒說了幾句話，然後肩並肩迎著太陽走去。

天津受西洋風影響深，社會風氣開化比較早，各種娛樂場所也比較多。他們一起滑冰、游泳、跳舞……不知道從什麼時候開始的，兩個玩伴的身後多了個女孩子的影子——她叫古志求，是古志敏的妹妹。

年輕時的古志求瘦瘦小小，梳著兩條小辮子，看上去楚楚可憐，像是一隻可愛的小貓咪，既溫婉可人，又需要人保護。也許是她身上那種特殊的氣質吸引了袁家說，愛情悄悄發生了，一朵花，正在羞答答地開放。

然而古志求的媽媽說什麼也不同意。袁家說硬著頭皮找上門來，臉上寫滿了苦悶的表情。古志求的媽媽沒好氣地說，你是名門之後，我們家志求高攀不起。背轉身又低聲嘀咕道，以前的富家公子，又沒有錢，又愛擺架子，志求你要是嫁過去，將來要受委屈的。

像一把刀子紮在袁家說的心上，淚水在他眼眶裡直打轉。袁家說忍住了辛酸，儘量用謙卑的口吻回應道，阿姨，我保證改。堅決改掉少爺作風，好好對她。沉靜一會他又說，阿姨，大戶人家規矩多，管束嚴，體會到家庭的溫暖少。我就是想過一種平常人的生活，才和志求走到一起的。

袁家說真誠的態度打動了古志求的媽媽，她終於答應了這門婚事。

一九五三年，袁家說與古志求結婚了。

建國後袁家說分配到人民銀行工作，單位位址就在勸業場對面。古志求在工商聯上班。打從結婚那天起，厄運像跟在身後的影子，始終與他們那個想過安靜生活的家庭糾纏在一起。袁家說的家庭背景不用說了，「竊國大盜」袁世凱的曾孫子，他本人在學生時代又參加過三青團，順理成章是重點監管對象，沒完沒了的審查，沒完沒了的交待和過關，他也不知道這樣的日子有沒有盡頭。古志求呢，被派去參加農村土改工作隊了，帶隊的頭頭是王光英——當時中國國家主席劉少奇夫人王光美的哥哥。袁欣說，她出生後不久媽媽就給她斷奶了，把她交給家裡老人，袁欣是跟著外婆長大的。

袁欣說，她從小住在袁家大院裡，家裡還有傭人，雖然背後也聽到有人紛紜議論，但是在她內心中，對自己的老式貴族家庭一直抱有優越感和自豪感。及至後來她長大了，知道了事情的真相以後，才明白其中的艱辛與苦澀。

事情的真相是：經歷了建國後的歷次政治運動後，袁家大院的房屋產權早已易主，袁欣能住進袁家大院，是因為七爺爺袁克齊從別人手裡租了幾套房間，父親袁家說又從七爺爺那兒租了一間，才勉強將全家人安頓下來。

原以為這樣的情景只有在故事書中能夠讀到，沒想到自己身邊的生活比故事書中的情景更淒婉。原本是自己的房子忽然沒有了，只能出錢租住，而且越住越小，想到這些，袁欣躲在袁家大院的一個角落裡悄悄哭泣了起來。

在袁欣的印象中，她家裡始終充滿著壓抑的氣氛。每次運動來了，父母都會躲在屋裡小聲交談，緊張與恐懼擠滿了全身的每一個毛孔。父親的政治問題對母親的影響也很大，曾經有一陣，古志求當上了單位的工會主席，後來終於還是被拿掉了。

最讓人難受的是那些說不清的政治問題還影響到了孩子。有一次，單位讓袁家說給女兒袁欣的學校校長帶一封信，袁家說也不知道信上寫的什麼內容，一邊走一邊在心裡猜測。走著走著，他還是忍不住，私自折開了那封信，只見信上說，該女生的父親有嚴重歷史問題，不宜重用。袁家說氣得臉色發青，身體顫抖著不能自持。然而在那個特殊的年代，他只能忍氣吞聲，被欺凌與侮辱的靈魂只能恭敬地順從。他將拆開的信重新封好，決不能露出任何私拆的痕跡。當袁家說將那封信交給校長的時候，他的心在流血。

一九六五年——爆發文革的前一年，袁家說一家被勒令從袁家大院裡搬出來了。他們搬到了靠近袁欣外婆房子的附近，好互相之間有個照應。之後是紅衛兵抄家，袁家的幾個老太太上臺接受批鬥……

到了文革後期，袁家說進了五七幹校。每隔一段日子，袁家說從幹校農場回到天津家裡，總是要帶回一疊要縫補的破舊衣服。女兒袁欣在那些破舊衣服中扒拉著，撿起一件破得不能再補的衣服大聲嚷嚷，「這樣的衣服您還穿？」她拿著手中抖落著，順手要去扔掉。卻被父親止住了。父親說，不能補了也要補。袁欣只好拿起針線給父親補衣服。她坐在院子裡，一針一線地縫補，忽然想起了長輩們講過的家族昔日繁花似錦的榮耀，一滴淚水從臉頰上滴落下來。

袁家說的少年時代，父母就離開他遠去了另一個世界。後來他的大哥袁家詡也不幸死得早，他便成了這個家庭（袁克權之家）的頂樑柱。可是他略偏軟弱的性格以及近似詩人的氣質，又註定了難擔大樑角色。更重要的是他生在一個蠻橫無理的時代，個人悲劇與時代悲劇交織在一起，於是生命之沉重讓人手足無措。

袁家說的晚年，經常愛對妻子古志求說這麼一句話：這輩子我沒給這個家帶來好運，帶來的全是黴運。妻子古志求安慰他，讓他不要那麼想，很多事怨不著誰，是個人能力無法決定的。袁家說那會兒安靜得像個孩子，他望著妻子古志求，輕聲地說：還有，這輩子我也對不起你。

袁家說退休之前，被分配到天津農業銀行工作。那段時間在家裡基本上看不到他的人，每天都是很晚了才回家。因為精神苦悶，袁家說經常抽煙、喝酒，身體也垮掉了。

離休後，袁家說與外人交往不多，每天都是躲在家裡讀書寫詩，有時候也幫妻子做做家務。有一次，袁家說把女兒袁欣叫到跟前，神情嚴肅地說，我這一輩子太失敗，沒有做成過什麼事，只能寫寫詩，填補生活的空虛。袁欣一怔，她能如此近距離地面對父親的內心世界，讓她感到幸福；但是父親的內心世界滿目瘡痍殘破不堪，又讓她感到吃驚。袁欣安慰父親：您一生經歷了那麼多事，還能坦然對待，這就是成功。袁家說慘澹地笑了笑，沒有再說什麼。

袁家說去世後，袁欣幫父親整理詩集，那段日子她感覺特別壓抑。讀著父親的詩，似乎父親回到了人間，坐在對面在與她對話。袁欣說，她的眼淚不知道流了多少回。

袁家說寫了不少古體詩，卻沒有一首是寫給妻子的，然而在現實生活中他對妻子的愛又是無以倫比的。這只能說明一個道理：這個內心敏感豐富的人，始終壓抑著自己的情感，他就像龔自珍筆下的病梅，被無形的棕繩捆綁束縛著，很少向廣袤的天地間盡情地作自由伸展。

大寧先生曾經解讀過岳父袁家說的一首詩。詩題名叫《月圓》：「夜月多或缺，今宵分外圓。異鄉相與共，把酒祝雲天。」大寧先生的解讀詞是：「在壓抑中掙紮一生的岳父，從來沒有過前輩的閒適，好容易有心情寫詩，感歎的是缺時苦多，圓時難得，家人星散，手足睽隔，月圓時都不能團聚，平時更加天各一方，只能舉杯遙祝『但願人長久，千里共嬋娟』。詩情畫意早被革命狂飆滌蕩殆盡，只剩下家風薰陶下慘澹的一絲心願。」大寧先生是懂詩之人，也是懂人心之人，他的解讀十分到位。

具有嘲諷意味的是，悲苦一生的袁家說，到了晚年反倒成了離休幹部（因為他參加工作時間早），這讓袁家說有點受寵若驚。生命的最後時光，他意外享受到了人間本來就該有的溫暖，他的生活態度似乎也變得積極了許多。一九九三年，袁家說在天津家中去世，報紙上不讓登訃告，家裡人就在報紙中縫刊登了一條消息，追悼會那天來了不少客人，有級別高的領導，更多的是他的好友和鄰居。袁家說就這樣走過了他普通的一生，細細回味，卻又似乎並不那麼普通。

下面來說說袁家誂的故事。

大約是二〇〇九年，秋天到來的時候，我的郵箱裡收到了一封信。寫信人是一位陌生的朋友，來自臺灣，信末沒有落名字，只有英文署名「Sam Sam」。那位陌生朋友在信中寫道：

張先生：你好。

敝人於一九七六年受教於袁家誂老師，學校位於臺灣南部的一所中學。袁老師曾在課堂上敘述老家冬天時的童趣，這令我印象深刻。那時的她雙腳不便，而我們教室又在二樓，我常在樓下等她上課，每每希望背她上樓，可袁老師從未讓人背過一次，她總是艱辛地一步步撐著扶梯爬上樓……這麼多年了，我仍記得她蹣跚的步履與堅定的眼神。

學校讀了一年我就轉學了，後來寫了幾封信給她，老師回信時寫道：她曾在課堂上朗讀我的信，竟未讀完而泣不成聲……對於年少的我，卻也不知如何與長者聯繫感情，慢慢地就失去聯繫了。

老師還在的話，也九十好幾了吧？袁家誂老師是我在臺灣第一次接觸到的大陸籍師長，那時的民風讓我很難想像北方冷冽的天地裡，老師所描述的童年生涯，也第一次知道，原來歷史人物是可以歷歷在目的。

我不知道後來老師回到家鄉了沒？希望她的晚年是沒有鄉愁的……

Sam Sam

那位陌生朋友學生時代曾經聽袁家誂講述往事，但他少不更事，加上「那時的民風讓我很難想像北方冷冽的天地裡老師所描述的童年生涯」，所以並沒有太往心上放。他寫那封信的目的，是要打聽袁家誂的消息以及向袁老師問候，顯然，Sam Sam並不知道他的老師袁家誂已經不在人世了。

他信中說的那句「原來歷史人物是可以歷歷在目的」，剎那間擊中了我，心情一時竟難以平復。後來與袁欣通電話，我特別說到了這封信，並問及袁家誂的情況。袁欣說，她二姑袁家誂是在臺灣當過老師，腿腳也是有些不方便，遺憾的是前些年已經去世了。袁欣還說，這些年，她繼選編了《袁克權詩集》後，又選編了她父親袁家說和二姑袁家誂詩集各一冊，自費印刷，分送親朋好友。

袁家誂的詩疏朗淡遠，有家父遺風。尤其是大膽剖析心跡的幾首詩作，更是令人喜歡。與兄長袁家說的詩相比，她的詩少有拘束，更自由開放，恐怕與她後來生活在臺灣相對自由的經歷有關。

有首詩中是這樣的：「盈衢緹騎避無力，四十年來逃罪忙；百代豪情光一瞬，三甌薄名淚千行。懸懸微命身如蟻，赫赫淫威勢若狼；回首江湖風暫歇，殘軀猶得近篇章。」詩前小序中袁家誂如是說：「追懷四十年，自（民國）三十七年八月離家以來，由無業至有業；由無家至有家，由隻身逃禍至攜手奮鬥，不覺已逾四十載矣。而今鬢星星，齒搖搖，精力就衰，豪情不再，追懷既往，尚喜殘生幸保。今後唯有所記，有所述，庶吉光片羽，得付我手足及後輩，籍吾家三代以來逃殺、逃難、逃禍之苦，因之有以自立，不負先人爾。時民國八十年七月也。」

這樣的文字和詩句，在袁家誂的詩集中比比皆是，真所謂「傷心人別有懷抱」，家國興衰，身世飄零，悄然化為無聲的淚水滴落紙上，世間能有幾人知？又有幾人能讀得懂？

袁欣告訴我，一九八八年，她二姑袁家誂、三姑袁家諿分別從臺灣、美國回到天津探親。那是她第一次見到二姑、三姑。在這之前，對於海外的二位姑母她知之甚少，由於政治上的原因，也無法和她們聯繫。父親袁家說拒絕參加任何政協的活動，也是怕被迫要對海外親人喊話「瓦解敵人」。那次見二姑袁家誂，袁欣留下了深刻的印象：「家誂二姑個子不高，微胖，身著長衫，花白的頭髮盤成髮髻，佩戴簡單首飾。雖說穿戴樸素，卻顯出大家閨秀的端莊，又頗具知識女性的儒雅。」袁欣回憶說，「二姑口才極好，文采也極好，又是性情中人。每每即席賦詩，出口成章，讓我們這些晚輩好不崇拜。」

袁家誂第二次回國探親是一九九五年。當時袁家說、袁家譽已經辭世，袁家誂在四弟袁家證的陪同下，先是去探訪了她的兄弟們留下的兩位遺孀——袁家說的妻子古志求（天津）、袁家譽的妻子（鞍山），接著又去陝西銅川四弟家證的家中探訪了四弟媳。袁家誂代表袁家向那些女性表達真誠的謝意，她說，這些年來你們跟著袁家吃苦受罪，卻無怨無悔，我當姐姐的感謝你們。

那次回鄉探親，袁家誂行程千里，旅途勞頓，引發了腰部舊疾，躺在床上動彈不得。後來還是她的學生沈素占小姐專程從臺灣趕到天津，一路細心照料。袁家誂回到臺灣後，身體一度好了些，不久又變糟了，就這樣時好時壞，直到二〇〇一年仙逝，那段濃濃的鄉愁一直伴著她，這輩子也化不開了。

袁欣說，二姑袁家誂葬禮那天，他們全家人朝著東南方向，深深鞠躬四次，遙寄緬懷之情。她還說，「家誂二姑的靈魂終於擺脫了病弱之軀，自由自在飄向天際，與她的父母手足相會去了。」

第十章　袁家的金山銀山

民國實業界的一顆新星

袁世凱的五姨太楊氏，是天津宜興府人。她出生在一個殷實人家，祖上以種花賣花為業。這樣的家庭環境，使得楊氏的見識不一般，史料上說好「聰慧靈氣，處事玲瓏」，應該與她的成長的環境關係密切。事實上，楊氏夫人自從進入袁氏家門之後，她天生的治家才能很快得到了袁世凱的賞識。如果說大姨太沈氏夫人是袁府前期女主角的話，那麼後期家庭的中心掌權者無疑是楊氏夫人。楊氏夫人心靈眼快，口齒伶俐，像是《紅樓夢》中的王熙鳳，袁府的日常生活被她安排得有條不紊，無論該吃什麼，該穿什麼，該買什麼東西，該換什麼衣服，都同她一人說了算數。袁世凱的貴重財物，一般也是由她收藏保管。

楊氏夫人生有四子二女：六子克桓、八子克軫、九子克久、十一子克安，五女季禎、十五女早夭，姓名不詳。

楊氏夫人所生育的子女中，袁克桓是民國實業界的一顆新星。

袁克桓（一八九八—一九五六），字巽安，後改名心武。年幼時與袁克權、袁克齊一起隨老師嚴修赴英國留學，回國後在京城北海靜心齋總統府教育專館繼續讀書，二十歲結婚成家，妻子陳征，是江蘇巡撫陳啟泰的二女兒。

袁克桓走上實業這條路，與母親楊氏夫人的家教影響關係極大。

袁世凱病逝後，袁家子弟經歷了短暫的憂傷，有的人沉淪了，也有的人崛起了。袁克桓就是後者的代表性人物之一。在那個特殊的時候，他毅然站出來接受了命運的挑戰，選擇了辦實業。

袁世凱在世時，大力支持周學熙創辦了兩個大型的官商合辦的企業——開灤煤礦和啟新洋灰公司。曾經有一度，政治嗅覺靈敏的周學熙感覺到民營之風將要在中國興起，於是放棄官銀號的優惠貸款，轉向民間資本尋出路，將企業逐漸轉變成私人股東，其中大量股票以「報效」的方式饋贈給了袁氏家族。當時袁氏家族如日中天，賺錢撈銀子的事有袁世凱這棵大權撐著，錢財自然會滾滾而來，妻妾和子女們只負責花錢就夠了，根本沒有人把這些股票放在眼裡。袁世凱病逝後，袁家日暮途窮，才想起還有兩個大型企業的股票壓在箱子底。樹倒鳥飛散，袁家眾子弟各奔前途，紛紛將這些股票低價抵押、轉讓、出售之際，袁克桓動起了腦子，他將這些花花綠綠的紙片統統收進囊中，然後拿這些紙片去和總老闆周學熙談判：他袁克桓也是大股東，有權決定企業的前途命運。

就這樣，袁克桓進入開灤煤礦，接替大哥袁克定擔任公司的常務董事。以前，公司內部事務（包括用人權等），都由擔任總經理的英國人說了算，袁克桓提議說，既然公司是兩家合營，那麼中英方都得有人負責，最後袁克桓的意見被採納，他的權力無形中增加了許多。

原來的啟新洋灰公司，負責管理企業的全是周學熙的舊屬親信，清一色安徽人的天下，袁氏家族的河南系難以與之抗衡。袁克桓進入公司不久，即著手改變這種狀況。他說通了八弟袁克軫（也是周學熙的妹夫），一起聯手來扳倒這棵大樹。在一九二四年新春召開的一次董事會上，袁克軫站出來率先發難，當面指責周學熙用人不當，把公司搞得一團糟，臉紅脖子粗地說道：「對待你的姑爺如此偏袒，為何對老姑爺我就不照顧照顧？」周學熙被他梗得說不出話，河南幫其他成員跟上助陣，會場亂成了一鍋粥。周學熙原來在啟新是八面威風的，現在老姑爺給他難堪，他也不便多計較，從此以後對啟新公司的事，也不願多過問了。

這正是袁克桓所要的結果。到了一九二七年，啟新公司改選董事會，袁克桓為首的河南系佔據了顯耀位置。一九三三年，袁克桓坐上了公司總理這把交椅，一坐就是十三年，直到抗戰結束，風傳何應欽將派人以「資敵罪」沒收啟新公司，袁克桓為保全公司存在，迫於各方壓力，才不得不和啟新洋灰公司脫離了關係。

後來，袁克桓還在湖北創辦了華新水泥廠以及南京的江南水泥廠，都是建國前大名鼎鼎的大型企業。除了水泥廠外，他還辦過玻璃廠、紗廠。據袁克桓的兒子袁複回憶說：「他一輩子都沒叫過累。我父親每天早晨七點鐘準時起床，穿戴收拾好，八點準時到，工友還在打掃衛生呢！……我父親沒有別的嗜好，他就是應酬應酬、打打麻將。舞場、賭場、馬場、妓院從來不去。舞場為什麼不去呢？理由很簡單，有一次他辦完房子買賣，吃完飯，很早就回來了，我問其他叔叔呢，他說去舞場了。我問他為什麼不去，他說，『手底下的人都去玩，我往那兒一坐，人家還玩不玩？』我父親喜歡看歷史，也喜歡講歷史。一生從來沒有假期、星期天。我父親一生沒有私產房，地無一畝。全部精力都投入到搞實業中去了。」這一席話，將勤奮、自律、好學的袁克桓形象勾勒得準確而又生動。

後人曾經這樣評點袁世凱的幾個兒子：長子袁克定最有權；次子袁克文最有才；六子袁克桓最有錢。袁克桓的錢從何而來？答案是顯而易見的：他的錢就是遵從母訓，靠興辦實業積累起來的。一直到文革前，袁克桓都是中國北方屈指可數的大工商實業家之一。

二〇一一年底，我在天津採訪袁克桓的孫子袁弘宇，在他的記憶中，祖父袁克桓有兩個特點：一是勤奮，二是慈愛。

袁弘宇說，爺爺那時候特別忙，很少有空回家，爺爺帶著幾個傭人，在南京一帶的水泥廠裡深入車間，也到礦山和鄉野去採訪，經常在毒太陽下跋山涉水，衣服上沾著一層層的汗漬，一看就是個民族企業家的形象。如果爺爺偶爾回到了天津，家裡就像過節似的熱鬧，包餃子，煮湯圓，大家都忙得不亦樂乎。爺爺說話和氣，一口半文半白的京腔，經常穿件藍色的中山裝，接人待物十分講規矩。爺爺每次總是坐黃包車回家，口袋裡裝滿了糖果，每見到一個孩子就彎下腰身來給幾顆。爺爺回家後，等收拾停當了就端坐在廳堂裡大聲說：把孩子們引上來看看。不一會兒，一班大大小小的孫子輩的孩子們就被傭人們牽出來，圍著袁克桓說說笑笑，袁克桓摸摸這個的頭，問問那個幾句話，臉上始終掛著和藹的笑容。

五十年代初，袁克桓曾作為天津市副市長的候選人進入協商程序，但是最後還是被他自己給推掉了。袁克桓說，我是個辦實業的，做不來官。讓我做實業，比當副市長更合適，更能為新中國建設出力。

袁克桓死於一九五六年。據袁弘宇講述，爺爺去世的時間正好是八月十五中秋節。那一天的月亮又圓又大，當時袁弘宇還在幼稚園裡，傭人來接他時，小聲告訴他，你爺爺病了，病得很重。少不更事的他吵鬧著要吃月餅，家裡人止住他，不讓他再吵鬧。那天晚上六點多鐘，袁克桓離開了人世，周圍瀰漫著一片靜寂肅穆的氣氛。

讀書明理，百業皆本

袁克桓與陳征結婚後，生有五女二男七個孩子。

袁克桓的後代說，當年袁家派了火車專列到長沙迎娶陳征。陳征屬於思想比較開放的知識女性，年輕時曾多次乘飛機來往於北京、天津和上海之間。

袁克桓的長子叫袁家宸，幼年時受過良好的教育，國文基礎很好。一九四七年，袁家宸考取了官費留學美國，在紐約大學研究院主修經濟學。建國後，他隨同一批海外學者回到了國內。本來是想要報效祖國，可是當時的情況眾所周知，一個接一個的政治運動接連不斷，沒有單位敢接受他。幾經周轉，還是由在天津工商附中當數學老師的三妹夫陳伯勇介紹他去了該校當代課老師。

袁家宸懷抱著滿腔熱情，並沒有覺得當代課老師有什麼不好，相反他還喜歡上了這份職業。這之後的一生，袁家宸終身從事中學教學工作，沒有再變動自己的職業。改革開放後，包括南開大學在內的一些院校想聘請他去任教，袁家宸都禮貌地回絕了。這個有著燕京大學學歷、又經過了美國紐約大學研究院專門訓練的人才，一輩子竭盡全力，樂此不疲從事中學教育，十分難能可貴。

袁家宸的妻子叫王家瑢。王家瑢的父親王迺斌，民國時期曾出任北洋內閣農商林總長。他們是在天津耀華中學讀書時認識的。在學校裡，袁家宸和王家瑢是全校矚目的金童玉女，兩人都是品學兼優的好學生，而且家庭條件相當，他們後來結為夫妻是人人都有所預料的。

袁家宸與王家瑢的婚姻當年曾在天津哄動一時，許多大人物出席了他們的婚禮，國務總理靳雲鵬也親自到場，為他們宣讀了證婚詞。兩人結婚後，妻子王家瑢沒有參加工作，一直在家做少奶奶。他們的家庭條件十分優越，與父母袁克桓、陳征住在一幢小洋樓裡，家裡雇了多個傭人，包括大廚、二廚、聽差、保鏢等等，用今天的話說是標準的富二代。

袁家宸與王家瑢結婚後生下的大兒子就是袁弘宇。

據袁弘宇說，那個年代有個規矩，名門望族娶的媳婦不能出外找工作，要不然是很丟面子的。王家瑢為這個規矩感到壓抑，她年紀輕輕，卻像個閒人天天待在家裡，像是關在籠子裡的金絲鳥，苦悶到了極點。

後來王家瑢還是背著家裡人出去找了份工作——在天津第十二中學當語文老師。這件事被袁克桓知道了，他讓人把王家瑢叫來，王家瑢還沒進門，早已嚇得渾身戰慄起來。舊式家庭的封建等級制是很厲害的，王家瑢膽戰心驚，不敢抬頭看對面的公公。

袁克桓開口了，聲音不高卻透著威嚴：家瑢，你是沒有錢花了嗎？沒錢花，我給你加錢。

王家瑢搖搖頭，連連說，不是，不是。

那是什麼？

我……王家瑢吞吞吐吐，欲言又止。見情景實在難堪，還是開口把自己的心思說了：如今社會上需要老師，再說我反正也在家閒著。

她的聲音越說越低，恐怕只有她自己能夠聽見。

沒想到袁克桓的態度並沒有她想像中的那麼嚴厲。過了一會，袁克桓似乎想通了，歎了口氣說道：任它去吧，既然這樣，你可以去當老師。但是先約法三章，不許太晚回家，不許在外喝酒。

這樣的約法三章，實際上是大大開恩了。王家瑢自然滿口答應。

過了幾天，香港的報紙上刊登了文章，大幅標題是：袁家的媳婦當上了人民老師！

袁家宸後來改名為袁複，對袁氏家族歷史有比較深入的研究。

見識了那麼多的人，經歷了那麼多的事，袁家宸依然保持著一顆純真的赤子之心。文革後政府落實政策，把從袁家抄走的文物、圖書退還給他。其中有阿拉伯國家贈送給袁世凱的寶刀和佩劍，有鑲純金線的制服一套，洹上村畫稿一冊，文函稿一冊，養壽園奏議二三冊等等，袁家宸無償地將這些東西捐獻給了有關部門。這樣的舉動對於袁家宸來說已不是第一次了。早在一九五三年，袁家宸就與父親袁克桓商議，決定將市區內的九畝私家宅地無償地獻給國家。那片土地，就是後來的天津市第十二中學的校址所在地。一九五八年，他又決定將北京香山上袁家先輩栽種的二〇〇棵馬尾松獻給國家。當時的北京市政府要給他一筆補償，袁家宸堅持分文不收。

二〇〇二年十一月十一日，袁家宸病故，終年八十三歲。

袁克桓有個女婿叫柏均和，終生從事基礎教育事業，是第九、第十屆全國政協委員，民盟天津市委副主委。柏均和是滿族出身，正藍旗瓜爾佳氏。他的曾祖輩與李鴻章一起做過官。

上世紀六十年代初，柏均和進入袁克桓家族，他感覺日常生活中有兩點很突出：一是這個家庭的成員交談中愛引經據典，包括老祖宗的古訓和詩詞歌賦；二是中文和英文混雜使用，袁家人的英文都很好，對東西方文化均有瞭解。

二〇〇九年，我在天津他家中見到他時，柏均和先生精神矍鑠，對著攝像機鏡頭侃侃而談，所談及的袁克桓後代的家事讓人耳目一新。後來，柏均和又專門撰寫文章，講述袁家三代舊事，發表在國內的一些刊物上。

據柏均和先生說，袁克桓的大女兒叫袁家英，是袁克桓最寵愛的一個女兒，她身上的貴族氣息很重，雍容華貴。她嫁給了李國元。李家過去也是天津金融界的一個著名人物，他父親叫李肅然，在天津提起來無人不知。建國後，李肅然把國內一些地方的房產捐給了政府。

李國元年輕的時候就出國去創業了。一九五〇年，袁家英也隨之出國。先到香港，又到印尼，在印尼事業做得不錯，李國元、袁家英夫婦已經在那裡定居，李國元在一所大學裡當校長。有段時間印尼排華反華，夫妻倆差一點喪命，慌亂中倉促逃出印尼，乘船去了美國。後來李國元對宗教發生了濃厚的興趣，他上過神學院，專門研究過希伯來文，是美國著名的華人牧師。一九七〇年代的世界宗教名人錄中，有他的業績記載。李國元多才多藝，歌唱得好，舞也跳得好，鋼琴、手風琴也是他的拿手好戲。遺憾的是天忌英才，五十八歲那年他離開了人間。

袁克桓的二女兒叫袁家仙，一生沒有結婚。年輕時袁家仙曾有一個自己喜歡的人，後來不幸故去了，這件事對她的打擊很大，從此矢志不嫁。袁家仙喜歡穿男裝，看上去別有一番風味。她學的是金融財會，曾經在天津航道局做過財會工作，是天津市的先進模範。雖然家庭條件好，家裡有傭人，但是袁家仙卻特別能吃苦。一九六四年，單位上派她到農村參加「四清」工作隊，她經常和鄉親們一起參加勞動，對鼻涕滿臉的鄉下孩子，她也經常主動去親他們。當時她的想法，就是要和貧下中農打成一片，真心想改造自己。一九八〇年，袁家仙去了美國，並已加入了美國籍。

袁克桓的三女兒叫袁家藻，以前是天津第三十四中學的數學教師。袁家藻性格真率開朗，遇事敢直言。她的丈夫陳伯勇，也是一名數學教師，工作單位是天津工商附中。因為他的三角學講得好，人稱「陳三角」。陳伯勇的父輩原來是天津民國年間一家金融機構的總辦。他們生有三個兒子，學業都不錯。改革開放後，袁家藻決定出國，把三個孩子都帶走了。如今他們一家都是美國國籍。

袁克桓的四女兒叫袁家菽，當過全國政協第六、七、八屆委員。袁家菽和妹妹袁家芯年輕時讀書的學校是法國學校，學費十分昂貴，全部是外國老師來授課，課外活動時間也講英語。所以她們的英語基礎特別好，能用英文背誦《聖經》。袁家菽在天津大學主修的是建築專業，學制五年。一九五七年畢業後，分配到北京管莊玻璃纖維研究院。袁家菽的丈夫諸葛瑞也是學建築的，也分配到了這個單位。一九六五年，研究院分出一部分人員遷到南京，袁家菽和諸葛瑞一起南下，到南京玻璃纖維研究院工作。一九八一年，袁家菽希望能回到天津，跟妹妹袁家芯近一些。由柏均和牽頭幫忙辦調動事宜。先是把事情報到天津市委統戰部，再報到中央統戰部。與此同時，從美國回來探親的袁家騮、吳健雄給主管科技工作的國務院副總理谷牧寫了封信，說到了這個事情。當時中央統戰部副部長童小鵬，曾當過周恩來的秘書。谷牧和童小鵬碰了個頭，都同意批准袁家菽調動工作的請求。一九八一年底，袁家菽全家從南京遷到天津，袁家菽被安排在天津市建築設計院，當副主任設計師；諸葛瑞安排在天津市規劃設計院，後來擔任總工程師。他們的三個孩子也都調回了天津，學業與工作都得到了妥善安排。袁家菽在天津工作期間，設計了天津的食品街、旅館街、服裝街等等，這些街都是天津有名的建築。一九八七年，袁家菽退休後赴美國定居。

柏均和的妻子袁家芯是袁克桓最小的女兒，柏均和說，她是姐妹中最樸素的一個，身上沒有貴族氣。袁家芯讀大學時，學校位於天津馬場道，就是現在的天津外國語學院。同學們看到袁家芯平時穿戴樸素，覺得她的家境不好，生活肯定困難，問她是不是要申請助學金。袁家芯微微一笑，搖了搖頭。後來同學們到她家中一看，呵，漂亮的小洋樓，家裡光傭人就有十多個，不僅不窮，還不是一般的富。袁家芯為人低調，平時不擺闊，做事不張揚，她對名利看得很淡。

袁家芯是天津第一中學的數學教師，她的教學很出色，是學校裡的名師。業餘時間袁家芯喜歡聽京劇、越劇和曲藝，特別是京韻大鼓，百聽不厭。年輕時她也有一些戲曲界的朋友。平時喜歡賦詩填詞，整理一些名人資料，包括報紙上有關袁家的各種消息，她也喜歡收藏。

柏均和與袁家芯結婚後，兩個人約定不要孩子。理由在今天聽起來有點好笑：他們擔心孩子生下來後因為出身不好受到歧視。到了一九七三年，文革結束，中國形勢有所好轉，他們還是生下了一個兒子，取名柏翊。這一年袁家芯已經快四十歲了。

說說袁家財產

袁世凱的一生，從他手中過的銀子撥萬輪千，不計其數。他出手大方，向來把錢財看得輕，一生從不為錢財所累，更不是葛朗臺式的守財奴。

據曾經幫袁家管理財產的王錫彤說，袁世凱病重時召見他，案頭置一單，所有存款、股票共約二百萬元，「餘之家產盡在於斯」。袁世凱能撈錢，但他所撈的錢幾乎全部用在了政治投資上，對一家之私很少謀劃。另外，袁世凱從小養成大手大腳的習慣，這個習慣伴隨了他一生。

關於袁氏家產，他的女兒袁靜雪在《我的父親袁世凱》一文中說得更具體：「我們家裡的人在我父親安葬以後不久就分家了。大哥克定，因係嫡出長子，獨分四十萬，其餘庶出的兒子，每人各分二十萬元。他們所分的錢數，除了現金以外，還有折合銀元數字的股票（包括開灤煤礦、啟新洋灰公司、自來水公司等股票）在內。我約略記得，他們弟兄每人還分得有十條金子，這是否也包括有上述的錢數在內，因事隔多年，已記不甚清了。女兒們每人只給嫁妝費八千元。我娘和各個姨太太都不另分錢，各隨他們的兒子一起過活。當分家的時候，我父親生前的貴重衣物，大部分都沒有了……在分家的時候，按著房頭，每房分了一隻皮箱，箱內只盛了半箱的衣服，那還都是我父親生前穿過的。每只箱子裡都放有一件皮衣，有的是皮袍，有的是皮斗篷。我母親分的那一件，卻是極其陳舊的了。」

袁氏生前所置的房產，大部分均由袁世凱所認的本家袁乃寬負責管理，計有：北京錫拉胡同兩所，炒豆胡同一所，寶鈔胡同一所，海濱掛甲屯一所；天津勝利路大營門「袁氏老宅」六棟大樓，河北區地緯路一所，原英租界十號路一所，成都道兩宜裡一所；河南安陽九府胡同一所以及洹上村養壽園宅邸。除去房產，袁世凱還在河南老家彰德、汲縣、輝縣等地購置了一些田地，大約有四萬畝。

民國時期，袁克定曾在天津主持過袁氏家族的第二次分家，此次所分是北京、天津兩地賣掉的五所房產，以及彰德、輝縣的各一處房產。此時袁克藩（十六子）已夭折，剩下的十六個克字輩的兄弟平分，各得偽聯幣二十四萬八千四百元。當時偽聯幣一角錢可買兩個燒餅。袁世凱的房地遺產一直由袁家老大克定掌握，據說他曾與袁乃寬合謀，將天津海河東岸平安街的一處樓房變賣私分，十子袁克堅聞訊後，找袁克定當面質問，鬧得很不愉快。另外傳聞袁世凱在一家法國銀行存有法朗二百萬元，後來不知去向。

袁世凱的喪事，原由民國政府撥款十萬元承辦，但是在北京就用了將近九萬元，其後的移靈、購置墳地、墓園建築、典置祭田以及安葬費用等，據估算需要五十萬元左右。袁世凱的好友舊屬徐世昌、段祺瑞、王士珍等八人聯名發出公啟，請求當朝要人名流解囊相助，各有捐款二千元至一萬元不等，共收到捐贈二十五萬，這才完成了袁世凱的喪事和葬禮。由此也不難看出袁氏家族晚期經濟狀況之一斑。

與袁家財產有密切關係的一個人是袁乃寬。許多文學作品以及江湖傳說中，都把袁乃寬說成是河南項城人，是袁世凱的親侄子。其中有這麼一個傳說：袁世凱在天津小站練兵期間，有一天到操場上去巡視，看見排列整齊的隊伍前排有一個士兵站得筆直。袁世凱上前一問，那個士兵目不斜視，回答說是河南項城人，姓袁。能在天津認識這麼個老鄉，袁世凱十分高興，於是將那個士兵召至身邊，後來成了袁府的大管家。

——實際上這些都是誤傳。

據相關史料載：袁乃寬（一八六七—一九四六），字紹明，河南正陽縣人，家住正陽城關鎮椿樹巷。他的父親袁有智是一名小武官（千總），在與撚軍的作戰中死於陳州，當時袁乃寬才九歲，隨母親張氏扶柩回到家鄉，家道衰落。

袁乃寬從小也和所有的士子一樣，想走科舉考試成才之路。他考取了癢生（秀才），然而在後來的會試中一再失利，灰頭土臉的他對科舉之路再無信心。一八九三年，袁乃寬打聽到一個機會，在朝鮮任官的袁世凱需要招募兵員，於是袁乃寬前往應試，一考即中。這一年袁乃寬二十六歲，袁世凱大他八歲，三十二歲。

袁乃寬為人精明，八面玲瓏，雖然他只比袁世凱小八歲，卻自稱是表侄。袁世凱對這個姓袁的侄子很是喜歡，讓他管理檔案，簽收文件。兩年後，袁世凱從朝鮮回國，到天津小站練兵，袁乃寬始終跟隨在袁世凱身邊，被袁世凱提拔為新建軍糧餉局提調幫辦、財政總匯處軍政股長、武衛軍營務處會辦等職。

辛亥革命後，袁世凱就職中華民國大總統，擔任袁乃寬為拱衛軍軍需總長，補授鑲紅旗蒙古副都統。次年，授陸軍中將銜，任拱衛軍糧餉局督辦。

從這個人的履歷中可以看出，他的一切都是袁世凱所給予的。因此，袁乃寬對主人袁世凱的態度也是畢恭畢敬，死心塌地。洪憲帝制期間，袁乃寬任庶務主任，負責一切後勤雜務，登基所需資金，由他四處為之張羅。價值八十萬元的龍袍、十二萬元的玉璽、五枚共六十萬元的金印以及御座、御冠、祭天儀式等等，全都由袁乃寬負責操辦。

袁乃寬跟隨袁世凱多年，既是袁世凱的軍需官，又是管家，還是許多錢財事務的具體經辦人。袁乃寬十分善於利用手中的權術，在這一二十年的時間裡，他置田買房，僅在河南正陽縣就買地三〇〇多頃，比項城袁寨、袁張營、袁閣村這三個村莊中袁氏家族的田地總和還要多。

發跡後他在正陽縣仿照宮殿樣式興建袁宅，有假山、泳池、馬場、花園等等，富麗堂皇，應有盡有。在河南西平、確山、信陽、雞公山等地，袁乃寬有房產七〇〇餘間。

史料中對袁乃寬修建的「南袁寨」是這麼描述的：

袁乃寬修建南袁寨時，當地十八個圍窯出的磚還不夠奠紮院牆的根基。袁家大院模仿北京故宮的建築結構，東南西北四個寨門，寨門的門栓是用巨大的原木松樹製成的。寨門四角各有一高大的角樓。袁家大院內部建築採用層層環扣，一共四層。如果沒有熟悉的人帶路，進去後會迷失方向，根本找不到出口。最外牆高十多米，護寨河寬闊。大院裡的雕刻精美秀麗，參天的百年銀杏樹巍巍壯觀，成行的松柏鬱鬱蔥蔥。大院的南北東三個門建成後，四角搭起高高的戲臺，連續唱了半個多月。大戲開唱的前三天，免費供應所有人的茶飯。

袁乃寬如此富得流油，他的錢財從何而來？這是一個謎。

據袁靜雪在《我的父親袁世凱》一文仲介紹，袁世凱的各房姨太太，每月的月費是八〇——一〇〇元。袁乃寬的月收入，不會比袁世凱的姨太太更高，也就是說他的年收入即便一分錢不花，一年也不會超過一千元。而袁乃寬後來的財產數量卻大得驚人，不能不說他的斂財手腕極其高明。

河南駐馬店市的文史資料中說，與周邊其他地方相比，駐馬店市是最早發電的城市，其歷史能追溯到一九一三年。當時正陽人袁乃寬，購置五千瓦發電機和蒸汽機各一台，在袁家大院裡夜間發電，方圓數十裡的鄉民百姓前來觀看，人們奔相走告。

而在《馮玉祥自傳》中，提到袁乃寬的財產時是這樣寫的：「信陽有幾年大宅，封建氣味尤為濃厚。其中最大的是袁乃寬的宅子，叫袁家大院，堂皇富麗，巍立於小小的街道上，極惹人目。那院落非常敞大，層層樓房恍若宮殿。花園裡的牡丹花之類，到冬天用火烘暖，在朔風大雪的時候，還能凌寒開放。可是房主人長年躲在租界裡，並不來住。」

袁乃寬的錢財到底有多少？這恐怕沒有人能說得清楚。在天津，袁乃寬的房產至少有三處，其中海河東路三十九號的一處最為矚目。那幢樓房建於一九〇八年，占地三千多平方米，由英國和德國設計師負責設計，樓房風格是歐洲古典式，面向海河的一側為山牆，裝飾著哥特式的雕飾。主樓共有大小房間二十餘間，這處故居已被列入天津市文物保護單位。

另外在北京袁乃寬至少有兩處大宅，均係前清王府。一處在西城石駙馬大街，另一處在西城太平湖附近，有山水亭台。每年袁乃寬做壽過生日時，就會請來京劇名角來演出，梅蘭芳、楊小樓、馬連良、余叔岩、譚富英、龔雲甫、李多奎、薑妙香等人都曾來助興出演過堂會。

袁乃寬暴富之後，也曾在北京和他的家鄉河南正陽縣辦過教育。據地方文史記載，袁乃寬在北京辦的學校名叫「河南中學」，他自任董事長，每逢新學期開學，他都要到學校操場上對學生們訓話，態度溫和，平易近人，鼓勵學生好好學習，立志救國。袁乃寬在正陽縣城辦的學校是「紹明小學」，學生畢業後，擇優保送到北京的「河南中學」繼續深造，每名學生每學期發給一百元大洋補貼，由袁乃寬個人出資，這樣也為家鄉培養了一批人才。

第十一章 隨風飄蕩的種子

含淚忍辱出國門

袁世凱去世後，大家庭分家，袁氏家族不可避免地走上了沒落之路。在「克」字輩那代人中，能夠為袁家把舵的只有袁克定，然而由於他想當太子，皇帝夢失敗，威信和地位跌落千丈，他的號召力遠不如前。次子袁克文是個名士，對袁府大廈之將傾，既無心也無力支撐。其餘十幾子，也沒有一個能挑起袁府大樑的。一片茂密的樹林被砍倒了，原先棲息林中的鳥兒四處紛飛，去尋找新的安身之地，只有細心觀察，才會發現他們眼神中的那一絲淒迷。

袁家到了「家」字輩這一代，大多數人已經淪落到了為生計操勞的地步，輝煌的建功立業，對於他們來說成了一個遙不可及的夢想。建國以後，由於眾所周知的原因，袁氏家族更是成了眾矢之的，人生目標一再降低，能做個正常公民都已不可能，遑論其他奢望？有的甚至連維持基本生計也變得困難。這時「家」字輩後代共有四十八人（孫子二十三人，孫女二十五人），大體上分作了兩支，一支留在了國內，淪落到社會最底層，忍受著生活的艱辛、屈辱和磨難；另一支流落到了海外，默默耕耘播種，內心深處藏著一個願望，期待袁氏家族的再一次收穫。

在海外發展的袁家後代中，以袁克文的三子袁家騮成就最為顯著。

袁家騮（一九一二－二〇〇三），這位後來成為著名高能物理學家的美籍華人，是名士袁克文之子。他的生母花元春是妓館校書，翻譯成現代話就是妓館中的才女，她比袁克文長六歲，英雄不問出處，美女不問年齡，薄施粉黛，依然楚楚動人。花元春懷上袁家騮後，袁克文這才感到應該負責任，提出娶納花元春為妾，夫人劉梅真大不以為然，指著克文的鼻子一頓臭罵，堅決不讓他娶納進門。花元春得知消息，氣鬱胸口，生下袁家騮後落下重病一場，不久便銜怨離開了人世。

大概是因為這個原因，夫人劉梅真感到有愧於花元春，待袁家騮如同己出，從幼時起即進行良好的啟蒙教育。袁家騮天生聰慧，又領略到了人世間的炎涼，從小就懂得自律。在袁克文輯錄的詩文集《豕尾集》中，就有三子袁家騮的習作，那時他才十四五歲，可見其確實才華出眾。

年齡稍長，袁家騮進入天津南開中學讀書，後轉入由英國倫敦教會開辦的新學書院。對於袁家騮來說，進入新學書院就讀是他人生中的一個重要選擇，這個選擇對他後來的道路有著決定性的影響。該校校長是劍橋大學科學博士哈特，在課程上新開設了物理課，引發了袁家騮對物理學的濃厚興趣。

袁家騮的舅舅劉懋頤畢業於天津北洋大學，在新學書院教書，每年寒暑假，劉懋頤都要給袁家騮補習三角、幾何、微積分等課程。因此，袁家騮一直是班上的優等生，一九二八年考入天津工商大學工學院，一九三〇年轉入燕京大學物理系三年級插班就讀，一九三二年畢業，獲學士學位，一九三四年又獲該校碩士學位。

在袁家騮身上，依然殘留著他父親袁克文的影子，只不過興趣愛好的方向不同。比如說，袁克文愛追趕時髦，對一切新奇的東西興趣盎然，袁家騮也是如此，在燕京大學讀書期間，他狂熱地迷上了無線電，空中電波的神祕感驅使他孜孜不倦，在知識的迷宮中求索。不過，袁家騮的定性比他父親強多了，他的身上多了幾分學者的沉穩之氣。

當時在燕京大學迷上無線電的還有一些夥伴，其中有個大名鼎鼎的「無線電友」名叫司徒雷登，是燕京大學的校長。其父是美國到中國的第一批傳教士，司徒雷登從小在中國的社會環境中長大，是個標準的「中國通」。建國前夕，他當過美國駐中國大使，被毛澤東的一篇文章《別了，司徒雷登》點名，成為家喻戶曉的人物，如今五十歲以上的人提到這個名字，沒有一個不知道的。

司徒雷登是個幽默有趣的老頑童，對一切新奇的東西興趣濃厚，他經常將袁家騮等人叫到家中研究無線電，家庭佈置得像個無線電沙龍。對袁家騮的才華也十分欣賞，二人結成了忘年交。袁家騮從燕京大學畢業後，到唐山開灤煤礦幹了一年，有一天忽然接到一份奇怪的電報，是司徒雷登發來的，囑他迅速進京，有要事相商。袁家騮收拾行裝來到燕京大學，司徒雷登告訴他，美國加州大學柏克萊有一個獎學金，問他有無興趣。

袁氏家族已經衰落，能去美國留學，無疑是最好的選擇。袁家騮回天津和父親商量，父親袁克文天天泡在花叢中，點了點頭，含混不清地說了幾個字，袁家騮也沒聽清，倒是養母劉梅真為他著想，幫他籌措了四十美金的旅費，送他到塘沽海港登船啟程。

那一年袁家騮二十四歲，是他人生中第一次漂洋過海，站在船弦上，望著一望無邊的湛藍色大海，心中翻騰起百般滋味。他買的是一張三等艙的船票，每餐伙食都是吃腥味很重的沙丁魚，吃得直想嘔吐，他也捨不得花錢再去買一塊錢一碗的白米粥，就這樣在船艙裡顛簸了十六天，船終於到了三藩市。找個磅秤一稱，足足瘦了二十磅。

袁家騮在美國讀的第一所大學是加州大學柏克萊分校，這裡聚集著一大批年輕有為的物理學家，有發明並建造了「迴旋加速器」的勞倫斯，有被稱做「原子彈之父」的奧本海默等明星級人物，袁家騮幸運地生活在一個良好的學術環境中，靠助學金讀完了第一學期的課程。

一九三七年，日本發動侵華戰爭，美國開始對亞洲人採取歧視政策，取消了中國留美學生的助學金。為了繼續學業，袁家騮試著給加州理工學院寄了一份入學申請。很快，院長密立肯教授親筆回信，歡迎他到該校學習，並答應給他一筆獎學金。密立肯教授是享譽世界的大學者，曾因測出電子的帶電荷量而獲得過諾貝爾獎，他的回信給了袁家騮極大鼓舞，進入加州理工學院後，他更加勤奮學習，以優異成績獲得了博士學位。

在這期間，袁家騮還有一個最大的收穫：認識了才貌超群的吳健雄，並最終結成了伉儷，共同走過了富有傳奇色彩的一生。

兩顆行星的相遇

吳健雄是胡適先生最得意的女弟子之一。

一九一二年，吳健雄出生在江南太倉的一個書香門第，父親吳仲裔畢業於南洋公學（上海交通大學的前身），該校由清末洋務派首領盛宣懷發起，目的是培養新型人才，適應洋務實業的需要。吳仲裔是個很有意思的人，身在學堂，心憂天下，在學校組織的遊行集會等活動中，經常是他走在隊伍最前頭。這種熱血的風格，一直在他身上存留，大學畢業回鄉，他還曾主動帶領商團武裝攻打土匪並將之消滅。給兒女們取名字也不例外，「健」字輩按「英雄豪傑」排序，分別是健英、健雄、健豪、健傑，四個子女中只有健雄是女兒。

吳健雄對她父親極為崇拜，在一次回答記者採訪時她說：「父親是一生中給我影響最大的人。」走遍世界許多地方，接觸過不少傑出人物，直到臨近晚年了，吳健雄仍然認為，像她父親那麼優秀的男人並不多。戀父情結跟隨了她一輩子，這也說明父親確實是女兒心目中的一個偶像級人物。據蘇州地方史料記載，吳仲裔老先生興趣廣泛，無線電、手風琴、狩獵、唱歌、吟誦古典詩詞等，均有相當造詣，比如玩礦石收音機，他不僅給自己家中安裝了一台，還安裝了好幾台送給鄉鄰，使鄉親們除了茶館生活外，又多了一個瞭解外部世界的管道。夏天的時候，吳老先生還經常到上海租了電影拷貝盤帶回家鄉放映。從這些記敘來看，吳老先生真是多才多藝的複合型優秀人才，思想開明，生活有趣，十分難得。

一九二三年，十一歲的吳健雄進入蘇州第二女子師範讀書，這所學校在江南很有名氣，除了聘有許多優秀的老師教授新式課程外，還經常邀請著名學者進行學術講座。給吳健雄留下深刻印象的是胡適的一次演講，題目是《摩登的婦女》。吳健雄以前在報刊雜誌上看過胡適的文章，這次演講校方又安排她做記錄，因此她聽得格外認真。胡適在演講中舉例說，假若中國一個窮得不得了的老太太，拾荒為生，無意間在垃圾堆裡撿到一包錢，她是無論如何不會送人的。所以說道德標準與生活水準有關。胡適這種深入淺出、淺入深出的演講，給了吳健雄思想很大的啟發。

一九二九年，吳健雄進入中國公學繼續深造。這是中國第一所私立大學，是幾個留日學生憤恨日本人歧視、集體退學回國創辦的。聘請胡適先生擔任校長，胡親自講授一門文化史的課程。胡適是有名的洋才子，知識廣博，風度翩翩，是青年學生們追捧的偶像，每當他講課時，學校都要開一間最大的教室，即使這樣也是擠得滿滿的，連教室外的走廊上都站滿了人。吳健雄心目中的崇拜對象，除了他父親外，現在又多了胡適這個明星老師。

有一次考試，三個小時的考試時間，吳健雄只用了不到兩小時便頭一個交卷。胡適很不以為然，誰知道拿起試卷一看，倒抽一口冷氣，那個小女子思維如此清晰，對他所授的課理解得如此透徹，都是胡適沒有想到的。在教務處辦公室裡聊天，胡適談到了這件事：「我班上一個學生，對清朝三百年思想史剖析得那麼深邃，真不簡單，我給了她一百分。」恰逢大歷史學家楊鴻烈、著名社會學家馬君武在座，也說自己班上有個學生，每次考試都是一百分，三位大學者將名字拿出來一對，他們說的是同一個人：吳健雄。

吳健雄在中國公學以及後來的中央大學讀書期間，結識了幾個手帕姐妹：張兆和，出生於安徽合肥的望族之家，後來嫁給了作家沈從文；孫多慈，祖籍安徽壽縣，中國早期著名的女油畫家之一，她與徐悲鴻的一場師生戀鬧得沸沸揚揚，後來嫁給了浙江省教育廳長許紹棣；朱汝華，江蘇太倉人，後到美國留學，被推舉為美國化學家協會主席，也是第一位獲此榮耀的女科學家，其侄子朱棣文是一九九七年諾貝爾化學獎獲得者；董若芬，和吳健雄同鄉，後來成為美國化學家協會副主席。

還有一個是曹誠英，安徽績溪人，比胡適小十歲，是胡適二嫂同父異母的妹妹，才情出眾，她與胡適之間曾發生過一段感情，雙方當時都已有了家庭，相互約定離婚。曹誠英離婚後，胡適卻因太太江冬秀哭吵打鬧沒能離成。多了這麼一種關係，吳健雄與胡適接觸的機會更多了，對這位明星老師的理解，也比常人更深了一層。

抗日戰爭時期，胡適臨危受命，擔任中國駐美大使。這時候吳健雄正在加利福尼亞大學攻讀博士學位。每逢胡適從華盛頓到美國西部，總要在百忙中抽空去看看這位女弟子。吳健雄也借暑假東遊的機會，去探望心中的明星老師。即使純潔的師生情誼，往往也容易引起別人的誤會，在一封給明星老師的信中，吳健雄述及當年一位北大女教師愛慕胡適的閒話後，深為感慨地寫道：「為什麼又有許多人最愛蜚短流長？念到你現在所肩負的責任的重大，我便連孺慕之思都不敢道及，希望您能原諒我，只要您知道我是真心敬慕您，我便夠快活的了！」胡適也曾經在日記中說過這麼一段話：「無心插柳，尚可成蔭；有意栽花，當然要發。我一生到處撒花種子，即使絕大多數撒到石頭上了，其中有粒撒在膏腴的土地裡，長出了一個吳健雄，我也可以百分地快慰了。」

一九六二年二月，受胡適邀請，吳健雄和丈夫袁家騮赴臺灣參加中央研究院院士會議，她沒有想到，這竟是與明星老師最後的永訣。那天胡適興致很高，在招待酒會上饒有興趣地說：「我常常對人講，我是一個對物理學一竅不通的人，但我卻有兩個學生是大物理學家：一個是北京大學物理系主任饒毓泰，一個是曾與李政道、楊振寧合作驗證『對等律之不可靠性』的吳健雄女士。」當時在座的還有一位著名物理學家吳大猷，吳是饒毓泰的學生，又是李政寧、楊振寧的老師，論資排輩的話，胡適還是祖師爺呢。眾人說笑起來，感歎世事變幻，歲月滄桑。

誰也沒有料到的是，胡適是在大病初愈後不久參加這次酒會的，由於酒會上過度興奮，多講了幾句話，導致心肌梗塞突然迸發，遽爾病逝。眼睜睜看著躺在醫院太平間床上的明星老師，一生所走過的路程像一幕幕電影在腦海中重播，不由百感交集，吳健雄眼眶紅潤，淚水順著臉頰無聲地流了下來。

女油畫家孫多慈在一篇文章中，對她的同學吳健雄這麼描述：「遠在民國二十年，即一九三一年，我們同在中央大學讀書，那時的健雄是一個嬌小玲瓏、活潑矯健的女孩子。她是江蘇太倉人，一雙神采奕奕的眸子，靈巧的嘴唇，短髮，平鞋，樸素大方但剪裁合身的短旗袍。在兩百左右的女同學中，她是那樣地突出，當然她也是一般男孩子的追求目標，不僅男孩子，女孩子竟也有為她神魂顛倒的呢！」

吳健雄去美國留學，搭乘的「胡佛總統號」海輪，她和同學董若芬一起，原本打算買兩張二等艙船票，哪知二等艙票賣完了，只剩下一個頭等艙票還空著，若等下一班船需要一個多月，經過與輪船公司的人商量，她們以兩張二等艙票的錢住進了頭等艙。一九三六年八月，吳健雄的親戚朋友來為她送行，由於大船不能靠岸，只好用小漁劃子接送。那天母親哭得特別傷心，彷彿是一場生離死別，她也站在船上不停地抹眼淚，直到海天一色，岸上的親人變成一群小黑點，然後漸漸消失得無蹤無影。事實上，這一去三十七年，吳健雄再也沒能回到故鄉，再也沒能見到她的父母雙親。

到了美國，吳健雄始終保持著她特有的中國式品味，尤其是在衣著穿戴上，總是身穿一襲暗紅色鑲花邊的高領旗袍，氣質高貴典雅，令人側目相望。這樣的東方古典美人，周圍自然不乏追求者，袁家騮即為其中之一。聽說袁家騮是袁世凱的孫子，吳健雄用好奇地眼光看了他一下，並沒有感到有什麼特別。在袁家騮身上，沒有任何紈絝子弟的影子，相反看到的卻是刻苦用功、生活儉樸、樂於助人等等良好的品德，這使吳健雄對那個衣著樸素的年輕人留下了不錯的印象。

但是吳健雄的追求者並不只是袁家騮一個，比如後來在美國高能物理界享有盛名、創立了美國費米國家實驗室的威爾森，就是有力的一個競爭者。在舞場上，威爾森彬彬有禮地向「東方公主」發出邀請，吳健雄落落大方，隨同他的舞步優雅地起舞，配合默契自然。在威爾森的記憶中，年輕的吳健雄像傳說中的東方公主，既高貴典雅，又有幾分神祕，柏克萊物理研究所的國際學舍中，幾乎每個男生都被她所吸引。

吳健雄的追求者還有一位名叫史坦萊・法蘭柯，他是猶太後裔，天性聰慧，熱情開朗，是個活潑好動的年輕人。史坦萊雖說也是加拿大柏克萊物理研究所的一位年輕的科學家，但是他的天性中充滿了猶太人的浪漫氣質，又不乏嚴謹務實的學風，是那種平時看起來並不怎麼用功，但是每次考試成績都特別優異的學生。他骨子裡喜歡一切新奇的事物，熱情地教吳健雄開汽車，沿著海濱公路瘋狂賓士，租橡皮艇到海上衝浪，迎著撲面而來的浪花發出快樂的尖叫聲。那段時間，吳健雄幾乎快被他俘虜了。

一九四一年，吳健雄獲得了博士學位，開始在柏克萊加州大學物理系做博士後研究。這年五月初，指導教授，著名的物理學家勞倫斯建議她到美國東岸看看，一路上領略美國各地的風光和民情。他乘坐火車從三藩市出發，橫越美國大陸，穿過洛杉磯山脈大峽谷，沿途經過芝加哥、聖路易，到達美國首都華盛頓，後來又到了紐約、波士頓等地方。一路上，吳健雄參觀訪問各地著名的大學，結識美國物理學界傑出人物，使得她眼界大開，學養益豐。

在這次旅行中，吳健雄也對自己的感情世界進行了一次認真的梳理。她和史坦萊之間的愛情，曾經開放出絢麗的花朵，但是東西方文化的差異，使她決定就此止步。一九四一年八月，吳健雄在給她最要好的女友阿蒂娜的一封信中，透露了一個重要資訊，她與袁家騮的那層關係，將由祕密逐漸轉為公開：「在假期中，我希望利用整個上午來念書，只有下午和晚間才和你在一起，不知你介不介意?……袁先生十分想見我，但是我實在分身無術。如果你不介意，也許我們可以請他和我們一塊度假，他確實是一個相當沉靜不多話的人。」在信的末尾，吳健雄將袁家騮的地址給了阿蒂娜，讓阿蒂娜去約袁一起來度假。

阿蒂娜對袁家騮一直印象良好，從見到他第一眼起，阿蒂娜就附在吳健雄耳邊悄聲說：「基基（吳健雄的英文名昵稱），這就是適合你的那個人！」阿蒂娜對好友吳健雄的選擇給予了十二萬分的支持，接到基基的信後，她立即去叫了袁家騮，極力要促成這件美事。吳健雄的其他幾個女友也認為，選擇袁家騮是正確的，袁家騮沉穩可靠，是能與吳健雄終身廝守、會過日子的合適伴侶。

一九四二年五月三十日，這是一個星期天，也是吳健雄三十歲生日的前一天，吳健雄與袁家騮在加州理工學院所在的洛杉磯帕沙迪納舉行了結婚典禮。儀式安排在袁家騮的指導教授密立肯家中進行。密立肯是因測量出電子的帶電荷而獲得過諾貝爾獎的大物理學家，家中的住宅十分豪華，當時正值二次大戰，袁家騮、吳健雄遠在中國的親人無法參加婚禮，由密立肯當他們的主婚人，婚禮舉行得既莊重又不失熱烈氣氛。婚禮之後，密立肯太太特別為這對新人在花園裡辦了一場婚禮晚宴，袁家騮、吳健雄的許多同學好友前來出席，當時也在加州理工學院求學、擔任中國同學會會長、後來在中國發展導彈衛星計畫中作出了巨大貢獻的錢學森，還為這次婚禮婚宴拍攝了一部八釐米的電影。

婚後，吳健雄和袁家騮在洛杉磯南部一個叫拉姑納海灘（laguanabeach）的海濱休息了一周，然後袁家騮到美國東岸RCA公司從事國防研究工作，吳健雄也接受了東岸史密斯女子學院的聘請。在初到東岸史密斯學院的日子裡，吳健雄十分思念在加州的舊友，經常寫信給阿蒂娜，傾訴心中的友誼，講述她新婚後的狀況，從那些信中可以看出，吳健雄新婚伊始的生活非常快樂，她和袁家騮的感情也十分甜蜜。一九四二年九月十九日，吳健雄在寄給阿蒂娜的信中寫道：「在三個月共同生活中，我對他瞭解得更為透徹。他在沉重的工作中顯現的奉獻和愛，贏得我的尊敬和仰慕。我們狂熱地相愛著。」

這兩顆相遇的行星，以各自特有的魅力吸引對方，一起閃爍出色彩斑斕的光芒。

大西洋彼岸的事業與家庭

一九四二年六月，美國的原子彈計畫正式開始啟動。總部開始設在紐約市曼哈頓區，因此叫做「曼哈頓工程區域計畫」，由二戰傳奇人物馬歇爾將軍擔任主持人。負責這個計畫的科學主持人（實驗室主任），由著名物理學家奧本海默擔任。

吳健雄參與「曼哈頓工程區域計畫」，起源於這麼一次機緣：有一天，在柏克萊的物理學家想聽聽原子核分裂的新發展，奧本海默知道吳健雄在這方面鑽研很深，便請她來講。當時對於剛剛起步的原子核分裂發展，吳健雄已經做了許多研究，並有深刻獨到的認識，她先講了一個小時關於原子核分裂的純物理，然後提到連鎖反應的可能。演講相當精彩，贏得了在場的物理學家們的一片讚揚，也讓奧本海默對這位來自東方的女性刮目相看，此後每次開會討論核分裂及原子彈相關問題時，奧本海默總是會說：「去叫吳小姐來參加，她知道所有關於中子吸收截面的知識。」

在美國和西方物理學界，已經有人將吳健雄稱為「東方的居里夫人」。柏克萊研究所的所在地奧克蘭郡有份《奧克蘭論壇報》曾刊登了一篇報導，標題是《嬌小中國女生在原子撞擊研究上出類拔萃》，下邊刊登了一張大幅照片，吳健雄明眸皓齒，秀麗的臉上透出自信堅定的神情，十分優雅迷人。

在「曼哈頓工程區域計畫」中，奧本海默向美國國防部大膽推薦了這位「東方居里夫人」。吳健雄當時到美國只有五六年時間，而且不具備美國國籍，能以這樣的身分，參加到原子彈試驗這種具有中國國家頭等機密的核心計畫中，確實是出乎很多人意料的。

一九四五年七月一六日，在美國新墨西哥州的一個沙漠地帶，人類第一顆原子彈試爆成功。它驚人的威力和巨大的蘑菇狀雲層，象徵著一個新時代的降臨。三個星期之後，一九四五年八月，美國將兩顆原子彈投到日本廣島、長崎，終於促成了二次世界大戰的結束。

原子彈給世界帶來的災難和罪惡是有目共睹的，它所展現的悲慘景象和毀滅性後果不僅使世人驚駭，也使許多參與實驗計畫的科學家有屠殺生靈的內疚和罪孽感。但是美國在進行原子彈計畫之時，德國也在進行類似計畫，這些科學家認為，萬一納粹德國先獲得成功，對人類恐怕是一場更大的洗劫。

在面對邪惡時，應該採取一種什麼樣的態度？這是一道頗難費解的哲學命題。吳健雄有一顆善良的心，提到參與原子彈製造一事，她心中就會泛起一陣傷痛，談起原子彈巨大無比的摧毀性，她會鎖緊眉頭，輕輕地閉上眼睛，用一種近乎懇求的口吻說：「你認為人類真的會這樣愚昧地自我毀滅嗎？不，不會的，我對人類有信心，我相信有一天我們都會和平地共處。」

簡單說說袁家騮。一九四二年，二次大戰進入激烈的對峙階段，美國作為同盟國參戰。有著深厚物理學素養和豐富無線電實踐經驗的袁家騮，受命到美國RCA公司從事國防軍事設施連波雷達的研製工作。這種雷達的研製成功，使飛機的飛行高度及飛機間的距離可以自動控制，戰後被應用於民間，大大增強了民航飛機與輪船的安全係數。

二次大戰結束後，袁家騮先後在美國國家科學實驗室和普林斯頓大學長期從事基礎物理研究，他與合作者們共同取得了很多重要成果，在中子的來源、高能質子加速器、共振物理學等領域，都有新發現和新成就。一九五九年以來，他曾獲得全美華人協會傑出成就獎、駐美工程師協會科學成就獎等，曾受邀擔任歐洲、法國、前蘇聯等許多國家和地區的核子物理、高能物理研究機構與大學的訪問教授，先後被中國南京大學、東南大學、中國科技大學等十餘所高等院校聘為名譽教授。

袁家騮、吳健雄的中國夢一天也沒有中斷過。許多次想過回來報效祖國，可是二次大戰剛結束，又是三年內戰，吳健雄的父親看到局勢混亂，寫信要他們暫緩動身，正逢吳健雄懷孕，一九四七年生下兒子，回國的事就擱了下來。建國後，袁、吳二人的家庭背景成了阻攔他們回國的極大障礙，尤其袁家騮，誰不知道他是「竊國大盜」袁世凱的孫子？不久朝鮮戰爭爆發，中美關係跌至冰點，成了敵對國，美國國務院對赴共產黨國家的科學家條件非常苛刻，袁家騮、吳健雄的回國夢想再次化為泡影，祖國的優秀兒女無奈地選擇留在異國他鄉。一九五四年，他們申請加入了美國籍，斯時他們在美國已工作生活了十八年。

從一九五〇年起，袁家騮夫婦就住在哥倫比亞大學一所高級公寓裡，他們家庭始終保持著濃鬱的中國情調：紅木家具、繡花地毯、牆壁上掛著鄭板橋、張大千、徐悲鴻、吳作人、董作賓等名家的字畫。這對科學家夫婦的原則是實驗第一、生活第二，袁家騮曾這麼說：「家庭生活對我們來說是第二位的，吃穿住都很簡單。做起實驗來，家裡人有時幾個禮拜都不見一次面。這幾十年我們工作的地點經常是分開的，她忙她的，我忙我的，只有週末才回到紐約這個家。」袁家騮的生活態度和生活作派，與他父親袁克文截然不同。

在家務活上，袁家騮不愧為模範丈夫，吳健雄整天沉迷於實驗工作，許多家務事自然落到了袁家騮身上，不過如果有時間，吳健雄也會親自下廚，她做的獅子頭、炒雞塊和餛飩很有特色，色香味俱佳，是吳氏廚藝的代表作。吳健雄在一次記者採訪時談到了她的家庭生活：「我總是有大量的東西要看，同時還得寫信以及處理與我研究相關的其他事情。我有一個很體諒我的丈夫，他也是一個物理學家。」值得注意的是，在介紹到她丈夫袁家騮先生時，吳健雄只用了「他也是一個物理學家」這句話，並沒有提及中國歷史上無比顯赫的袁世凱以及袁氏家族。是的，在袁氏家族「家」字輩這代人的生活中，袁世凱這個名字已經距離他們很遠了，淡得像個影子，飄忽在歷史深處，那是心中的難言隱痛。

結婚那年吳健雄三十歲，又過了五年，才生下了他們的兒子——也是他們家庭中唯一的一個兒子。這年吳健雄三十五歲，孩子的出生頗費了一番周折，預產期到了，肚子裡的孩子仍不肯出來，又過了半個月，臨盆症兆明顯，醫院的醫生說快了快了，結果又折騰了一天一夜，最後還是靠破腹產取出了嬰兒。

他們為兒子取名袁緯承。從小生長在美國，又是美國國籍，袁緯承對遙遠的中國有種陌生感，甚至不會說中文，連吳健雄也覺得奇怪：「他可以學會法語，但是卻忘掉了中文，我所有朋友的孩子都有同一個問題，他們都忘掉了中文。」對於父母親念念不忘的「根」，這些孩子們缺乏感性認識，只有當他們長大成人，理解了人世間的各種生存方式，理解了歷史是人類永遠掙脫不了的臍帶，他們才會對父母生活的那塊土地發生興趣。

父母親都是著名科學家，一星期才能看見一回家長的身影，袁緯承便從小養成了獨立的個性。他在紐約哥倫比亞大學讀書時，選擇的也是物理學專業，大學畢業後繼續讀研究生，指導老師是曾獲得一九八八年諾貝爾獎的李德曼教授。

一九七四年，袁緯承與露西・尼恩結婚。這是一位標準的美國小姐，好在袁緯承生活習慣和文化觀念已經完全美國化了，他們在一起生活得很幸福。一九七八年生下一個女兒，名叫婕塔。有意思的是，這個美國女兒竟然承接了她祖父袁克文的某些基因，對寫作有著濃厚的興趣，在耶魯大學讀書時，是校園文學社的活躍分子，畢業後進入《紐約》雜誌擔任編輯，業餘時間喜歡文學創作，有時還寫寫時評和社論。

為了袁家的榮譽

上世紀七〇年代，中國乒乓球隊赴日本參加世界錦標賽後，邀請美國乒乓球隊來中國參觀訪問，「乒乓外交」的旋風席捲世界，中美關係二十多年的冰層隨之鬆動。一九七一年，美國國家安全顧問基辛格祕密訪問中國。第二年，美國總統尼克森訪問中國，一個對話取代對抗的新時代悄然開始了。

回到中國，是袁家騮、吳健雄多年以來的夢想，然而真正要跨出那一步時，他們的心情仍然十分複雜。諾貝爾獎得主楊振寧博士是第一個打破這層堅冰的，一九七一年春天，他在中國北京、上海等地停留了一個月，回到美國後，成了那些從中國來美的科學家們心中的政治明星，他們圍著楊振寧問這問那，遊子想回到祖國的複雜心情，難以用語言表達。第二年，楊振寧再次訪問大陸，這次同行者中多了個李政道，獲得諾貝爾獎的兩位重量級人物訪華，無疑對那些旅居海外的華人科學家是巨大的誘惑。

一九七三年九月，袁家騮、吳健雄夫婦終於開始了他們的第一次故鄉之旅。

國務院總理周恩來在北京人民大會堂接見了袁家騮、吳健雄夫婦。有個細節，可以說明周恩來極為細緻的工作作風：袁家騮是河南人，吳健雄是江蘇人，周恩來把接見地點安排在安徽廳，安徽是位於河南與江蘇中間的省份。事後袁家騮夫婦私下議論，天天操心無數中國國家大事的周總理，竟然對這等細微小節也考慮周到，讓人不能不打從心眼裡佩服。他們所猜想的其實也未必如此。周恩來手下有國務院辦公室，接待安排事宜辦公室工作人員一定會考慮周全，袁家騮、吳健雄夫婦對中國國情並不怎麼不瞭解。

袁家騮、吳健雄夫婦長年生活在美國，對中國國情的瞭解，主要是通過看報紙、聽廣播以及親戚間的私下交流，而得出的綜合印象，他們說話仍是小心翼翼的。周恩來似乎懂得他們心中的隱情，對「文革」中把吳健雄父親的墳毀掉一事，主動向她表示歉意。談到袁氏家族，周恩來並不迴避，說袁家出了三個「家」：政治家袁世凱、文學家袁克文、科學家袁家騮，並笑著說：「你們袁家一代比一代進步。」

但是，回到賓館房間裡，傾聽親人們半遮半掩、欲說還休的講述，面對親人們抑制不住掉下來的眼淚，他們隱約能猜到這個國家曾經發生了什麼。親人們講到痛心處，往往會抱頭痛哭，那些場面刻骨銘心，讓人一輩子也忘不了。慶倖的是，這個災難深重的國家終於走過了那一段泥濘的路，儘管當時還是步履踉蹌，畢竟已經在朝前趕路了。走出賓館，袁家騮夫婦臉上又洋溢起陽光般的笑容，這可以理解為他們對中國國情的熟悉和服從，也可以理解成他們向前看的積極姿態。這次故鄉之旅，他們到了袁家騮的老家河南安陽，吳健雄的老家江蘇太倉，還到了杭州、洛陽、昆明、長沙、桂林等地，一共逗留了五十三天。

這之後袁家騮、吳健雄夫婦多次回到中國參觀訪問，一九八四年九月那一次，當時任中顧委主任的鄧小平接見了他們，並進行了長時間的親切交談。

袁家騮、吳健雄夫婦對故鄉的感情十分深厚。兩位老人將畢生積蓄的五〇〇萬美元捐贈給江蘇太倉市吳健雄的母校，建起了一個實驗設備齊全的現代化學校，還將他們珍藏的一些古玩、字畫、獎品捐給了東南大學吳健雄紀念館。兩位老人還拿出二〇〇萬美元，成立了「袁家騮基金會」，用來聘請世界著名的科學家來中國講學，促進中西學者互訪交流。

一九九七年二月十六日，著名的實驗物理學家、中國科學院外籍院士、美國哥倫比亞大學美籍華裔教授吳健雄女士因中風去世，享年八十五歲。妻子的去世，對高齡的袁家騮打擊非常大，追悼會上，他輕撫著妻子的骨灰盒，想起那些相濡以沫、共同走過的歲月，淚流滿面。國內外許多著名的政治家、科學家都發來了唁電，當時的美國總統克林頓也送了花籃。

人生最後幾年的路程，袁家騮老人是單獨一個人走過的。他的身上，其實還依稀殘存著父親袁克文的影子，比如說他晚年用的名片，上面「袁家騮」三個字就是用的袁克文的字跡。他常常愛使用一把黑絲綢面摺扇，扇面畫的是幾節竹子，題字為「高風亮節」。有時候，老人還愛聽聽京劇，跟著悠緩的曲調搖頭晃腦，偶爾還哼唱幾句。血濃於水，家族的痕跡是任憑什麼也抹不掉的。

在他生命最後的日子裡，老人最思念的是愛妻吳健雄。由於記憶力衰退，袁家騮似乎經常忘記妻子已經病故，言談中不時會提到吳健雄：「健雄在哪？我能不能去看看她？」有一天，醫院的護士問他餓不餓，袁家騮脫口而出：「我不餓，健雄餓了。」護理人員將袁、吳夫婦早年的一段紀錄片放映給他看，當看到自己和妻子的畫面時，袁家騮老人眼中立刻有了異樣的神采，對著電視喃喃地自言自語：「健雄，你好嗎……」看到這個情景，在場工作人員無不為之動情。

二〇〇三年二月十一日，袁家騮老人走到了他人生的盡頭，陪伴在他身邊度過最後時光的有匆匆從美國趕來的兒子袁緯承，兒媳露西．尼恩，孫女兒婕塔（中文名袁先潔）。他們佇立在北京協和醫院的病榻前，看著老人安詳的面容，哽咽著說不出一句話。按照袁家騮老人的遺願，他的骨灰盒運送到江蘇太倉，和妻子吳健雄安葬在一起，永遠不再分離。

第十二章　融入大江大海的水珠

家族記憶已成圖騰

袁世凱的後人，從「克」字輩以後日漸走下坡路。扣在袁世凱頭上的那口大黑鍋，不僅壓得袁世凱翻不了身，也壓得袁氏家族後代喘不過氣來。無論擔當何種社會角色，他們都奉行低調做人、踏實做事的原則，像是進入了蟄伏期，一般人從外界很難看出其家族內部的動靜。由於眾所周知的原因，有關袁世凱後代的情況知道的人並不多，事實真相和傳說演義交織在一起，更是給袁氏家族史罩上了迷霧重重。

袁家後人中，有個人一直有志於袁氏家族史的研究。他叫袁家誠，是袁世凱第十子袁克堅的次子。

二〇一一年十二月初，我赴天津採訪袁家誠。和煦的陽光從陽臺上照進來，投射到他家的書櫃上。我發現書櫃裡存放著不少與袁世凱、袁氏家族有關的書籍和資料。袁家誠說，他對祖父這個人，年輕時瞭解不多，只聽見許多人當著他的面罵袁世凱是竊國大盜。後來學了點近代史，對祖父的故事瞭解漸漸多了，發現歷史並不是像教科書上寫的那麼回事，祖父袁世凱孝順父母，忠於國家，都是他所敬佩的。後來，隨著對歷史瞭解得愈加深入，他對祖父的敬重之情就愈加深厚。

袁家誠生於一九三八年。出生時袁氏家族已經沒落，他心目中的榜樣人物是物理學博士袁家騮。他甚至還有個單純的想法：袁家騮在美國讀博士，他要在中國讀博士，兄弟倆比一比。幾十年以後他才發現，這個單純的想法是如何不切實際。作為袁世凱的孫子，莫說讀博士，就連上大學都很困難。說起來很荒唐，袁家誠輔導的學生一個個都考取大學了，而他的大學夢不知在何方。為了避開爺爺袁世凱的嫌，他改名袁傑，然而無濟於事，大學之門猶如一扇天堂之門，永遠可望而不可及，若干年後，他才進了夜大，總算圓了多年的夢想。

前面說過，袁世凱的後代，一支跨越大西洋彼岸，在美國、加拿大等地生活；還有一支留在國內，主要棲息地是天津，拉雜算來有上百人之多。從小生活在這樣的環境裡，袁家誠有個願望：要把袁家這些後代的經歷、故事搜集歸納起來，通過一部家族史，來透視社會中某些帶有規律性的東西。這是一項很有意義的工作，然而做起來並不容易。

他被安排在一家醫院藥房裡工作了幾年，根據「六・二六指示」要把醫療衛生工作的重點放到農村去的精神，袁家誠隨醫療隊遠離城市，下放到了內蒙古。有一天，醫療隊分配到了一個指標，要求有人去學習X光放射技術，那時候人們對X光心存疑慮，擔心會影響生育能力，便把這個差事讓給了袁家誠。於是他成了一位放射科專業醫生。

在內蒙古一直幹到八〇年代初，袁家誠才回到了天津。

袁家誠喜歡運動、唱歌，以前在內蒙古的時候，每天都要堅持打一個小時以上的籃球，還參加了幾次內蒙古自治區的行業籃球比賽。他有一子一女，兒子為矽谷一家晶片公司駐上海的副總裁，女兒是CCTV英文翻譯。

對袁氏家族深入研究後，他的評價相對而言比較公允客觀。比如說對人物的評價，他認為袁克定在帝制活動中起了推波助瀾的作用，無論是對中國歷史，還是對袁氏家族，袁克定都負有責任。對於袁世凱簽訂的《二十一條》，國人公認是喪權辱國，是袁世凱意欲復辟帝制，以出賣國家利益換取日本人支持的罪惡勾當，袁家誠認為袁世凱從在朝鮮時就和日本人打交道，他骨子裡是仇恨日本的，一直拖延到最後時刻才簽訂了這份臭名昭著的條約，說明袁世凱也有難言的苦衷。在談到袁家的歷史時，袁家誠說他並不是要做什麼翻案文章，只希望恢復歷史的本來面目，不帶偏見地對待袁世凱。他對袁家長輩的這些評價，在史學界並不是唯一的聲音。

袁家誠的哥哥袁家熹，建國後一直是個「問題人物」，精神長期壓抑，鬱鬱寡歡，經歷了幾次政治風波之後，更是對自己的前途感到絕望，在一個寒冷的冬夜跳進海河自殺了。

人生漫漫坎坷路

袁氏家族後裔的命運，隨著國家政治運動的波動而沉浮。這方面袁家倜的生活經歷頗有代表性，她是袁世凱四子袁克端的女兒，雖然出生前爺爺袁世凱已去世，但她從出生的那一刻起，身上就留下了罪惡的烙印。

小時候讀書，最怕的是上歷史課，老師講到清末的那幾個章節，全班同學的眼光自然就落到她身上，目光中有神祕好奇，更多的是嘲諷和鄙夷，甚至還有仇恨。沒有同學敢和她交往，上學回家都是孤零零的一個人。這個背負著紅字的女孩，不解地望著這個世界，不知道自己做錯了什麼。

隨著年齡增長，她已經習慣了屈辱，彷彿生下來就是末等公民似的，不再抱怨社會不公，而是學會了默默忍受，在社會的縫隙中努力尋找適合生存的方式。「文革」後期，袁家倜已經四十六歲，還是沒能逃脫全家下鄉的厄運，和老伴丁竹波以及三個兒子下放到天津市郊的西青區大寺鄉王莊子生產隊，女兒則上山下鄉去了甘肅祁連山建設兵團。袁家倜的丈夫丁竹波，家庭出身也是資本家，建國後曾擔任過天津市工會主委，一九五七年多說了幾句話，成了右派。這麼兩個苦命人，很快熟悉了農村生活，學會了養豬、割草、剖葦子等農活，還學會了用摻野菜做飯，可以節省糧食。回憶這些生活經歷時，袁家倜樂觀地說：「農村生活使我切身感受到了農民的勤勞、善良和堅忍，這對我的一生都有好處。」

生產隊實在太窮太苦了，一天累死累活幹下來，十個工分才掙一角五分錢，而十個工分的標準，是一個硬勞動力幹一天的工作量，一般婦女幹一天，只能計八個工分，折合人民幣一角二分錢。那時候袁家倜心中始終有個「念想」：一定要好好活下去，把幾個孩子帶回天津。所以想盡了一切辦法來維持最低生活標準。為了生計，袁家倜晚上收工後，就著油燈微弱的燈光為老鄉們織毛衣、毛褲，每織一件，鄉親們付給她一元五角錢手工費，拿不出錢也會用八到十個雞蛋抵。即使在如此艱苦的環境中，袁家倜夫婦仍然保持著樂觀向上的生活態度，堅持讀《馬恩選集》、《毛澤東選集》等政治書籍。

有點意思的是，王莊子生產隊的幹部很有經濟頭腦，聽說丁竹波以前在天津工會當過幹部，主動上門找他商量：「老丁，我們生產隊想辦個電鍍廠。」丁竹波一愣，現在不是到處都在割資本主義的尾巴嗎？你們還敢頂風上？生產隊長笑笑說：「沒辦法，實在太窮了，窮得卵子丁當響了，還怕個毬！」見生產隊的幹部態度這麼硬，老丁應承下來，幫助他們搞外交、搞技術，拼智慧，艱苦奮鬥三年幹下來，居然賺錢四十多萬。生產隊的工分由原來的十個工分一角五分變成了八角五分，還蓋了幾排大瓦屋。也給袁家倜夫婦分了兩間，搬進寬敞亮堂的瓦屋裡，袁家倜夫婦心裡忽然湧起一陣莫名的激動。

「文革」結束後，袁家騮夫婦回國訪問，袁家倜的生活也隨之出現轉機。深圳市原市委書記李浩、市長吳小楠邀請袁家騮夫婦去南方參觀訪問，有心想請袁老先生當高級顧問。袁家倜陪同前往，後應邀擔任深圳市經濟發展顧問，在深圳特區工作了六年。當時袁家倜已經六十二歲，但是心中創業的熱情不亞於年輕人，曾參與了國內最大的度假村香密湖度假村的建設，吃在工地，住在工地，雖說吃了不少苦，卻開闊了眼界，學到了深圳人特區建設的那種執著、拼搏、奮鬥精神以及他們先進的管理理念。

有趣的是，當時深圳政府號召市民買股票，支持國家經濟改革試點，很多人將信將疑，不敢將人民幣變成花花綠綠的股票，袁家倜響應號召，買了一些「深發展」的原始股票，沒想到富貴逼人，財運來了門板也擋不住，股票上市後坐著火箭直往上升，等到袁家倜準備返回天津老家時，賣掉了賬上的股票一算帳，銀行存款折上竟有了七十多萬元。這是她從商海裡打撈的第一桶金，擔心放在身上不安全，跑到郵局去匯款，不知什麼原因，郵局工作人員嫌錢多了不讓匯，最後還是用一隻大口袋裝著帶回了天津。

這時袁家倜已經六十九歲，常言道，人生七十古來稀，操勞奔波了一輩子，現在是靜下心來享福的時候了。但是這位老人，認為她的人生之路這才剛剛開始。回到天津後，她想和幾個朋友合作搞房地產開發，正好遇到袁家騮夫婦又一次回國訪問，她去徵詢哥嫂的意見，袁老先生搖搖頭說：「不要搞公司，要搞就搞一家餐廳，收入穩當，而且持久。」吳健雄也認為辦餐廳好，民以食為天，人活在世上，誰也離不開「吃飯」二字，再說天津是中國最早開埠的城市之一，有愛吃西餐的傳統，建議辦一家高檔次的西餐廳。袁家倜聽從哥嫂的意見，利用自家原來的住房進行擴展，創辦了一家蘇易士西餐廳，並由袁家騮題寫了匾額。

創業初期環境是很辛苦的，只有八張餐桌，包括經理、會計、廚師、服務員在內僅七人，儘管如此，還是建立起了各項規章制度，其中為約束子女，還專門建立了一條：所有子女、親屬來進餐一律付現金，不許簽單。可見規矩之嚴格。十幾年來，靠著嚴格的管理、良好的服務、幽雅的環境和地道的西餐風味，蘇易士西餐廳越辦越紅火，中央領導、天津市領導經常光顧，京津兩地的社會名流紛至遝來，如著名京劇表演藝術家梅葆玖、相聲表演藝術家馬季、薑昆等，只要到天津必定光顧。天津經濟技術開發區和保稅區的許多外賓也慕名而來，蘇易士西餐廳成了天津市的一個著名品牌。

創辦蘇易士西餐廳並取得了成功，袁家倜覺得現在應該回報社會了。她找到天津市民委，又與天津市統戰部商量，聯繫了天津市最困難的薊縣孫各莊滿族鄉第一小學結成了幫扶對子，對十個家庭的優秀生給予捐助每個孩子每年五百元的資助，從小學一年級一直到六年級畢業。打那以後，袁家倜每年都要去孫各莊鄉滿族小學看望這些孩子，給他們帶去衣物、書包以及學習用品。看著孩子們陽光般的笑臉，聽著甜甜的「袁奶奶」的叫喚，她的心不由得醉了。

袁家倜是社會公益事業中的熱心人，為報答周恩來總理對袁氏家族的關懷，她曾贊助天津市舉辦世界乒乓球錦標賽和世界體操錦標賽。長江流域等地抗洪救災，她前後捐款十萬餘元。袁家倜是天津市政協委員，積極為地方建設獻計獻策，發揮自己的餘熱。

對錢財袁家倜有她獨特的看法，她最佩服的是袁家騮、吳健雄哥嫂，儘管成就斐然，聲名顯赫，生活上卻異常節儉，去試驗室幾天往往只帶幾個麵包。他們的孩子滿了十八歲，就趕回去讓其自立，不給他任何財產。後來袁家騮夫婦在中國捐贈美元幾百萬，硬是沒有將財產留給兒子。有一次袁家騮對表妹袁家倜推心置腹說了一番話：「我不能給子女錢財，也不能給親戚錢財，那樣是害你們。我給你知識，把你領進新的道路，這就是最好的財富。」對錢財的處事風格使人想起袁世凱。

袁家倜說，爺爺袁世凱臨危之際，留下了不少財產，結果仍然被叔叔、大爺那輩人花光了，到了我們這一輩非常破落，與其留下家產萬貫養出幾個紈綺子弟，不如留下做人的優良品質。畢竟是大徹大悟的過來人，這樣的肺腑之言，在如今喧囂浮躁的世界上，足以讓很多人清醒。

袁氏後裔中的革命者

在袁氏家族史上，袁畧承也是一個另類人物。他的父親是袁克文的長子袁家嘏，母親是方地山的女兒方慶根。袁畧承出生於一九二六年，他依稀還記得天津地緯路老家袁宅的模樣，雖然家境開始衰敗，仍然比一般人家要強得多。高中還沒畢業，他就搞起了獨立，嚷著鬧著要去當兵，父母親袁家嘏、方慶根都是新派人士，思想很開明，送他去部隊報名，第三天來了消息：袁畧承被國民黨海軍部隊錄取了。

從天津塘沽港乘坐海輪，袁畧承到了山東威海劉公島，這是一座面積不足四平方公里的海島，但是戰略位置十分重要，汪偽海軍總部成立的威海要港司令部就設在這個小島上。為了加強對威海汪偽海軍的控制，日軍在要港司令部內設立了輔導部，輔導部主要人員均為日本人，他們是威海要港部的實際控制者。

隨著抗日戰爭形勢的發展，偽軍投誠、起義事件不斷發生，劉公島上的日軍加緊了對汪偽海軍的控制。他們把輔導部設在小島的一個制高點上，那裡是一幢豪華的英式別墅，居高臨下俯瞰，可以看清楚兵營、碼頭以及艦艇上的一切活動情況。此時島上的海軍士兵，已經意識到日軍即將失敗，決定發動一次大規模的起義。這次起義的領導者是山東煙臺人鄭道濟，經過一段時間的準備醞釀，他們將起義時間定在一九四四年十一月五日。這天是星期天，日偽軍官們像往常一樣三三兩兩乘船出島。下午一點三十分，鄭道濟按原定計劃將起義骨幹和部分士兵集合於第二兵舍，分三個突擊隊行動，正式宣佈起義。

這支起義部隊登陸後，即被膠東半島中共地方黨組織獲悉，很快報告了八路軍東海軍分區，八路軍立即派人與他們聯繫，經過一番工作後，這支隊伍整體加入了八路軍。劉公島汪偽海軍起義的消息在當時震動很大，膠東《大眾報》印發了號外，上面的大字標題格外醒目：「威海衛劉公島偽海軍六百人反正」。延安新華社、美國三藩市電臺都轉播了這則消息，《新華日報》還專門作了長篇報導，題目是《我軍事政治攻勢下山東威海衛劉公島偽海軍反正》。這支隊伍後來被改造成了陸軍部隊，補充了五百名新戰士後奉命開赴東北作戰，膾炙人口的小說《林海雪原》，其生活原形就是這支隊伍中一個小分隊的隊員。

袁斝承參加起義時才十八歲，當年便加入了中國共產黨，此後一直跟隨這支隊伍南征北戰，先後在遼南縱隊二支隊一團、牡丹江軍區二團參加了吉林、長春戰役，在長達三年的戰鬥中俯冰臥雪，槍林彈雨中與敵人廝殺，屢建奇功。一九四八年，袁斝承所在的四野在遼沈戰役後，隨所屬四野十縱隊獨八師三團參加平津戰役。北京、天津解放後，進駐北京。後來他所在的部隊改編為公安部中央警衛師，袁斝承在中南海警衛一師任管理股長。

天津解放那天，地緯路袁宅忽然來了一個陌生的客人，身穿舊軍裝，頭戴一頂狗皮帽，腰間還別著一支小巧的手槍，身後跟著一個警衛員。他在附近街道上徘徊了一陣，來到袁宅門前，舉手敲門：「二姑，開門——」（二姑即袁家倔、袁家騮的胞妹袁家祉）家裡人打開門扇，看了他好一會，終於認出是袁晜承，遲疑地說道：「你還活著？不是有人捎信來說，你已經犧牲了嗎？」袁晜承笑了笑：「我參加了解放軍，怕家裡人受連累，故意傳回消息說我死了。」這一次袁晜承在家裡住了三天，又跟隨部隊出發了。

一九四九年，新中國條一支海軍部隊誕生，二十三歲的袁晜承調至華東軍區海軍。

一九五一年，任中國人民解放軍海軍第六艦隊護衛艦「西安艦」副艦長。

一九五二年任東海艦隊六支隊三大隊副大隊長兼「開封艦」艦長。

一九五五年，二十九歲的袁晜承調中國人民解放軍軍事學院學習，當時的院長是葉劍英元帥。在這所軍隊的最高學府裡，袁晜承刻苦勤奮，鑽研理論，成績優異。

一九五九年，袁晜承三十三歲，從軍事學院畢業，分配到哈爾濱軍事工程學院任戰術教員，享受副教授待遇。一九六三年，調中國人民解放軍海軍學院，繼續擔任戰術教員。

一九六六年，袁晜承轉業到中共上海市委工業政治部工作，「文革」期間下放「五七幹校」，一九七二年返回上海，分配到上海石化總廠任接待處處長、辦公室主任。

一九七九年退休後，居住在上海虹口區。妻子名叫吳園，女兒袁虹，也在上海居住。

袁氏家族中，加入中國共產黨的不只是袁晜承一人，據不完全統計，在袁氏家族「家」「承」（啟）兩個輩分中，中共黨員人數達十多人，如袁世彤的孫女袁文輝，曾是河南開封某校退休幹部；袁世彤曾孫袁曉林，原為河南省項城市政協副主席；袁世彤外孫女付佩玉，原為山東某大學教授；袁克文孫女袁印承，原為上海某職大校長；袁克文另一位孫女袁符承，原為成都某單位負責人；袁克文外孫段夔。原為天津某企業負責人；袁克有之子袁家興，十四歲參加入伍，參加過抗美援朝，曾在廣州軍區文化部門工作等等。

關於袁克有之子袁家興，這裡簡要敘述一下。

袁世凱去世那年，袁克有是遺腹子，尚未出生。因此，他一出生，就沒有了父親，生活過得十分拮据。袁家興作為袁克有之子，從小體味到生活的艱辛，「不幸生在帝王家」那句話，彷彿就是專門為他而說的。

袁家興是袁克有的長子，他生於一九三五年二月十一日，十四歲參軍入伍，參加過豫西剿匪。當我看到他履歷表上這段經歷時，似乎看到了他瘦小身軀背後的那段異常艱辛的生活經歷。一九五〇年十月，袁家興隨中國人民志願軍入朝鮮作戰。在朝鮮戰場，袁家興雖然年齡小，但卻十分機靈。他參加過朝鮮有名的幾大戰役，扛過炮彈，運送過傷患，榮立了三等功。

在朝鮮戰場上，袁家興參加過多場宣傳演出，受到指戰員們的熱烈歡迎。

朝鮮停戰後，袁家興於一九五三年隨最後一批志願軍部隊回國。按照部隊建制，他回國後一直在中國人民解放軍四野四二軍一二五師文工團工作。在此期間，袁家興先後榮立三等功兩次。

「文革」中，袁家興受家庭出身牽連，離開部隊，復員到生產建設兵團化州農墾場勞動。在偏僻的山區，他懷著一腔熱血，不得不去從事最原始、最笨重的體力勞動。「九一三」事件後，部隊落實政策，袁家興調到了文化單位——廣州歌舞團。

袁曉林評價他說：家興自幼聰明好學，從他出生那一天起，可以說沒有沾袁家一點光，相反受到了因為姓袁的不少牽連。家興是自己一步步成長為一個優秀人才的，我們應當感謝解放軍這所大學校。

一九八三年，袁家興與妻子張淑琴先後加入了中國共產黨。當時，全國的二十多家報紙媒體都予以了報導，標題是「袁世凱家族的共產黨員」等等。

一九六一年，袁家興因癌症醫治無效病故，年僅六十一歲。

一百年了，仍難跨過這道坎

前面第七章講述過袁克定的故事，這裡來講講袁克定的孫子袁緝燕。

袁緝燕，又名原始，父親袁家融，是袁克定的獨生兒子。我曾先後多次見過袁緝燕先生，他溫文爾雅的風度給人留下了美好的印象。我的朋友、遠在美國的高伐林也對袁緝燕先生作了系列採訪，寫的文章曾在國內外報刊上刊發過，有較大的影響。

袁家融與袁克定的父子關係有點僵，但是孩子們感覺不出來，袁緝燕幼時的印象中，那個想當「皇太子」的爺爺袁克定不怒自威，每天從外邊散步回家，坐在書房裡，孫子們吃完早點還得進去給他請安。袁克定臉上沒有什麼表情，用鼻子哼一聲，仍然看他的書。有時候他也會放下手上正看的線裝書說一聲：「好，你們去玩吧。」

對於歷史中的袁世凱，袁緝燕感到十分陌生，有人議論袁世凱這樣那樣，他彷彿覺得是在議論一個不相干的人。和袁氏家族所有留在大陸的孫子一樣，袁緝燕也害怕上歷史課，講到晚清戊戌變法這一節，他低著頭手足無措，眼睛不知該往何處看。有一次放學回家，聽到爺爺袁克定似乎在自言自語：「袁世凱有些事也不像外界傳說的那樣子。」袁緝燕用一種古怪的眼神看著爺爺，這才隱約感覺到那個遙遠不可及的歷史，和他的命運息息相關。

袁緝燕的兄弟姐妹有七個（二男五女），他是二兒子，比哥哥小八歲。因為他父親那一輩子女特別多，因此表兄妹堂兄妹不少，僅在天津一地就有上百人之多。袁始說，生活在大家族中，兄弟姐妹的關係比較淡，就像巴金的《家》《春》《秋》中所描寫的那樣，體會不到多少手足之情，不像一般小家庭，家人之間彼此牽腸掛肚。

小時候袁緝燕跟隨父親到處漂泊，先後在北京、武漢、天津等地讀書。一九五九年，袁緝燕考取了河北省美術學院專攻油畫，早期受前蘇聯畫風影響大，如蘇里科夫《近衛軍臨刑的早晨》、列賓《伏爾加河上的縴夫》等，都曾經是他的最愛。畢業後分配到中國科學技術協會展覽館，後來調到北京市第二輕工業局裝潢設計室，雖說工作性質和他所喜愛的油畫相去甚遠，但是那些產品的包裝設計，也還屬於創造性勞動，能從中找到樂趣。

「文革」時期，扭曲的政治達到了登峰造極的巔峰，以前填政審表，袁緝燕謹慎地在家庭出身這一欄填上個「職員」，後來被人發現了，訓斥他說：「你這種臭名昭著的家庭，怎麼好意思填職員？」只好改填成「官僚資產階級」。到了「文革」後期，單位決定遣送「黑五類」家庭出身的袁始回原籍——實際上是他從未見過一面的老祖宗袁世凱的原籍河南項城，袁緝燕當時年輕氣盛，索性不再上班，從此算是自動辭職了。

後來袁緝燕幹過很長一段時間的臨時工，燒過鍋爐，當過搬運，最讓他感到自我滿足的是發揮專長，在牆壁上寫紅字標語、畫巨幅油畫《毛主席去安源》等，既過了美術癮還有一筆收入，這個臨時工的技術含量足，他比較樂意幹，心中有成就感。袁緝燕說，真得好好感謝一下他的太太，在他最困難的時候，那個名叫羅蘊華的女子悄然來到他的身邊，在一個冬天的早上，幫他繫好脖子上的圍巾，衝他點頭微笑，那一刻，袁始心中感覺特別溫暖。為了這份愛情，她放棄了中學教員的職位，降格當了小學老師。

家庭生活雖說過得寒磣，但是精神上卻感到快樂。小倆口靠羅蘊華百來塊錢工資生活，最大的開支是買顏料、畫布、調色油。逢到週末，一起騎上自行車，帶著畫板、乾糧和水壺出去寫生。一九六八年他們家庭添了個孩子，在要不要這個孩子的問題上，他們思想上曾鬥爭了很久，生活如此拮据，社會環境又是這樣受壓抑，生個孩子只不過又多了個「袁世凱的孝子賢孫」，何必讓新的生命到這個世界上來受罪呢？後來在羅蘊華母親的一再催促下，總算把孩子生了下來，取名叫袁仿吾。

袁緝燕後來的經歷也和國家的政治走向有關。「文革」結束後，經朋友介紹，在國防工業系統主辦的《神劍》文學月刊當美術編輯。一九八二年，袁緝燕與他太太辭職下海，成立了一家「原始裝潢設計室」，從這個時間起，他改名原始，意思是要有個新的開始。旅美作家高伐林曾經對袁緝燕進行過採訪，袁緝燕說，他對錢財並不太看重，生在那樣一個大家族中，又見過了太多的世事無常，多少富麗堂皇轉眼成泡影的例子，使他對人生看得很透徹。袁緝燕有個舅舅，以前是天津著名的實業家，過慣了錦衣玉食的生活，「文革」中獨自一人死在一個地下室裡，想到那個淒慘的景象，袁緝燕說他有種刻骨銘心的痛。

上世紀八十年代末，袁緝燕夫婦倆到加拿大定居，與一個合夥人開了家公司，從事引進、外貿方面的業務。不過他最愛的還是畫畫，以前喜歡過印象主義的作品，現在畫風上更向中國古典潑墨寫意方面靠，他評價自己的油畫風格時說：「表面上看起來粗糙，但是把握從下筆到收筆的連貫性，精神始終飽滿，無論大幅小幅都力爭一氣呵成。」

袁緝燕的畫曾參加過北京、紐約、香港、日本、加拿大、新加坡等地的畫展，有較大的影響。他在接受採訪時再三表示：希望讀者更多關注他本人藝術追求歷史的山重水覆，創作造詣的優劣得失，而不是把他只當做袁氏家族餘脈中的一環。作家高伐林在採訪結束後感慨地說：「歷史上越著名的人物，光芒會越長久地投射於其後人身上，其陰影隨之也會越長久地籠罩於其後人身上。有志氣的後人，往往要用很長的歲月去掙脫這種光芒和陰影，開拓屬於自己的人生。」

結篇　項城袁氏家族文化的啟示

項城袁氏家族第一次崛起於清咸豐年間，以袁甲三為代表的袁氏兄弟、父子、叔侄聯手拼搏，家族平步青雲，一步步登臨到了榮耀的殿堂。晚清至民國，袁世凱接過接力棒，更是使得項城袁氏家族極盡榮耀，隨著袁世凱政治地位的不斷上升，成為中華民國第一任正式大總統，這個家族也被人稱作「民國第一家」。

洪憲帝制失敗，袁世凱遭遇四面楚歌的慘境，他急火攻心，併發尿毒癥，不久即病逝於中南海居仁堂。袁世凱死後，他的一生被描述為「醜惡的一生」，各種謾罵聲不絕於耳，猶如一道峭壁斷崖，項城袁氏家族也出現了斷層，他們似乎從這個世界上銷聲匿跡了。直到文革後期，美籍華人袁家騮回國探親的消息經媒體披露後，項城袁氏家族方才又露出了冰山一角。

項城袁氏家族不僅是一個在近代史上具有一定影響力的家族，也是一個歷史悠久、文化沉澱深厚的家族。歸納這個家族的文化特徵，至少有以下幾點啟示：

一是深深紮根於中原文化沃壤。

從某種意義上說，中原文化就代表著中國傳統文化。在中國歷史上，這裡自上古到唐宋一直是中國政治、經濟、文化中心，文化源遠流長、博大精深。袁氏家族以河南項城為起點向四周擴散，自然帶有鮮明的中原文化的印記。

在袁甲三考中進士之前，袁氏家族一直是農耕之家。吃飯全靠自己從田野裡刨食，穿衣全靠自己在家裡紡線織布，他們的生活形態相對而言處於封閉狀態，家族內部團結，由於中原地區土地肥沃、雨水充沛，他們有優越感和滿足感，一般很少向外擴展。然而一旦有什麼事觸碰到整個家族的名譽和利益，這個小團體所迸發出的能量也是巨大的。他們明白，整個家族是一條綿長延續的生物鏈，必須保護這條生物鏈的正常繁衍，不允許有任何損毀。

這個家族的道德倫理支撐是「五倫」：父子有親，君臣有義，夫婦有別，長幼有序，朋友有信。在中原文化中，「五倫」概括了以自然經濟為基礎的傳統社會的主要倫理關係，標識著以儒學倫價值取向為核心的人倫關係的文明化和規範化傾向，堪稱廣大民眾的生活教科書。「五倫」既是儒家倫理意識「五常」（仁、義、禮、智、信）在家庭與社會生活中的具體顯現，也是對「五典」（父義、母慈、兄友、弟恭、子孝）這類家庭道德規範的社會性拓展。這類規範訴諸人道自覺，激發人的道德與審美心理情感，規約人的行為舉止，使之合乎社會事理與情理，消解人類原始時代蒙昧的粗野的社會關係，開啟了人類農耕文明的曙光。

在袁氏家族發展史上，這類故事有許多：袁保慶無子，兄弟袁保中將四子袁世凱過繼給保慶，傳承一脈香火；袁保慶去世後，年方十五歲的袁世凱在社會上闖蕩，像是隨波逐流的無根的浮萍。叔父袁保恒、袁保齡將他帶到京城，聘請數位名師授課，為這匹野馬套上籠頭；袁世凱發跡後，多次寫信給項城諸親，為家族健康延續出謀劃策，指點迷津。諸如此類，不勝枚舉。

袁甲三考中進士之後，項城袁氏家族從農耕家庭向官宦世家轉化。在這一過程中，袁氏家族始終堅持以農耕文化為核心的傳統治家思想，每個家族成員從小接受儒家理學的薰陶，自覺地維護中原文化的種種道德倫理底線。

袁氏家族成員中，曾經多次出現過割肉療親的畫面。袁世凱二姐袁讓為了病重的母親早日康復，割掉自己的小指頭煨湯給母親喝即是一例。郭老夫人一百歲壽誕，袁保恒、袁保齡專程回鄉操辦祖母的百歲喜宴，修建袁家祠堂，鑄造鐵牌家譜等等，是一例。袁世凱出任山東巡撫，將生母劉氏夫人接到濟南，一日三次到母親房中請安問候，親侍湯藥，盡心照料，是一例。即便袁世凱生母劉氏夫人去世後，袁氏兄弟之間為劉氏的墓葬事宜（劉氏夫人是否可與袁保中同穴）爭吵得不可開交，也不能不說深受中原文化倫理習俗的影響。

袁世凱在清末民初的政治立場，主要傾向於維新改革派一邊。但是他從骨子裡深受中原儒學等傳統封建理念影響，也影響到了他的思維方式和行為準則。

二是治家嚴，重視家規與家風。

曾子在《大學》中論述：「欲治其國者，先齊其家。家齊而後國治，國治而後天下平。」中國有古話說：治家嚴，家乃和；居鄉恕，鄉乃睦。項城袁氏家族深諳此理，無論是早期的農耕家族時期，還是後來的官宦世家時期，這個家族都以治家嚴而著稱，他們重視家規與家風，在不同時期制定了各種家規家訓，規範家人，約束子女。

袁耀東病逝後，其妻子郭氏夫人不僅自己辛勤勞作，更重要的是她對幾個子女的嚴格管束和精心教育，才使得袁氏這一脈在中原大地上崛起。在丈夫袁耀東的靈牌前，郭氏夫人拿起教鞭，對跪在地上的袁樹三、袁甲三、袁鳳三、袁重三訓話：「如果誰不發憤讀書，就不是他爹的兒子！」幾個兒子眼裡噙著眼淚，一邊跪在地上朝父親的靈牌磕頭，一邊聆聽母親的教誨。郭氏夫人雖然嚴厲，卻有一顆慈母心，在她的嚴厲管束和教育下，那幾個兒子果然很爭氣，每天聞雞起舞，用功讀書。在古代，對於想有所作為的人來說，科舉之路是他們唯一的途徑，然而這條路又是那麼狹窄、擁擠和艱難。可是袁甲三一試而中進士，其子袁保恒接踵而來，又中進士。子孫們向上奮力攀登的背後，處處都能看見郭氏夫人的身影。換句話說，袁氏家族的兩次崛起，都與其治家嚴、重視家規與家風不無關係。

項城袁氏家族搬遷至袁寨後，袁甲三、袁保恒、袁保齡、袁保慶等人在外地做官，家族裡幾十口人，加上男女傭人和雇工，袁寨裡的人口過百，主持家政的人是袁世凱的生父袁保中。在日常生活中，袁保中十分注重培植大族家風。無論是以孝為首的家庭倫常，還是清儉廉潔的持家之風，或者是督促子弟讀書育人，諸多方面他都頗用心。他要求家族子弟「在鄉則睦族裡，在官則篤忠義」。有一次，他接到弟弟袁保慶的一封信，信上說京城風傳一句話：項城官難做。袁保中讀信後十分警省，專門為家族擬定了五條家規，張貼在袁寨的寨門口：

一、袁家人不准干涉政令，無論誰家官事，吾家一概不管；
二、萬不可用人持名片、拜貼，到衙門為他人說情；

三、袁家上下人等，不准對本地官員和官府評長論短；

四、足額向官府繳納稅銀，不得拖欠；

五、按官府指令完成袁府應承擔的差役。

五條家規，如板上釘釘，白紙黑字寫得清清楚楚，袁家人誰也不得違反。正是在袁保中制定的嚴格家規的約束下，從咸豐年間到民國初年的幾十年裡，袁府從未給本族為官者添亂子，與地方官府及周邊四鄰也能和睦相處，相安無事。

袁保中治家有方，在其中取了重要的作用。

袁世凱秉承袁氏家風，也是治家嚴厲。如果有人違反家規，輕者受罰，重者用鞭子打。袁克定偽造《順天時報》一事暴露後，就挨過父親袁世凱的鞭子。即便是對於名士派頭很濃的袁克文，袁世凱也是嚴格要求，《袁世凱家書》中有一封「示次兒書」是專門寫給袁克文的，那時克文才十歲，袁世凱即對他進行嚴格要求：「近聞你行事喜效名士，此非具有真才實學者……安得將所讀之經史子集，盡記頭腦，以充腹笥，惟有勤動筆多思一法。於讀書時，將典故分門別類，摘錄於日記簿，積久匯成大觀。」他還為袁克文擬定了一份立身課程：「早起：黎明即起，醒後勿貪戀衾裯；習字：早餐後習字五百，行楷各半；讀經：剛日讀經，一書未完，勿易他書；讀史：柔日讀史，日以十頁為限，見有典故及佳句，隨手分類摘出，以資引用；作文：以五十為作文期，以史論時務間命題，兼作詩詞；靜坐：每日須靜坐一小時，於薄暮時行之，兼養目力；慎言：言多必敗，慎言，即所以免禍；運動：早起臨睡，須行柔軟體操；省身：每日臨睡時須自省，一日做事可有過失，有則勿憚改，無則加勉；寫日記：逐日記載毋間斷，將每日自早至夜，所見所聞所作之事，一一記出。」課程表列得如此細緻，可見袁世凱嚴歸嚴，卻也有一片慈愛之情。

三是務實與創新相結合，傳統與現代相結合。

袁世凱早期是個穩健的維新派，無論是在朝鮮當欽差大臣，還是天津小站練兵，或者是出任山東巡撫、直隸總督期間，他都充分體現出了傑出的任事之才、治軍之能。他牽頭訓練出了第一支新式軍隊，廢除了沿襲千年的科舉制度，在天津成立了第一支員警部隊，興辦教育和實業，通商開埠等等，實為近代中國少見的幹練能臣。

在袁世凱身上我們能清晰地看到袁氏家風的影子。他沒有什麼系統的思想和理論，唯有務實精神終身相伴，務實，卻又不忘創新，傳統與現代相結合，是袁世凱辦事的主基調。

袁世凱自幼喜愛兵法，常常不惜重金在坊間搜羅各種版本的兵書戰策，對小夥伴們誇海口說：「三軍不可奪帥，我手上如果能掌握十萬精兵，便可橫行天下！」如果把這句話當作袁世凱的雄心壯志的話，那麼他並不是誇誇海口、吹吹牛皮就了事的。在袁世凱後來的人生軌跡中，他始終把練兵當作一個重要目標。駐紮朝鮮期間，袁世凱幫助朝鮮操練了一支新軍，贏得了朝鮮國王的敬重和厚愛。天津小站練兵更是中國近代軍事史上的一段佳話。更為難得的是，袁世凱在務實的同時不忘創新，從德國、日本等國聘請了優秀的軍事教練，以德國軍制為藍本，制定了一整套近代陸軍的培養制度、訓練制度、教育制度、招募制度、糧餉制度等為內容的建軍方案，基本上摒棄了八旗、綠營的舊制，注重武器裝備的近代化和標準化，強調實施新法訓練的嚴格性，建立起了近代第一支新式軍隊。

在袁世凱一生所辦的種種實業中，處處都能看到務實而又創新的痕跡。即便在家庭內部的子弟教育上，也能體現出袁世凱既務實又創新、既傳統又現代的科學態度。他在任直隸總督期間，將袁氏家族子女集中起來，創辦家庭專館，聘請最優秀的老師授課，設立國文、算術、英語、體育等課程。在堅守傳統的同時，又積極適應現代的發展需要，將袁氏子弟送出國去留學，接受西方文明的教育和薰陶。只有當現代文明滲透到傳統世界的日常生活中去，才會出現一個真正有活力的傳統。在袁氏家族中我們看到，所謂傳統教育與現代教育並不是對立的，而是相輔相成，互為補益的。傳統不是一個必須割捨的精神負擔，傳統成了他們應對現代生活的精神資源，是袁氏家族生物鏈上的一節鏈條。

四是品質傳家，薪火相承。

在做人方面，袁世凱秉承了中國儒家文化的傳統，對上司忠心耿耿，對朋友心懷善意。天津小站練兵期間，袁世凱的頂頭上司是榮祿。榮祿欣賞袁世凱能做事，官場上誇誇其談的人多，能做事的人少，榮祿的賞識不無道理。反過來，袁世凱對榮祿的忠誠也是路人皆知。他在給徐世昌的信中說，自己與榮祿「相待甚好，可謂有知己之感」。戊戌變法中許多人指責袁世凱向榮祿告密，才導致了菜市口六君子的悲劇。可是人們卻忽略了兩點事實：一是袁世凱向榮祿講述譚嗣同夜訪時已經東窗事發，後黨已決定動手；二是袁世凱對榮祿的忠誠程度。

對朋友心懷善意，百般提攜，是袁世凱做人的另一個準則。早年徐世昌赴武當趕考缺少路費，袁世凱解囊相助，毫無保留地支持徐世昌走科舉之路。趙秉均本來是個街頭擺攤雜貨的，其父與袁世凱有段交情，當趙秉均拿著父親的親筆信來投奔袁世凱時，他只說了一句話「你交給我的事情總能辦好」，就打動了袁世凱，後來成為袁的心腹親信。後來在對段祺瑞、馮國璋、楊士琦、阮忠樞等人的任用上，袁世凱都是堅持用人不疑的原則，開明大度，施予援手。

項城袁氏家族的品質中還有一個元素是韌性。一旦目標確定之後，做事堅忍不拔，不達目的不甘休，持之以恆地堅持，直至到達成功的頂點。對與清廷的較量中袁世凱曾經有個形象的比喻，他把那種較量比喻是「拔大樹」，袁世凱說：「專用猛力去拔，是無法把樹根拔出來的。過分去扭，樹一定會折斷。只有一個辦法，就是左右搖撼不已，才能把樹根上的泥土鬆動，不必用大力一拔而起。清朝是棵大樹，還是三百多年的老樹，要想拔起這棵又大又老的樹，不是一件容易的事。鬧革命，都是些年輕人，有力氣卻不懂得拔樹，鬧君主立憲的人懂得拔樹，卻又不有力氣。我今天的忽進忽退就是在搖撼大樹，現在泥土已經鬆動，大樹不久也就會拔出來。」

用所謂成功學的思維來考察，項城袁氏家族（尤其是袁世凱）無疑是失敗的。袁世凱的一生因為稱帝而遭受世人百年唾罵，家族後裔為避禍而紛紛隱居，有的甚至改名換姓，苟且一生。然而先賢的智慧掩埋在荒草塵土中，總是在不知不覺中被後人默默傳承。袁世凱的後代中，後來還是崛起了以袁家騮為代表的一大批傑出人才。項城袁氏家族的品質傳家、薪火相承，還會一代代傳承下去。

主要參考書目

《中國近代史資料叢刊・北洋軍閥》，來新夏主編，上海人民出版社，一九九三年。
《北洋軍閥統治時期史話》，陶菊隱著，三聯書店，一九五七年。
《北洋軍閥史話》，丁中江著，中國友誼出版公司，一九九六年。
《北洋軍閥史料・袁世凱卷》，天津古籍出版社，一九九二年。
《古春風樓瑣記》，高拜石著，作家出版社，二〇〇三年。
《近代中國史事日誌》，郭廷以著，中華書局，一九八七年。
《文史資料選輯》（合訂本一－四〇輯），中國文史出版社，一九八六年。
《辛丙秘苑・寒雲日記》，袁克文著，山西古籍出版社，一九九九年。
《洹上私乘》，袁克文著，上海古籍出版社，一九八五年。
《古紅梅閣筆記》，張一麐著，上海書店出版社，一九九八年。
《北洋述聞》，張國淦著，上海書店出版社，一九九八年。
《袁世凱家書》，中央書店，民國二十五年。
《抑齋自述》，王錫彤著，鄭永福、呂美頤點注，河南大學出版社，一九八五年。

《袁氏當國》，唐德剛著，廣西師範大學出版社，二〇〇四年。
《張謇傳記》，劉厚生著，上海書店，一九八五年。
《世載堂雜憶》，劉成禺撰，錢實甫校，中華書局，一九六〇年。
《洪憲紀事詩本事簿注》，劉成禺著，山西古籍出版社，一九九七年。
《新華秘記》，許指嚴著，山西古籍出版社，一九九九年。
《駱寶善評點袁世凱函牘》，駱寶善著，嶽麓書社，二〇〇五年。
《清末民初政情內幕——〈泰晤士報〉駐北京記者、袁世凱政治顧問莫理循書信集》，[澳]駱惠敏編，劉桂梁等譯，知識出版社，一九八六年。
《八十三天皇帝夢》，袁靜雪等著，文史資料出版社，一九八三年。
《抑齋自述》，王錫彤著，鄭永福、呂美頤點注，河南大學出版社，二〇〇一年。
《籌安會「六君子」傳》，陶菊隱著，中華書局，一九八一年。
《一個日本記者筆下的袁世凱》，[日]佐藤鐵治郎著，孔祥吉、[日]村田雄二郎整理，天津古籍出版社，二〇〇五年。
《中國近代史上的關鍵人物》，[臺灣]蘇同炳著，百花文藝出版社，二〇〇〇年。
《洪憲帝制》，張華騰著，中華書局，二〇〇七年。
《袁世凱幕僚》，張學繼著，中國廣播電視出版社，二〇〇五年。
《京華名士袁寒雲》，王曉華編著，中國社會科學出版社，二〇〇四年。

《百年家族袁世凱》，侯宜傑著，河北教育出版社，二〇〇二年。

《袁世凱家族》，周岩著，中國青年出版社一九九一年。

《袁世凱家族》，張永久著，重慶出版集團，二〇〇七年。

《魂斷紫禁城——袁世凱秘事》，吳長巽著，中國文史出版社，二〇〇一年。

《甘簃隨筆》，陳灨一著，中共中央黨校出版社，一九九八年。

《往事並不如煙》，章詒和著，人民文學出版社，二〇〇四年。

《春遊記夢》，張伯駒著，遼寧教育出版社，二〇〇六年。

《許姬傳七十年見聞錄》，許姬傳著，中華書局，一九八五年。

《吳健雄》，江才健著，復旦大學出版社，一九九七年。

《追尋古代名人的後代》，吳東平著，湖北人民出版社，二〇〇六年。

《袁世凱和項城袁氏家族》（項城文史資料總第十輯），河南項城縣政協編印，二〇〇五年。

《袁世凱和項城袁氏家族續集》（項城文史資料總第十一輯），河南項城縣政協編印，二〇〇五年。

《袁世凱軼事》（項城文史資料總第十二輯），河南項城縣政協編印，二〇〇七年。

《淡出豪門的逝水流年》（自印本），袁曉林編著，二〇一〇年九月。

《洹上釣客——袁世凱安陽養屙前後》，李自存著，河南人民出版社，一九九六年。

《百年邁不出這一步》，高伐林，原載《多維時報》二〇〇五年。

《最後的皇太子：袁世凱長子袁克定的晚年》，張傳彩口述，李菁執筆，原載《三聯生活週刊》二〇〇六年十二期。

史地傳記類　PC0618　讀歷史64

袁世凱家族文化評傳

作　　者／張永久
責任編輯／杜國維
圖文排版／楊家齊
封面設計／王嵩賀

發 行 人／宋政坤
法律顧問／毛國樑　律師
出版發行／秀威資訊科技股份有限公司
114台北市內湖區瑞光路76巷65號1樓
電話：+886-2-2796-3638　傳真：+886-2-2796-1377
http://www.showwe.com.tw
劃撥帳號／19563868　戶名：秀威資訊科技股份有限公司
讀者服務信箱：service@showwe.com.tw
展售門市／國家書店（松江門市）
104台北市中山區松江路209號1樓
電話：+886-2-2518-0207　傳真：+886-2-2518-0778
網路訂購／秀威網路書店：http://www.bodbooks.com.tw
國家網路書店：http://www.govbooks.com.tw

2017年8月　BOD一版
定價：410元

國家圖書館出版品預行編目

袁世凱家族文化評傳 / 張永久著. -- 一版. -- 臺北市 : 秀威資訊科技, 2017.08
面； 公分. -- (史地傳記類 ; PC0618)(讀歷史 ; 64)
BOD版
ISBN 978-986-326-448-4(平裝)

1. 袁世凱 2. 袁氏 3. 傳記

782.882 106011468

讀者回函卡

感謝您購買本書，為提升服務品質，請填妥以下資料，將讀者回函卡直接寄回或傳真本公司，收到您的寶貴意見後，我們會收藏記錄及檢討，謝謝！

如您需要了解本公司最新出版書目、購書優惠或企劃活動，歡迎您上網查詢或下載相關資料：http:// www.showwe.com.tw

您購買的書名：________________________________

出生日期：________年________月________日

學歷：□高中（含）以下　□大專　□研究所（含）以上

職業：□製造業　□金融業　□資訊業　□軍警　□傳播業　□自由業

□服務業　□公務員　□教職　□學生　□家管　□其它_____

購書地點：□網路書店　□實體書店　□書展　□郵購　□贈閱　□其他

您從何得知本書的消息？

□網路書店　□實體書店　□網路搜尋　□電子報　□書訊　□雜誌

□傳播媒體　□親友推薦　□網站推薦　□部落格　□其他__________

您對本書的評價：（請填代號　1.非常滿意　2.滿意　3.尚可　4.再改進）

封面設計____　版面編排____　內容____　文／譯筆____　價格____

讀完書後您覺得：

□很有收穫　□有收穫　□收穫不多　□沒收穫

對我們的建議：________________________________

____

____

____

請貼
郵票

11466
台北市內湖區瑞光路 76 巷 65 號 1 樓
秀威資訊科技股份有限公司 收
BOD 數位出版事業部

(請沿線對折寄回，謝謝！)

姓　名：________ 年齡：______ 性別：□女 □男

郵遞區號：□□□□□

地　址：________________

聯絡電話：(日) ________ (夜) ________

E-mail：________________